J. J. MARQUET DE VASSELOT

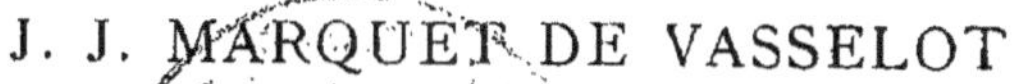

RÉPERTOIRE DES PUBLICATIONS

DE LA SOCIÉTÉ

DE

L'HISTOIRE DE L'ART FRANÇAIS

(1851-1927)

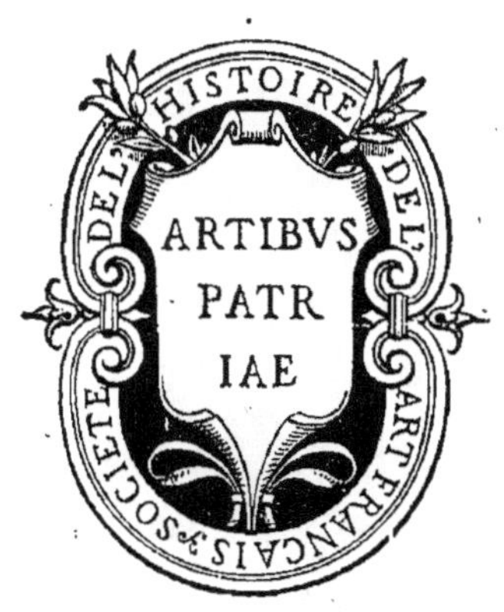

PARIS

LIBRAIRIE ARMAND COLIN

103, Boulevard Saint-Michel, PARIS (Ve)

1930

RÉPERTOIRE DES PUBLICATIONS

DE LA SOCIÉTÉ

DE

L'HISTOIRE DE L'ART FRANÇAIS

(1851-1927)

J. J. MARQUET DE VASSELOT

RÉPERTOIRE DES PUBLICATIONS

DE LA SOCIÉTÉ

DE

L'HISTOIRE DE L'ART FRANÇAIS

(1851-1927)

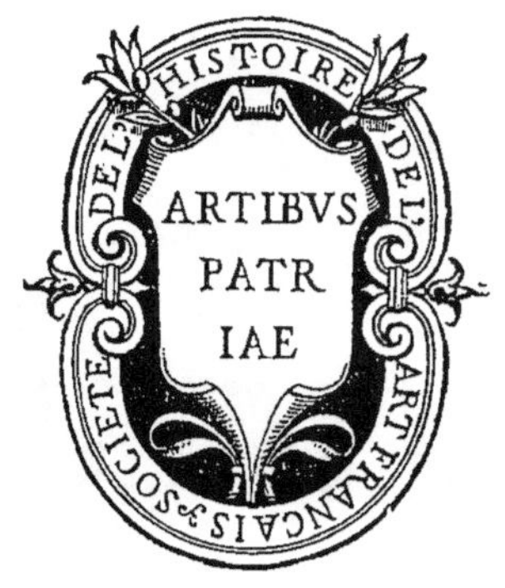

PARIS

LIBRAIRIE ARMAND COLIN

103, Boulevard Saint-Michel, PARIS (Ve)

1930

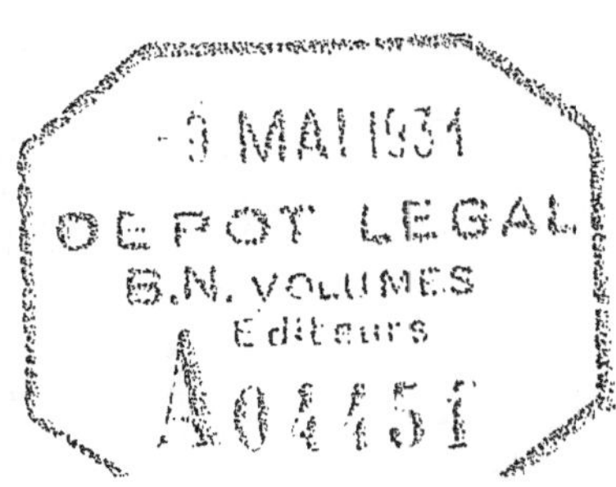

A MONSIEUR DAVID WEILL

EN TÉMOIGNAGE DE RECONNAISSANCE

LA SOCIÉTÉ DE L'HISTOIRE DE L'ART FRANÇAIS

PRÉFACE

Vers le milieu du XIXe siècle quelques travailleurs zélés, liés par leur commun amour pour les arts d'autrefois, eurent le grand mérite de comprendre que leur admiration ne serait pas diminuée par une connaissance plus exacte de la biographie des artistes et de l'histoire des monuments. Comme Ph. de Chennevières l'expliqua, en tête du premier volume de la publication qu'ils entreprirent[1], ils avaient l'ambition de « rectifier les erreurs, les fausses dates et les anecdotes controuvées » dans ce qui avait été « écrit... sur ces brillants ou délicats génies qui ont été connus de nos pères », et de « faire pour l'histoire des arts ce qui... avait été accompli vingt-cinq ans plus tôt pour l'histoire politique et archéologique ». Sans dédaigner « les trouvailles innombrables d'artistes antérieurs à la Renaissance », ils comptaient s'intéresser principalement à « ceux dont nous connaissons et regardons tous les jours les ouvrages avec extase » ; ils voulaient « mettre à contribution les différents siècles à la fois », sans en exclure le leur et les grands artistes morts qui l'avaient déjà illustré. « Notre œuvre (ajoutait M. de Chennevières) a pour pre-

---

1. *Archives de l'Art français*, vol. I, 1851-1852, p. v à xv.

mier but d'aider par des notions et des dates nouvelles les études des chercheurs nos contemporains. » Pour la réaliser, ils voulaient retrouver ce qu'ils pourraient des documents des anciennes archives publiques ou privées, si fâcheusement dispersées par la révolution de 1793 ; ils comptaient réunir, non seulement des pièces relatives à la biographie des artistes, mais encore « les marchés conclus entre les artistes et les acquéreurs de leurs œuvres ».

Le petit groupe qui entreprenait bravement un travail si considérable mérite qu'on lui rende pleine justice, car ses membres ont été véritablement des précurseurs : l'histoire de l'art moderne en France dérive en réalité de leurs travaux. Parmi eux il convient de citer avant tout : le marquis Ph. de Chennevières-Pointel (n. 1820 ; m. 1899), conservateur du Musée du Luxembourg, puis directeur des Beaux-Arts ; Anatole de Montaiglon (n. 1824 ; m. 1895), professeur à l'École des Chartes, l'un des meilleurs érudits du siècle ; Paul Mantz (n. 1822 ; m. 1895), critique d'art et connaisseur très averti ; Eudore Soulié (n. 1817 ; m. 1876), conservateur du Musée de Versailles, dont il publia à partir de 1854 un monumental Catalogue ; Louis Dussieux (n. 1815 ; m. 1894), professeur à l'École de Saint-Cyr et auteur d'une histoire du château de Versailles. Aidés par tout un groupe de chercheurs, ils entreprirent en 1851 la publication d'un recueil de documents qu'ils intitulèrent : *Archives de l'Art français*, et dans lequel ils entassèrent pendant onze ans (1851-1862), en huit volumes, tout ce qu'ils jugèrent intéressant dans leurs découvertes sur les arts, du XIVe au XIXe siècle. En même temps, ils éditèrent l'*Abecedario* du P. Orlandi (1719), annoté par P.-J. Mariette (6 volumes, 1851-1860), et les *Mémoires inédits* sur la vie et les ouvrages des membres de l'Académie royale de peinture et de sculpture, depuis sa fondation en 1648 jusqu'à la fin du XVIIIe siècle (2 volumes, 1854).

Ils constituèrent ainsi, en moins de douze ans, le premier noyau de cette masse de documents d'archives dont l'accumulation allait devenir, durant toute la fin du XIXe siècle et le début du XXe, le but des recherches passionnées des savants. Ce sont ces pionniers de l'érudition artistique qui ont rendu possibles, non seulement les identifications de beaucoup d'œuvres d'art prises isolément, mais encore les travaux de synthèse que certains travailleurs de la génération suivante ont enfin osé entreprendre.

Après cette première série de publications, toutefois, le zèle de ses auteurs se ralentit, car, durant la fin du Second Empire, ils ne les continuèrent pas. Peut-être n'avaient-ils pas trouvé un appui assez efficace auprès du public, qui n'appréciait point encore ces travaux comme il l'a fait depuis ; peut-être aussi, l'âge venant, avaient-ils été absorbés par d'autres devoirs. Toutefois, aux derniers jours du règne de Napoléon III, plusieurs membres de ce petit groupe, aidés et entourés par des hommes plus jeunes, résolurent de reprendre une activité dont les premiers résultats avaient été si heureux.

Fondée en avril 1870, la Société de l'Histoire de l'Art français ne put faire paraître ses premiers travaux qu'en 1872, à cause des tragiques événements de 1870-1871. Elle comprenait avant tout les éditeurs des *Archives*, de l'*Abecedario* et des *Mémoires inédits*, dont les noms ont été rappelés tout à l'heure. Mais auprès d'eux avaient pris place des nouveaux venus, Émile Campardon, Anatole Chabouillet, Louis Courajod, Jules Cousin, Georges Duplessis, Benjamin Fillon, Charles de Grandmaison, Jules Guiffrey, Eugène Müntz. Quelques années plus tard arrivèrent Arthur de Boislisle, Edmond Bonnaffé, Alfred Darcel, Henry Jouin, Ulysse Robert, Natalis Rondot, Maurice Tourneux et d'autres encore qu'il serait trop long d'énumérer. Parmi eux il convient de mentionner à part Jules Guiffrey (n. 1840 ; m. 1918) qui devait, pendant quarante ans, consacrer à la Société une grande part de son inlassable activité ; Henry Jouin (n. 1841 ; m. 1913) et Maurice Tourneux (n. 1849 ; m. 1916). Ainsi recrutée, la Société continua jusqu'en 1906 les *Nouvelles Archives* (en partie sous le nom de *Revue de l'Art français*) et publia de très importants ouvrages, comme les *Procès-verbaux de l'Académie royale de peinture et de sculpture* (11 volumes, édités par A. de Montaiglon) et la *Correspondance des directeurs de l'Académie de France à Rome* (18 volumes, édités par A. de Montaiglon et Jules Guiffrey).

Mais alors, de nouveau, le zèle des membres même les plus actifs de la Société se ralentit ; les vides causés par la mort ne furent pas comblés par de nouveaux adhérents, si bien qu'en 1906 il ne restait qu'un petit nombre de fidèles, groupés autour de Jules Guiffrey, de Paul Lacombe, de Maurice Tourneux. La Société risquait de s'éteindre quand, une fois de plus, d'autres travailleurs entreprirent de la reconstituer ; ils avaient compris, eux aussi, quels services considérables elle avait rendus à l'érudition et ils estimaient qu'elle pouvait en rendre encore. Grâce notamment à MM. Gaston Brière, Marc Furcy-Raynaud, Jean Guiffrey, Jean Laran, P.-A. Lemoisne, Pierre Marcel, Henry Martin, Henri Stein, Paul Vitry et quelques autres, sous le patronage de M. André Michel (n. 1853 ; m. 1925) et de M. Henry Lemonnier, une nouvelle Société fut fondée ; des réunions mensuelles (d'abord au Musée des Arts décoratifs, puis dans la salle de l'École du Louvre) lui donnèrent une vie plus active et plus de cohésion. Le nombre de ses adhérents s'accrut rapidement : de 101 en 1907, il passa à 230 en 1912, et il dépasse maintenant 600. Ce développement donna à la Société une autorité indéniable ; chargée de préparer et d'organiser le Congrès international d'histoire de l'art qui eut lieu à Paris en 1921, elle s'en acquitta, — grâce notamment à son secrétaire-général M. Ratouis de Limay, aidé par M. Gabriel Rouchès et M. André Ramet, — avec un succès qui acheva de consacrer sa réputation ; aussi obtint-elle en 1927 la Reconnaissance d'utilité publique. Ses adhérents sont attirés par le nombre et la valeur de ses publications, où des illustrations (surtout documentaires, mais très soignées) complètent l'intérêt scientifique du texte. Malgré les ressources dont elle dispose par les cotisations de ses membres, la Société ne pourrait d'ailleurs pas distribuer tant et de si beaux livres si elle ne recevait pas du dehors une aide efficace : aux subventions du Ministère de l'Instruction Publique et de l'Académie des Beaux-Arts viennent s'ajouter souvent des libéralités de certains de ses membres, que leur modestie seule m'empêche de nommer. On comprendra ainsi comment la Société est arrivée à publier à ce jour plus de 140 volumes, sans compter ceux (au nombre de 92) qui l'ont été sous son patronage, avec l'aide de leurs auteurs ou d'autres groupements.

La quantité de documents et d'objets inédits signalés dans ces ouvrages est devenue si considérable, que les travailleurs souhaitent depuis longtemps la publication d'une Table générale qui permette d'utiliser tant de richesses. Sans doute la plupart des volumes sont munis de Tables des matières et parfois même de Tables alphabétiques ; de plus, les anciennes *Archives*, les *Procès-verbaux de l'Académie royale de peinture et de sculpture*, la *Correspondance des directeurs de l'Académie de France à Rome*, les *Procès-verbaux de l'Académie d'architecture* sont munis de Tables alphabétiques détaillées, dues au patient labeur d'Anatole de Montaiglon, de Henry Jouin, de Paul Cornu, de M. William Viennot. D'autre part, Maurice Tourneux a donné dans la *Revue de l'Art français* en 1897 une *Table générale des documents contenus dans les Archives de l'Art français et leurs annexes* (1851-1896), travail excellent dont il existe un tirage à part. Enfin, un ancien éditeur de la Société, M. Schemit, a imprimé vers 1905 un sommaire des *Nouvelles Archives* (30 p. in-8°) avec une liste des principaux ouvrages publiés par la Société. Mais ces répertoires, établis sur des plans forcément assez divers, ne répondent que partiellement aux besoins des chercheurs. Aussi le Comité de la Société jugea-t-il, en 1913, que le moment était venu d'entreprendre une Table générale de nos publications. M. Marcel Roux, bibliothécaire au Cabinet des Estampes de la Bibliothèque nationale, voulut bien se charger — avec un désintéressement et un dévouement auxquels il convient de rendre hommage — de cet énorme travail ; retenu à la Bibliothèque pendant les années 1914-1918, il accumula patiemment les fiches, tant et si bien qu'en 1919 (ayant dépouillé jusqu'à l'année 1918) ses boîtes en contenaient près de cent mille. Mais alors il se trouva malheureusement obligé d'interrompre son labeur si méritoire ; car, d'une part, le retour à la vie normale le priva de ses loisirs forcés, et, d'autre part, le Comité de la Société dut reconnaître, avec un vif regret et quelque confusion, que ses ressources financières ne suffiraient pas à

une œuvre de cette envergure : car la Table au-
rait comporté au moins huit volumes in-8º. Il fallut
renoncer à la publication projetée et se borner à
conserver les fiches de M. Marcel Roux au Cabinet des Estampes, dans des boîtes où les érudits
peuvent du moins (avec une autorisation spéciale)
les consulter.

Ayant suivi avec intérêt la préparation de ce
vaste ouvrage, je fus très contrarié de son abandon,
et l'idée me vint qu'en attendant sa reprise éven-
tuelle (car il ne faudrait pas en désespérer) je ren-
drais service aux chercheurs en leur fournissant un
Répertoire des travaux publiés par la Société ; ce serait un « état » de tous les articles et livres publiés
par elle, une sorte de « table générale des matières »
de nos volumes. Le Comité, auquel je fis part
de ce projet en 1926, voulut bien l'approuver, et
maintenant (après des retards involontaires) le présent volume voit le jour, grâce à l'inépuisable gé-
nérosité de notre confrère M. David Weill, à qui la
Société est heureuse d'exprimer sa sincère gratitude.

Le plan de ce Répertoire est très simple. Chaque
travail formant un tout (quelle que soit son éten-
due) a fait l'objet d'une fiche. Le titre d'un article
de vingt lignes a été relevé de même que celui d'un
volume de quatre cents pages ; les fiches ont été
classées uniformément d'après l'ordre alphabétique
du « mot-type », qui ressort dans la typographie en

caractères gras. Les chercheurs ont ainsi (à défaut de l'indication complète de tous les passages de nos publications où tel nom de personne ou de lieu peut figurer) la liste de tous les *travaux spéciaux* relatifs à cette personne ou à ce lieu. On est sans doute, de la sorte, assez loin de l'idéal que nous avions d'abord rêvé ; mais un Répertoire qui comporte près de deux mille quatre cents références rendra toujours (je l'espère du moins) quelques services.

En le préparant j'ai constaté, une fois de plus, combien les publications de la Société sont difficiles à suivre, par suite de leur complexité et des modifications successives qu'elles ont subies[1]. Pour aider les travailleurs à s'y reconnaître, j'ai cru nécessaire de dresser un *État bibliographique* de nos publications[2] ; grâce à lui on pourra retrouver facilement la place de n'importe quel volume dans l'ensemble de nos séries et vérifier si chacun d'eux, pris isolément, est véritablement complet.

Dans cet inventaire de nos travaux j'ai cru devoir comprendre les anciennes *Archives*, l'*A be-*

---

1. Les anciennes *Archives* (1851-1860) ont une double tomaison, parce que leurs six volumes sont intercalés avec ceux de l'*Abecedario*. Dans les *Nouvelles Archives* (troisième série), la troisième année (1886) forme le tome II de la *Revue de l'Art français*, de sorte que nous avons dû donner à la deuxième année la désignation : tome I *bis*. — Il y a quatre séries d'*Archives* et deux séries de *Bulletins ;* voir p. xv, xviii, xix, xxi.

2. Une première liste de ce genre (moins complète que celleci) a paru dans l'*Annuaire* de la Société, au moment de sa reconstitution (1907), sous le titre de *Bibliographie des Archives de l'Art français et des publications de la Société depuis sa fondation* (p. 19 à 35).

cedario et les *Mémoires inédits*, quoique ces volumes aient paru bien avant la fondation de notre Société. On ne pouvait, en effet, les laisser de côté, car ils ont servi de modèles à nos ouvrages (notre première série d'*Archives* porte le titre de *Nouvelles Archives*), et ce sont leurs auteurs qui ont ensuite fondé notre Société, pour continuer l'œuvre interrompue.

Pour terminer, il me reste un devoir très agréable à remplir, celui de remercier mes deux collaborateurs ; car des circonstances imprévues m'ont empêché, après avoir entrepris ce Répertoire, d'en assurer à moi seul la publication. Je tiens à exprimer ici ma gratitude à Mlle Jeanne Giacomotti, ancienne élève de l'École du Louvre, et à mon ami M. William Viennot, Conservateur honoraire à la Bibliothèque nationale. Ce dernier (à qui la Société doit déjà l'excellente *Table* des Procès-verbaux de l'Académie d'architecture) a bien voulu, avec une obligeance extrême, m'aider pour la mise au point du travail et pour son impression.

* * *

Il ne sera pas inutile de signaler ici certains détails de la méthode qui a été adoptée :

État des publications : dans le total des pages, les chiffres romains entre crochets indiquent le total des pages non chiffrées ; les chiffres romains indiquent le total des pages portant une numérotation spéciale ; les chiffres arabes indiquent le total des pages du corps du volume. — Pour les deux premières séries, en tête du volume, toutes les pages, imprimées ou non, ont été comptées ; leur total est donc toujours un nombre pair ; pour la fin du volume, on a compté seulement les pages imprimées.

Répertoire : quand le titre d'un article ou d'un volume contient plusieurs noms propres, la fiche a été classée au nom le plus important, et plutôt à un nom d'artiste qu'à un autre nom de personne ou à un nom de lieu ; de nombreux renvois facilitent d'ailleurs les recherches.

Dans les anciennes Archives, les directeurs de la publication ont très souvent annoté les communications de leurs collègues, en ajoutant leurs initiales à la suite de ces notes. Nous avons intercalé ces initiales (en les imprimant entre crochets) après les noms des auteurs de ces communications, et nous avons mentionné les noms de ces annotateurs dans la Table des noms d'auteurs. Une liste spéciale aide à identifier les noms auxquels ces initiales correspondent (voir ci-dessous, p. XII).

Pour quelques séries d'objets importantes il a été fait des renvois aux noms de ces objets, afin de rendre certaines recherches générales plus faciles : voir par exemple les mots : Collections, Inventaires, Maison du Roi, Tapisseries, Tombeaux, etc.

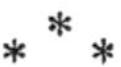

Dans le présent *Répertoire*, les diverses séries de publications de la Société ont été désignées par des initiales, de la manière suivante :

A = *Archives de l'Art français* (nouvelle série, depuis 1907).

AA, Doc. = *Archives de l'Art français* [anciennes *Archives*] (1851-1860). On sait que dans cette publication les volumes marqués *Documents* ont alterné avec ceux de l'*Abecedario* ; voir p. XV et XVI.

AA, 2ᵉ série = *Archives de l'Art français, deuxième série* (1861-1862).

B = *Bulletin de la Société de l'Histoire de l'Art français* (1875-1878 et depuis 1907).

MI = *Mémoires inédits... sur l'Académie royale* (1854).

NA = *Nouvelles Archives de l'Art français* (1872-1885).

RAF = *Revue de l'Art français* (titre sous lequel les *Nouvelles Archives* ont paru de 1884 à 1907).

* * *

Noms des *annotateurs* et *auteurs* qui ont signé de leurs initiales :

P. C. = Philippe de Chennevières.
L. C. = Louis Courajod.
J. C. = Jules Cousin.
G. D. = Georges Duplessis.
L. D. = Louis Dussieux.
B. F. = Benjamin Fillon.
A. F. = André Fontaine.
L. G. = Louis Gonse.
J. G. = Jules (ou : J.-J.) Guiffrey.
C. G. = C. Guigue.
H. J. = Henry Jouin.
L. L. = Léon Lagrange.
A. L. = Adolphe Lance.
H. L. = Hubert Lavigne.
G. M. = Gustave Macon.
P. M. = Paul Mantz.
A. M. = Anatole de Montaiglon.
P. N. = Pol Nicard.
F. R. = F. Rolle.
E. S. = Eudore Soulié.

ÉTAT DES PUBLICATIONS

DE LA SOCIÉTÉ

I

PUBLICATIONS ANTÉRIEURES
A LA FONDATION DE LA SOCIÉTÉ

Mais dont certaines ont été continuées par elle
(1851-1860).

Archives de l'Art français. Recueil de documents inédits
relatifs à l'histoire des arts en France, publié sous la
direction de Ph. de Chennevières. — [6 vol.]

— Tome premier. — Paris, Dumoulin, 1851-1852. — In-8° ;
xvi-463 p.

— Tome deuxième. Documents. — Paris, 1852-1853. —
In-8° ; [iv]-396 p.

> La couverture porte : « Tome troisième », le tome II étant
> représenté par le tome I de l'*Abecedario* (voir ci-dessous) ;
> les deux publications sont intercalées.

— Tome troisième. Documents. — Paris, Dumoulin,
1853-1855. — In-8° ; [iv]-392 p.

> La couverture porte : « Tome cinquième ».

— Documents. Tome quatrième. (Par Ph. de Chennevières et Anatole de Montaiglon.) — Paris, Dumoulin,
1855-1856. — In-8° ; [iv]-412 p.

> La couverture porte : « Tome septième ».

— Documents. Tome cinquième. (Par A. de Montaiglon.)
— Paris, Dumoulin, 1857-1858. — In-8° ; [iv]-391 p.

> La couverture porte : « Tome neuvième ».

— Documents. Tome sixième. Suivi d'Errata et Addenda
(p. 383-414) et d'une Table complète des noms de per-
sonnes et de lieux contenus dans les six volumes. —
Paris, Dumoulin, 1858-1860. — In-8° ; [iv]-540 p.

> La couverture porte : « Tome onzième ».

Archives de l'Art français. Recueil de documents inédits
relatifs à l'histoire des arts en France, publié sous la

direction de M. Anatole de Montaiglon. **Deuxième série.**
— [2 vol.].
— Tome premier. — Paris, Tross, 1861. — In-8º ; 476 p.
— Tome deuxième. — Paris, Tross, 1862. — In-8º ; 398-
[I et III p.].

Abecedario de P.-J. Mariette et autres notes de cet amateur sur les arts et les artistes..., par Ph. de Chenne-
vières et A. de Montaiglon. — [6 vol.]
— Tome premier (A-COL). — Paris, Dumoulin, 1851-1853.
— In-8º ; VIII-388 p.
— Tome deuxième (COL-ISAC). — Paris, Dumoulin, 1853-
1854. — In-8º ; [IV]-400 p.
— Tome troisième (JABACH-MINGOZZI). — Paris, Dumoulin, 1854-1856. — In-8º ; [IV]-396 p.
— Tome quatrième (MOCCHI-ROBERTI). — Paris, Dumoulin, 1857-1858. — In-8º ; [IV]-416 p.
— Tome cinquième (ROBUSTI-VAN OYE). — Paris, Dumoulin, 1858-1859. — In-8º ; [IV]-395 p.
— Tome sixième (VAN SANTEN-ZUMBO). — Paris, Dumou-
lin, 1859-1860. — In-8º ; [IV]-354 p.

   Ces six volumes portent au faux-titre la mention « Archives de l'Art français », avec les numéros II à XII. Voir
ci-dessus, *Archives de l'Art français.*
   — Ouvrage du P. Orlandi (1719), annoté par Mariette.

Mémoires inédits sur la vie et les ouvrages des membres
de l'Académie royale de peinture et de sculpture, pu-
bliés d'après les manuscrits conservés à l'École impé-
riale des Beaux-Arts, par MM. L. DUSSIEUX, E. SOULIÉ,
Ph. DE CHENNEVIÈRES, Paul MANTZ, A. DE MONTAI-
GLON. — [2 vol.]
— Tome premier. — Paris, Dumoulin, 1854. — In-8º ;
VIII-480 p.
— Tome second. — Paris, Dumoulin, 1854. — In-8º ;
XLIV-450-[II] p.

   Un second tirage du tome second (1854 ; XLIV-478 p.)
comporte une Table alphabétique des noms [de personnes],
non signée, rédigée par A. DE MONTAIGLON (p. 453 à 478).

II

NOUVELLES ARCHIVES DE L'ART FRANÇAIS ET REVUE DE L'ART FRANÇAIS
(1872-1907). .

Nouvelles Archives de l'Art français. Recueil de documents inédits publiés par la Société de l'histoire de l'Art français.

— [I]. Année 1872. — Paris, Baur, 1872. — In-8º ; xvi-509-[1] p. ; 1 pl.

> (P. v à viii, statuts de la Société, fondée les 11 et 25 avril 1870).

— [II]. Année 1873. — Paris, Baur, 1873. — In-8º ; viii-475-[1] p.

— [III]. Années 1874-1875. — Paris, Baur, 1875. — In-8º ; viii-529-[iii] p.

— [IV]. Année 1876. — Paris, Baur, 1876. — In-8º ; viii-470 p.

— [V]. Année 1877. — Paris, Baur, 1877. — In-8º ; viii-430 p.

— [VI]. Année 1878. — Paris, Baur, 1878. — In-8º ; viii-422 p.

— **Deuxième série.** Tome I ; 7ᵉ volume de la collection. — Paris, Baur, 1879. — In-8º ; xx-480 p.

— Tome II ; 8ᵉ vol. de la collection. — Paris, Baur, 1880-1881. — In-8º ; xvi-520 p.

— Tome III ; 9ᵉ vol. de la collection. — Paris, Charavay, 1882. — In-8º ; viii-382 p.

— Tome IV ; 10ᵉ vol. de la collection. — Paris, Charavay, 1883. — In-8º ; viii-430 p.

> Scellés et inventaires d'artistes, publiés par Jules GUIF-FREY. Première partie.

— Tome V ; 11ᵉ vol. de la collection. — Paris, Charavay, 1884. — In-8º ; viii-468 p.

> Scellés..., deuxième partie.

— Tome VI ; 12ᵉ vol. de la collection. — Paris, Charavay, 1885. — In-8⁰ ; VIII-384 p.

> Scellés..., troisième et dernière partie. Table des trois volumes.

— **Troisième série. Revue de l'Art français ancien et moderne,** paraissant tous les mois...

— [Tome I]. Première année, 1884. — Paris, Charavay, 1884. — In-8⁰ ; [IV]-214 p.

— [Tome I *bis*]. Deuxième année, 1885. — Paris, Charavay, 1885. — In-8⁰ ; [IV]-216 p.

— [Tome II]. [Titre modifié :] Nouvelles Archives de l'Art français ; troisième série, tome II [*sic*], année 1886. Revue de l'Art français ancien et moderne, troisième année. — Paris, Charavay, s. d. — In-8⁰ ; VIII-400 p.

— Tome III, année 1887. Quatrième année. — Paris, Charavay, s. d. — In-8⁰ ; VIII-392 p.

— Tome IV, année 1888. Cinquième année. — Paris, Charavay, s. d. — In-8⁰ ; VIII-396 p.

— Tome V, année 1889. Sixième année. — Paris, Charavay, s. d. — In-8⁰ ; VIII-356 p.

— Tome VI, année 1890. Septième année. — Paris, Charavay, s. d. — In-8⁰ ; VIII-393 p.

— Tome VII, année 1891. Huitième année. — Paris, Charavay, s. d. — In-8⁰ ; VIII-418 p.

— Tome VIII, année 1892. Neuvième année. — Paris, Charavay, s. d. — In-8⁰ ; VIII-396 p.

— Tome IX, année 1893. Dixième année. — Paris, Charavay, s. d. — In-8⁰ ; VIII-381 p.

— Tome X, année 1894. Onzième année. — Paris, Charavay, s. d. — In-8⁰ ; VIII-387 p.

— Tome XI, année 1895. Douzième année. — Paris, Charavay, s. d. — In-8⁰ ; VIII-388 p.

— Tome XII, année 1896. Treizième année. — Paris, Charavay, s. d. — In-8⁰ ; VIII-432 p.

— Tome XIII, année 1897. Quatorzième année. — Paris, Charavay, s. d. — In-8⁰ ; VIII-425 p.

— Tome XIV, année 1898. Quinzième année. — Paris, Charavay, s. d. — In-8⁰ ; XVI-456 p.

— Tome XV, année 1899. Seizième année. — Paris, Charavay, s. d. — In-8⁰ ; VIII-382 p.

— Tome XVI, année 1900. Dix-septième année. — Paris, Charavay, s. d. — In-8º ; VIII-388 p.

— Tome XVII, année 1901. Dix-huitième année. — Paris, Charavay, 1902. — In-8º ; LXVI-374 p.

> Faux-titre : Procès-verbaux de la Commission des Monuments, tome I.

— Tome XVIII, année 1902. Dix-neuvième année. — Paris, Charavay, 1903. — In-8º ; [VIII]-387 p.

> Faux-titre : Procès-verbaux..., tome II.

— Tome XIX, année 1903. Vingtième année. — Paris, Schemit, 1904. — In-8º ; VIII-383-[IV] p.

> Correspondance de M. de Marigny avec Coypel, Lépicié et Cochin, publiée par M. Marc FURCY-RAYNAUD. (Première partie.)

— Tome XX, année 1904. Vingt et unième année. — Paris, Schemit, 1905. — In-8º ; [IV]-302-[V] p.

> Correspondance de M. de Marigny... (Deuxième partie.)

— Tome XXI, année 1905. Vingt-deuxième année. — Paris, Schemit, 1906. — In-8º ; VIII-368 p.

> Correspondance de M. d'Angiviller avec Pierre, publiée par M. Marc FURCY-RAYNAUD. (Première partie.)

— Tome XXII, année 1906. Vingt-troisième année. — Paris, Schemit, 1907. — In-8º ; [IV]-374-[I] p.

> Correspondance de M. d'Angiviller... (Deuxième partie.)

III

ARCHIVES DE L'ART FRANÇAIS
Nouvelle période. 1907-(en cours).

Archives de l'Art français. Recueil de documents inédits publiés par la Société de l'histoire de l'Art français. Nouvelle période, tome I. — Paris, Schemit, 1907. — In-8º ; [IV]-429 p.

— Nouvelle période, tome II. — Paris, Schemit, 1908. — In-8º ; [IV]-359-[I] p. ; I pl.

— Nouvelle période, tome III. — Paris, Schemit, 1909. — In-8º ; [IV]-VIII-481-[I] p.

> A. TUETEY et Jean GUIFFREY, La Commission du Muséum et la création du Musée du Louvre.

— Nouvelle période, tome IV. — Paris, Schemit, 1910. —
In-8° ; [IV]-IV-413-[I] p.

Table des tableaux, sculptures et gravures des Salons
du XVIIIe siècle, par Jules GUIFFREY.

— Nouvelle période, tome V. — Paris, Schemit, 1911. —
In-8° ; [VI]-XVI-523-[I] p.

Ch. JOUANNY, Correspondance de Nicolas Poussin.

— Nouvelle période, tome VI. — Paris, Champion, 1912.
— In-8° ; [IV]-VIII-343-[I] p.

— Nouvelle période, tome VII. — Paris, Champion, 1913.
— In-8° ; XVI-563 p. ; 21 pl.

Mélanges offerts à M. Henry Lemonnier.

— Nouvelle période, tome VIII. — Paris, Champion, 1916.
— In-8° ; [IV]-CXLVI-347-[I] p. ; 22 pl.

Mélanges offerts à M. Jules Guiffrey.

— Nouvelle période, tome IX. — Paris, Champion, 1915.
— In-8° ; [VI]-516 p.

Jules GUIFFREY, Histoire de l'Académie de Saint-Luc.

— Nouvelle période, tome X. — Paris, Champion, 1919.
— In-8° ; XII-385-[II] p. ; 4 pl.

Mlle M.-J. BALLOT, Charles Cressent, sculpteur, ébéniste,
collectionneur.

— Nouvelle période, tome XI. — Paris, Champion, 1921.
— In-8° ; XII-372 p.

F. COURBOIN, Catalogue des ouvrages relatifs aux
Beaux-Arts, du Cabinet des Estampes de la Bibliothèque
nationale, série Y.

— Nouvelle période, tome XII. — Paris, Armand Colin,
1922. — In-8° ; XVI-451-[I] p. ; 16 pl.

P. COURTEAULT, La place Royale de Bordeaux.

— Nouvelle période, tome XIII. — Paris, Armand Colin,
1924. — In-8° ; XXII-546-[I] p. ; 32 pl.

Jean GUIFFREY, L'œuvre de Pierre-Paul Prudhon.

— Nouvelle période, tome XIV. — Paris, Armand Colin,
1927. — In-8° ; XXX-490-[I] p. ; 16 pl.

Inventaire des sculptures exécutées au XVIIIe siècle pour
la Direction des Bâtiments du Roi ; documents réunis par
Marc FURCY-RAYNAUD [publiés, après la mort de l'auteur,
par G. BRIÈRE].

— Nouvelle période, tome XV. — Paris, Armand Colin, 1928. — In-8º ; VIII-302-[I] p. ; 40 pl.

Iconographie des rois de France ; première partie, de Louis IX à Louis XIII ; par le lieutenant-colonel Ch. MAUMENÉ et le comte Louis D'HARCOURT.

IV

BULLETIN DE LA SOCIÉTÉ
DE L'HISTOIRE DE L'ART FRANÇAIS

1875-1878 et 1907-(en cours).

Bulletin de la Société de l'histoire de l'Art français.
— Iʳᵉ année, 1875. — Paris, Baur, 1875. — In-8º ; [IV]-68 p.
— 2ᵉ année, 1876. — Paris, Baur, 1876. — In-8º ; [IV]-91 p.
— 3ᵉ année, 1877. — Paris, Baur, 1877. — In-8º ; [IV] et p. 93 à 172.
— 4ᵉ année, 1878. — Paris, Baur, 1878. — In-8º ; [II] et p. 173 à 256.

Avec une *Table* (1875-1878) par A. de Montaiglon, p. 221-256.

Bulletin de la Société de l'histoire de l'Art français.
— Année 1907. — Paris, Schemit, 1907. — In-8º ; 138 p. ; 11 pl.
— Année 1908. — Paris, Schemit, 1908. — In-8º ; 255 p. ; 13 pl.
— Année 1909. — Paris, Schemit, 1909. — In-8º ; 302 p. ; 7 pl.
— Année 1910. — Paris, Schemit, 1910. — In-8º ; 429 p. ; 16 pl.
— Année 1911. — Paris, Schemit, 1911. — In-8º ; 464 p. ; 9 pl.
— Année 1912. — Paris, Schemit, 1912. — In-8º ; 436 p. ; 15 pl.
— Année 1913. — Paris, Champion, 1913. — In-8º ; 412 p. ; 17 pl.

— Année 1914. — Paris, Champion, 1914. — In-8º ; 296 p.

— Années 1915-1917. — Paris, Champion, 1918. — In-8º ;
194 p. ; 2 pl.

— Années 1918-1919. — Paris, Champion, 1919. — In-8º ;
292 p. ; 9 pl.

—Année 1920. — Paris, Champion, 1920. — In-8º ; 358 p. ;
6 pl.

— Année 1921. — Paris, Armand Colin, 1922. — In-8º ;
312 p. ; 8 pl.

— Année 1922. — Paris, Armand Colin, 1922. — In-8º ;
436 p. ; 16 pl.

— Année 1923. — Paris, Armand Colin, 1923. — In-8º ;
460 p. ; 4 pl.

— Année 1924. — Paris, Armand Colin, 1924. — In-8º ;
394 p. ; 11 pl. et 1 fig.

— Année 1925. — Paris, Armand Colin, 1925. — In-8º ;
300 p. ; 8 pl.

— Année 1926. — Paris, Armand Colin, 1926. — In-8º ;
260 p. ; 4 pl.

— Année 1927. — Paris, Armand Colin, 1927. — In-8º ;
416 p. ; 15 pl.

V

OUVRAGES DIVERS
PUBLIÉS PAR LA SOCIÉTÉ

Mémoires pour servir à l'histoire des Maisons royalles et
bastimens de France, par André Félibien, sieur des
Avaux ; publiés pour la première fois d'après le manuscrit de la Bibliothèque nationale [par A. DE MONTAI-
GLON]. — Paris, Baur, 1874. — In-8º ; XVI-104 p. ; 1 pl.

**Procès-verbaux de l'Académie royale de peinture et de
sculpture** (1648-1792), publiés pour la Société de l'histoire de l'Art français, d'après les registres originaux
conservés à l'École des Beaux-Arts, par M. Anatole DE
MONTAIGLON. — [11 vol.]

— Tome I (1648-1672). — Paris, Baur, 1875. — In-8º ;
[IV]-XX-408 p.

— Tome II (1673-1688). — Paris, Baur, 1878. — In-8º ; [IV]-392 p.

— Tome III (1689-1704). — Paris, Baur, 1880. — In-8º ; [IV]-416 p.

— Tome IV (1705-1725). — Paris, Baur, 1881. — In-8º ; [IV]-412 p.

— Tome V (1726-1744). — Paris, Charavay, 1883. — In-8º ; [IV]-383 p.

— Tome VI (1745-1755). — Paris, Charavay, 1885. — In-8º ; [IV]-440 p.

— Tome VII (1756-1768). — Paris, Charavay, 1886. — In-8º ; [IV]-423 p.

— Tome VIII (1769-1779). — Paris, Charavay, 1888. — In-8º ; [IV]-414 p.

— Tome IX (1780-1788). — Paris, Charavay, 1889. — In-8º ; [IV]-396 p.

— Tome X (1789-1793). — Paris, Charavay, 1892. — In-8º ; [IV]-246 p.

— *Table* des procès-verbaux de l'Académie royale de peinture et de sculpture..., par M. Paul CORNU. (Avertissement par Jules GUIFFREY.) — Paris, Schemit, 1909. — In-8º ; [IV]-VIII-228 p.

Les Comptes des Bâtiments du Roi (1528-1571), suivis de documents inédits sur les châteaux royaux et les beaux-arts au XVIᵉ siècle, recueillis et mis en ordre par le marquis Léon DE LABORDE. — [2 vol.]

— Tome premier. (Avertissement par J.-J. GUIFFREY.) — Paris, Baur, 1877. — In-8º ; LXII-422 p.

— Tome second. — Paris, Baur, 1880. — In-8º ; [IV]-510-[I] p.

Mémoires inédits de Charles-Nicolas Cochin sur le comte de Caylus, Bouchardon, les Slodtz, publiés d'après le manuscrit autographe, avec Introduction, Notes et Appendice, par M. Charles HENRY. — Paris, Baur, 1880. — In-8º ; 192-[VI] p.

État civil d'artistes français, billets d'enterrement ou de décès, depuis 1823 jusqu'à nos jours, réunis et publiés

par M. Hubert Lavigne. — Paris, Baur, 1881. — In-8º ;
VI-216 p.

La stromatourgie de Pierre Dupont. Documents relatifs
à la fabrication des tapis de Turquie en France au
XVIIe siècle, publiés par Alfred Darcel... et Jules Guiffrey... — Paris, Charavay, 1882. — In-8º ; [IV]-
XLVII-148 p.

État civil des peintres et sculpteurs de l'Académie royale.
Billets d'enterrement de 1648 à 1713, publiés d'après
le registre conservé à l'École des Beaux-Arts, par Octave
Fidière. — Paris, Charavay, 1883. — In-8º ; X-[II]-
94 p.

**Correspondance des directeurs de l'Académie de France à
Rome** avec les Surintendants des Bâtiments, publiée
d'après les manuscrits des Archives nationales par
M. Anatole de Montaiglon, sous le patronage de la
Direction des Beaux-Arts. — [18 vol.]
— Tome I (1666-1694). — Paris, Charavay, 1887. —
In-8º ; XVI-480 p.
— Tome II (1694-1699). — Paris, Charavay, 1888. —
In-8º ; [IV]-474-[I] p. ; I pl.
— Tome III (1699-1711). — Paris, Charavay, 1889. —
In-8º ; [IV]-480 p.
— Tome IV (1711-1716). — Paris, Charavay, 1893. —
In-8º ; [IV]-480 p.
— Tome V (1716-1720). — Paris, Charavay, 1895. —
In-8º ; [IV]-422 p.
— Tome VI (1721-1724). — Paris, Charavay, 1896. —
In-8º ; [IV]-XLVIII-456 p. (Pages I à XLVIII, Notice sur
A. de Montaiglon, par Jules Guiffrey.)
— Tome VII (1724-1728) ; par A. de Montaiglon et
Jules Guiffrey. — Paris, Charavay, 1897. — In-8º ;
[IV]-486 p.
— Tome VIII (1729-1733). — Paris, Charavay, 1898. —
In-8º ; [IV]-482 p.
— Tome IX (1733-1741). — Paris, Charavay, 1899. —
In-8º ; [IV]-496 p.

— Tome X (1742-1753). — Paris, Charavay, 1900. — In-8º ; [IV]-483 p.

— Tome XI (1754-1763). — Paris, Charavay, 1901. — In-8º ; [IV]-505 p.

— Tome XII (1764-1774). — Paris, Charavay, 1902. — In-8º ; [IV]-490 p.

— Tome XIII (1774-1779). — Paris, Schemit, 1904. — In-8º ; [IV]-483 p.

— Tome XIV (1780-1784). — Paris, Schemit, 1905. — In-8º ; [IV]-468-[IV] p.

— Tome XV (1785-1790). — Paris, Schemit, 1906. — In-8º ; [IV]-467-[I] p.

— Tome XVI (1791-1797). — Paris, Schemit, 1907. — In-8º ; [IV]-533-[I] p.

— Tome XVII (1797-1804). — Paris, Schemit, 1908. — In-8º ; [IV]-VI-436 p.

— Tome XVIII. Table générale, rédigée par M. Paul CORNU. (Avertissement par Jules GUIFFREY.) — Paris, Schemit, 1912. — In-8º ; [IV]-XII-226 p.

Les femmes artistes à l'Académie royale de peinture et de sculpture, par Octave FIDIÈRE. — Paris, Charavay, 1885. — In-8º ; 55-[IV] p. ; 2 portraits.

Artistes français des XVIIe et XVIIIe siècles (1681-1787) ; extraits des Comptes des États de Bretagne, réunis et annotés par le marquis DE GRANGES DE SURGÈRES. — Paris, Charavay, 1893. — In-8º ; IV-246 p.

Notice sur l'ancienne statue équestre, ouvrage de Dianello Ricciarelli et de Biard le fils, élevée à Louis XIII en 1639 au milieu de la Place Royale à Paris, par M. Anatole DE MONTAIGLON ; suivie d'une Note par J.-J. GUIFFREY et de Sonnets sur le Jugement dernier de Michel-Ange. — Paris, Baur, 1874 et 1896. — In-8º ; 96 p.

L'Œuvre d'Eugène Lami (1800-1890) ; lithographies, dessins, aquarelles, peintures ; essai d'un Catalogue raisonné, par Paul-André LEMOISNE, du Cabinet des Estampes. — Paris, Champion, 1914. — In-8º ; XVIII-[II]-448 p.

Les dessins de l'Histoire des rois de France par Nicolas Houel, par Jules GUIFFREY, membre de l'Institut. — Paris, Champion, 1920. — In-4° ; 36 p. ; 28 pl.

Procès - verbaux de l'Académie royale d'Architecture (1671-1793), publiés pour la Société de l'histoire de l'Art français, sous le patronage de l'Académie des Beaux-Arts, par M. Henry LEMONNIER. — [10 vol.]

— Tome I (1671-1681). — Paris, Schemit, 1911. — In-8° ; [VI]-LXIV-352 p. ; 1 pl., 8 fig.

— Tome II (1682-1696). — Paris, Schemit, 1912. — In-8° ; [IV]-XLVIII-372 p. ; 1 pl., 11 fig.

— Tome III (1697-1711). — Paris, Champion, 1913. — In-8° ; [II]-XXIV-394 p. ; 1 pl., 11 fig.

— Tome IV (1712-1726). — Paris, Champion, 1915. — In-8° ; [IV]-LII-362 p. ; 1 pl., 1 fig.

— Tome V (1727-1743). — Paris, Champion, 1918. — In-8° ; [IV]-XII-354-[I] p. ; 1 pl.

— Tome VI (1744-1758). — Paris, Champion, 1920. — In-8° ; XXXVI-361-[I] p. ; 1 pl.

— Tome VII (1759-1767). — Paris, Armand Colin, 1922. — In-8° ; XLIV-334-[I] p. ; 1 pl.

— Tome VIII (1768-1779). — Paris, Armand Colin, 1924. — In-8° ; XVI-432 p. ; 1 pl.

— Tome IX (1780-1793). — Paris, Armand Colin, 1926. — In-8° ; XXXII-374-[I] p. ; 2 pl.

— Tome X. Table générale, par M. William VIENNOT ; avec une préface par M. Henry LEMONNIER. — Paris, Armand Colin, 1929. — In-8° ; XXVIII-308 p. ; 1 pl.

Répertoire des catalogues des musées de province, par Denise JALABERT, avec une Préface par J. J. MARQUET DE VASSELOT. — Paris, Armand Colin, 1924. — In-8° ; [IV]-170-[I] p.

Publication de l'Association des Conservateurs des collections publiques de France et de la Société de l'histoire de l'Art français. — Extrait du *Bulletin* de la Société, année 1923.

VI

OUVRAGES PUBLIÉS
SOUS LE PATRONAGE DE LA SOCIÉTÉ

Collection des livrets des anciennes expositions, depuis 1673 jusqu'en 1800. [Publiée par J.-J. GUIFFREY.] — Paris, Liepmanssohn et Dufour, 1869-1872. — 42 vol. in-12.

Livrets des expositions de l'Académie de Saint-Luc à Paris pendant les années 1751, 1752, 1753, 1756, 1762, 1764 et 1774, avec une Notice bibliographique et une Table, par J.-J. GUIFFREY. — Paris, Baur et Détaille, 1872. — In-12 ; XVI-176-[I] p.

Notes et documents inédits sur les expositions du XVIIIe siècle, recueillis et mis en ordre par J.-J. GUIFFREY. — Paris, Baur, 1873. — In-12 ; LVI-142 p.

Table générale des artistes ayant exposé aux Salons du XVIIIe siècle, suivie d'une table de la bibliographie des Salons, précédée de notes sur les anciennes expositions et d'une liste raisonnée des Salons de 1801 à 1873, par J.-J. GUIFFREY. — Paris, Baur, 1873. — In-12 ; LXXII-91 p.

Lettres de noblesse accordées aux artistes français, XVIIe et XVIIIe siècles, suivies de la liste des artistes nommés chevaliers de l'ordre de Saint-Michel, [par J.-J. GUIFFREY]. — Paris, Dumoulin et Baur, 1873. — Gr. in-8º ; [IV]-44 p.
Extrait de la *Revue historique, nobiliaire et biographique*.

Actes d'état civil d'artistes français, peintres, graveurs, architectes, etc., extraits des registres de l'Hôtel-de-Ville de Paris détruits dans l'incendie du 24 mai 1871, publiés par H. HERLUISON. — Orléans, Herluison, 1873. — In-8º ; VIII-478-[II] p.

Notice sur Jacques Guay, graveur sur pierres fines du roi Louis XV, par J.-F. LETURCQ ; documents inédits émanant de Guay et notes sur les œuvres de gravure en taille-douce et en pierres fines de la marquise de Pompadour. — Paris, Baur, 1873. — In-8° ; VIII-266-[I] p. ; 11 pl.

Éloge de Lancret, peintre du roi, par Ballot de Sovot, accompagné de diverses notes sur Lancret, de pièces inédites et du catalogue de ses tableaux et de ses estampes, réunis et publiés par J.-J. GUIFFREY. — Paris, Baur et Rapilly, s. d., [1874]. — In-8° ; 83-[V] p. ; 1 pl.

Livret de l'exposition du Colisée (1776), suivi de l'analyse de l'Exposition ouverte à l'Élisée en 1797 et précédé d'une histoire du Colisée d'après les mémoires du temps, avec une Table des artistes qui prirent part à ces deux expositions. (Complément des livrets de l'Académie royale et de l'Académie de Saint-Luc.) [Par J.-J. GUIFFREY.] — Paris, Baur, 1875. — In-8° ; [IV]-63 p.

Jules HÉDOU. **Noël Le Mire et son œuvre,** suivi du Catalogue de l'œuvre gravé de Louis Le Mire. Portrait à l'eau-forte par Gilbert. — Paris, Baur, 1875. — In-8° ; [II]-VIII-312-[VII] p. ; 1 portrait.

(1637-1714). **Sébastien Le Clerc et son œuvre,** par Édouard MEAUME, auteur des Recherches sur Jacques Callot. Ouvrage couronné par l'Académie de Metz... — Paris, Baur, 1877. — In-8° ; [IV]-367-[III] p. ; 2 pl.

La famille des Juste en Italie et en France, par Anatole DE MONTAIGLON et Gaetano MILANESI. — Paris, Détaille et Baur, 1876. — Gr. in-8° ; [IV]-70-[I] p. ; fig.

    Extrait de la *Gazette des Beaux-Arts,* 2ᵉ période, t. XII à XV.

Albert CURMER. **Notice sur Jacques Neilson,** entrepreneur et directeur des teintures de la Manufacture royale des tapisseries des Gobelins au XVIIIᵉ siècle. — Paris, Baur, 1878. — In-8° ; [IV]-60-4 p.

Jules HÉDOU. **Jean Le Prince et son œuvre,** suivi de nombreux documents inédits. Portrait à l'eau-forte par A. Gilbert. — Paris, Baur, 1879. — In-8º ; [II]-330-[v] p. ; 1 portrait.

Les orfèvres de Paris en 1700. Procès-verbaux de visites et déclarations faites en exécution de l'édit du mois de mars 1700, publiés et annotés par M. J.-J. GUIFFREY. — Paris, Détaille et Baur, 1879. — Gr. in-8º ; 32 p.

> Extrait du *Bulletin de l'Union centrale des Beaux-Arts appliqués à l'industrie*, 1878.

Les artistes angevins, peintres, sculpteurs, maîtres d'œuvre, architectes, graveurs, musiciens, d'après les Archives angevines, par Célestin PORT... — Paris (Baur) et Angers (Germain et Grassin ; Lachèse et Dolbeau), 1881. — In-8º ; [IV]-xx-334 p.

Les sculpteurs de Lyon, du quatorzième au dix-huitième siècle, par M. Natalis RONDOT. — Lyon (Pitrat) et Paris (Charavay), 1884. — In-8º ; 78-[I] p.

> Extrait de la *Revue lyonnaise*, mars, avril et mai 1884.

La médaille d'Anne de Bretagne et ses auteurs, Louis Lepère, Nicolas de Florence et Jean Lepère, 1494, par M. Natalis RONDOT. — Lyon (Pitrat) et Paris (Charavay), 1885. — Gr. in-8º ; 50 p. ; 1 pl.

Correspondance inédite de Maurice Quentin de La Tour, suivie de documents nouveaux, publiés par MM. Jules GUIFFREY et Maurice TOURNEUX. Avec deux planches hors texte et quatre gravures dans le texte. — Paris, Charavay, 1885. — Gr. in-8º ; [IV]-42-[II] p.

> Extrait de la *Gazette des Beaux-Arts*, février, mars et juillet 1885.

Le graveur lorrain François Briot, d'après des documents inédits, par Alexandre TUETEY, avec un portrait dessiné par Ch. Goutzwiller. — Paris, Charavay, 1887. — In-8º ; 33 et 4 p.

> Extrait des *Mémoires de la Société d'émulation de Montbéliard*.

Jules HÉDOU. **J.-J.-A. Le Veau,** sa vie et son œuvre (1729-

1786). — Paris, Charavay et Durel, 1903. — In-8⁰ ;
[IV]-VIII-274-[I] p. ; 7 pl.

Publications annexes de la Société internationale de mu-
sique (section de Paris). **Catalogue du fonds de musique
ancienne de la Bibliothèque nationale,** par J. ÉCORCHE-
VILLE. — [8 vol.]
— Vol. I, A-AIR. — Paris, Soc. internationale de musique,
1910. — In-4⁰ ; [VIII]-241-[I] p.
— Vol. II, AIR-ANT. — Paris, Terquem, 1911. — In-4⁰ ;
[IV]-245-[I] p.
— Vol. III, ANT-CHA. — Paris, Terquem, 1912. —
In-4⁰ ; [IV]-241-[I] p.
— Vol. IV, CHA-DAN. — Publié sous le patronage de
l'Académie des Beaux-Arts et de la Société de l'histoire
de l'Art français. [De même, aux volumes suivants.] —
Paris, Terquem, 1912. — In-4⁰ ; [IV]-219-[I] p.
— Vol. V, DAN-GIL. — Paris, Terquem, 1912. — In-4⁰ ;
[IV]-241-[I] p.
— Vol. VI, GIL-MOT. — Paris, Terquem, 1913. — In-4⁰ ;
[IV]-234-[I] p.
— Vol. VII, MOT-SCA. — Paris, Terquem, 1914. — In-4⁰ ;
[IV]-216-[I] p.
— Vol. VIII, SCA-ZUM. — Paris, Terquem, 1914. —
In-4⁰ ; [IV]-222-[I] p.

Les dessins d'archéologie de Roger de Gaignières, publiés
sous les auspices et avec le concours de la Société de
l'histoire de l'Art français, par Joseph GUIBERT, con-
servateur-adjoint du Cabinet des Estampes à la Bibliothèque nationale. — Paris, Berthaud frères-Catala, s.
d. [1911-1914]. — In-4⁰. — [15 vol. parus.]
— Série I, Tombeaux. Pl. 1 à 100. — In-4⁰ ; [IV] p. et
100 pl.
— Pl. 101 à 200. — In-4⁰ ; [II] p. et
100 pl.
— Pl. 201 à 300. — In-4⁰ ; [II] p. et
100 pl.
— Pl. 301 à 400. — In-4⁰ ; [II] p. et
100 pl.

— Pl. 401 à 500. — In-4⁰ ; [II] p. et 100 pl.

— Pl. 501 à 600. — In-4⁰ ; [II] p. et 100 pl.

— Pl. 601 à 700. — In-4⁰ ; [II] p. et 100 pl.

— Pl. 701 à 800. — In-4⁰ ; [II] p. et 100 pl.

— Pl. 801 à 900. — In-4⁰ ; [II] p. et 100 pl.

— Pl. 901 à 1000. — In-4⁰ ; [II] p. et 100 pl.

— Pl. 1001 à 1100. — In-4⁰ ; [II] p. et 100 pl.

— Pl. 1101 à 1200. — In-4⁰ ; [II] p. et 100 pl.

— Pl. 1201 à 1300. — In-4⁰ ; [II] p. et 100 pl.

— Série II, Vitraux. Pl. 1 à 100. — In-4⁰ ; [II] p. et 100 pl.

— Série III, Tapisseries. Pl. 1 à 100. — In-4⁰ ; [II] p. et 100 pl.

Inventaire des lettres et papiers manuscrits de Gaspare, Carlo et Lodovico Vigarani, conservés aux Archives d'État de Modène (1634-1684), par Gabriel ROUCHÈS. — Paris, Champion, 1913. — In-8⁰ ; [VI]-XXXVIII-236-[III] p.

Congrès d'histoire de l'art, organisé par la Société de l'histoire de l'Art français. Paris, 26 septembre-5 octobre 1921. **Compte-rendu analytique.** — Paris, Les Presses universitaires, 1922. — In-8⁰ ; 239 p.

Actes du Congrès d'histoire de l'art, organisé par la Société de l'histoire de l'Art français. Paris, 26 septembre-5 octobre 1921. — [3 vol. et un Album.]

— Tome I. Communications présentées aux première et troisième sections du Congrès. — Paris, Les Presses universitaires de France, 1923. — In-8⁰ carré ; VIII-380-[I] p.

— Tome II. Communications présentées à la deuxième section du Congrès (1re partie). — Paris, Les Presses universitaires, 1924. — In-8º carré ; [IV]-447-[I] p.

— Tome III. Communications présentées aux deuxième section (2e partie) et quatrième section du Congrès. — Paris, Les Presses universitaires, 1924. — In-8º carré ; [VI]-449 à 961-[I] p.

— Album des planches. — In-8º carré ; 8 p. de Table et 100 pl. en phototypie.

    Ouvrage publié par P. Ratouis de Limay et G. Rouchès, avec une préface d'André Michel.

(Ouvrage publié sous le patronage de la Société de l'histoire de l'Art français.) **Artistes et monuments de la Renaissance en France.** Recherches nouvelles et documents inédits, par Maurice ROY. Avec une préface de M. Paul VITRY... — Paris, Champion, 1929. — In-4º ; X-431 p. ; 52 fig. et 12 pl.

A

Abbeville, artiste, voir : **Mellan** (Claude).

Abbeville, église Saint-Wulfran, voir : **L'Heureux** (Pierre).

Abecedario, voir : **Mariette.**

Lemonnier (Henry). Les procès-verbaux de l'**Académie
d'architecture.** *B*, 1908, 132-140.

Lemonnier (Henry). Procès-verbaux de l'**Académie royale
d'architecture** (1671-1793). Paris, 1911-1929, 10 vol.
in-8°, dont un de Tables, par W. Viennot.

Lemonnier (Henry). A propos du deuxième volume des
procès-verbaux de l'**Académie d'architecture.** *B*, 1911,
350-351.

Lemonnier (Henry). L'**Académie d'architecture** et les
fêtes de 1781-1782. *B*, 1913, 36-39.

Les membres de l'**Académie des Beaux-Arts** de 1796 à 1910.
A, IV, 1910, 149-243.

Tuetey (Alexandre). Notice sur les artistes candidats à
la classe des Beaux-Arts de l'Institut, [**Académie des
Beaux-Arts**] (23 fructidor an VIII). *A*, IV, 1910, 244-
289.

Académie de France à Rome, voir : **Rome.**

Dussieux (Louis). **Académie de peinture et de sculpture.**
Liste chronologique de ses membres (1648-1793). *A A*,
Doc., I, 357-424.

Duvivier ; Chennevières (Philippe de) ; Daudet (Eugène) ; Montaiglon (Anatole de). Sujets des morceaux
de réception des membres de l'ancienne **Académie de
peinture, sculpture et gravure,** 1648 à 1793, d'après les
registres de cette Académie, avec l'indication de l'emplacement actuel d'un certain nombre de ces ouvrages.
A A, *Doc.*, II, 353-391.

Mémoires inédits sur la vie et les ouvrages des membres de l'**Académie royale de peinture et de sculpture...,** publiés par MM. L. Dussieux, E. Soulié, Ph. de Chennevières, P. Mantz, A. de Montaiglon. Paris, 1854, 2 vol. in-8º.

FILLON (Benjamin) ; [A. M.]. Liste des descriptions des ouvrages de réception des académiciens faites par Guillet de Saint-Georges, [**Académie de peinture et de sculpture**] (1648-1690). *NA*, 1872, 238-245.

[J.-J. G.]. Note sur le sceau de l'**Académie royale de peinture.** *NA*, 1872, 486-488.

MONTAIGLON (Anatole DE). Procès-verbaux de l'**Académie royale de peinture et de sculpture** (1648-1793), publiés d'après les registres originaux, 1875-1909. 11 vol. in-8º, dont un de Tables, par P. Cornu.

FIDIÈRE (Octave). État civil des peintres et sculpteurs de l'**Académie royale.** Billets d'enterrement de 1648 à 1713. Paris, 1883, in-8º, XII-94 p.

FIDIÈRE (Octave). Les femmes artistes à l'**Académie royale de peinture et de sculpture.** Paris, 1885, in-8º, 55-[IV] p., 2 pl.

JOUIN (Henry). Les derniers statuts de l'**Académie de peinture et de sculpture** (1777). *RAF*, VI, 1890, 195-214.

[J.-J. G.]. Lettre de l'**Académie de peinture** sur les concours pour les prix de 1742. *RAF*, VII, 1892, 111-112.

MARCHEIX (Lucien). Sur les archives de l'**Académie royale de peinture et de sculpture** conservées à l'École des Beaux-Arts. *B*, 1908, 223-224.

MARCHEIX (Lucien). Note sur le « Grand Registre » de l'**Académie royale de peinture et de sculpture.** *B*, 1909, 19-20.

MARCHEIX (Lucien). Note sur l' « Extrait du Registre des délibérations de l'**Académie roïale...,** etc. », par M. Hulst. *B*, 1909, 20-22.

MARCHEIX (Lucien). Note sur un cahier de comptes de l'**Académie royale** de septembre à avril 1652. *B*, 1909, 22-23.

FONTAINE (André). Un problème d'authenticité à propos

du dernier tableau de réception entré à l'**Académie royale de peinture et de sculpture.** *B,* 1910, 254-256.

Demonts (Louis). Note sur les collections de l'**Académie royale de peinture.** [A propos du livre de M. Fontaine.] *B,* 1913, 79-84.

Fontaine (André). Les sources de l'histoire des premiers temps de l'**Académie royale de peinture et de sculpture.** *B,* 1913, 137-143.

Guiffrey (Jules). Les vicissitudes d'un exemplaire annoté de la description de l'**Académie royale des arts de peinture et de sculpture.** *B,* 1913, 143-144.

Fontaine (André). Essai d'identification de quelques morceaux de réception de l'**Académie royale de peinture et de sculpture** appartenant au Musée du Louvre. *B,* 1920, 31-38.

Vitry (Paul). Les médaillons de marbre de l'**Académie de peinture et de sculpture** au Louvre et à l'église Notre-Dame de Versailles. *B,* 1921, 28-31.

Académie de peinture et de sculpture, voir : **Caylus** (comte de) ; **Chaufourier ; Coypel** (N.) ; **David** (J.-L.) ; **Dejoux.**

Guiffrey (J.-J.). Les expositions de l'**Académie de Saint-Luc** et leurs critiques (1751-1774). *B,* 1910, 77-124.

[J.-J. G.]. Comptes-rendus des Salons de l'**Académie de Saint-Luc** (1571 et 1756). *B,* 1910, 258-270.

Guiffrey (Jules). Histoire de l'**Académie de Saint-Luc.** *A,* IX, 1915 (vi-516 p.).

Académie de Saint-Luc, voir : **Boiston ; Cochin** (C.-N.) ; **Hurlot ; Romagnesi ; Rome.**

Achard, voir : **Toulon.**

Havard (Henry) ; [J. G.]. **Adam,** peintre de la ville d'Amiens, [reçu, 1611]. *RAF,* I *bis,* 1885, 68.

[J.-J. G.]. Pétition du statuaire Gaspard-Louis-Charles **Adam** (1837). *NA,* 1882, 335-338.

Guiffrey (J.-J.). Lambert-Sigisbert et Nicolas-Sébastien **Adam** (sc., 1729-90). *NA,* 1880-81, 163-181.

[H. J.]. Nicolas-Sébastien **Adam** et Louis-François Petit, sculpteurs, [vente d'immeubles ; 1772]. *RAF*, VII, 1891, 255-256.

Adélaïde (Mme), voir : **Houdon.**

Agate sculptée, voir : **Rois de France.**

Soultrait (comte Georges de). Lettre de M. d'**Agincourt**, adressée de Rome à M. Castellan (1813). *AA, Doc.*, I, 142-150.

Cottenet (Émile). Les gravures et vignettes du poème de l'**Agriculture** [par de Rosset, 1773 ; gr. par Legouaz, Marillier, etc.]. *NA*, 1882, 349-350.

Aigles (les), voir : **David** (L.).

Deshairs (Léon). L'appartement de Mme de Simiane à **Aix** en Provence. *B*, 1909, 242-243.

Aix, fontaine, voir : **Chastel.**

Albi (Louis d'Amboise, évêque d'), voir : **Morant** (Jehan).

Alembert (d'), voir : **Caffiéri** (J.-J.) ; **Ficquet** (Étienne).

Alençon, voir : **Godard.**

Aliénor, voir : **Eléonore** d'Autriche, reine de France.

[A. M.]. **Alizard**, [p. ; 1764]. *B*, 1877, 127-128.

Allegrain (Gabriel et Christophe-Gabriel), [sc.], voir : **La Hire** (Laurent de).

Demonts (Louis). Dessins français des cabinets d'**Allemagne.** *B*, 1909, 259-292.

Alliot dit Lafontaine, lapidaire-joaillier [achat d'une maison ; 1773]. *RAF*, VII, 1891, 159.

Amboise (Louis d'), voir : **Morant** (Jehan).

Lalanne (Ludovic). Transport d'œuvres d'art de Naples au château d'**Amboise** en 1495. *AA, Doc.*, II, 305-306.

Grandmaison (Charles de). Inventaire des tableaux et objets d'art des châteaux d'**Amboise** et de Chanteloup (1794). *NA*, 1879, 186-192.

[A. M.]. Maître **Ambroise,** peintre du chancelier Duprat, [lettre de recommandation ; 1530]. *NA*, 1872, 154-155.

Américains, voir : **Millet** (Jean-François).

Amiens, voir : **Adam ; Cellers** (Z. de).

Amour (l'), statue, voir : **Bouchardon.**

Ratouis de Limay (Paul). Un pastel du Musée d'**Amsterdam,** [par Madeleine Basseporte, 1727]. *B*, 1910, 194-195.

Andlau (baronne d'), voir : **Saint-Aubin** (A. de).

Robert (Ulysse). Piètre **André,** peintre des ducs d'Orléans (1456-91). *NA*, 1877, 120-135.

Andromède, voir : **Puget** (Pierre).

Fillon (Benjamin). Devis de la chapelle du château d'**Anet** et du tombeau de Diane de Poitiers, [1566]. *AA*, 2e s., II, 379-392.

Montaiglon (Anatole de). Les statues d'apôtres du château d'**Anet.** *B*, 1876-78, 136-137.

Vitry (Paul). A propos d'un dessin du Louvre représentant la *Diane* d'**Anet.** *B*, 1908, 131-132.

Roux (Alphonse). L'art de la Renaissance dans les églises de la région d'**Anet.** *B*, 1912, 251-255.

Roy (Maurice). **Anet,** le château de Diane de Poitiers. Nouveaux documents sur sa construction et sa décoration. *B*, 1924, 122-179.

Marchegay (Paul). Missel offert à l'église d'**Angers** (1477). *AA*, *Doc.*, VI, 304.

Angers, voir : **Chiffelin** (Olivier) ; **Marquis** (Pierre).

Guiffrey (J.-J.). Correspondance du comte d'**Angiviller** avec Bosschaert (1785-86). *NA*, 1880-81, 93-130.

Charavay (Étienne) ; [J.-J. G.]. Lettre de M. d'**Angiviller** à Pierre, [p.], sur les prix de Rome de 1784. *RAF*, VI, 1890, 184-186.

Furcy-Raynaud (Marc). Correspondance de M. d'**Angiviller** avec Pierre (1773 à 1785). *RAF*, XXI, 1905 (VII-368 p.), et XXII, 1906 (374 p.).

Angiviller (comte d'), voir : **Berruer ; Dupré** (N.-Fr.) ; **Holbein ; Ménageot ; Robert** (Hubert) ; **Vien** (J.-M.).

Girardot (baron de). Recommandation pour des artistes **anglais** (1804). *NA*, 1872, 445-450.

Anglais (paysagistes), voir : **Schmith** (*sic*).

Opinions **anglaises** sur nos peintres, voir : **Peintres.**

Angleterre, voir : **Falconet ; Henriette ; Jacques II ; Le Nostre** (André) ; **Poussin** (Nic.).

Guillet de Saint-Georges. Michel **Anguier**, [sc.]. *MI*, I, 435-450.

Caylus (comte de). Michel **Anguier** et Thomas Regnaudin, [sc.]. *MI*, I, 451-478.

Chéron (Paul). Michel **Anguier** [marché pour les sculpteurs de la chambre de la reine mère au Louvre ; 1655]. *AA, Doc.*, IV, 201-208.

Fournier-Sarlovèze. Heur et malheur d'un chercheur [Sofonisba **Anguissola** ; Kucharski ; L.-A. Brun, peintres]. *B*, 1912, 51-55.

Anjou (duc d'), voir : **Henri III.**

Anjou (Philippe, duc d'), son avènement à la couronne d'Espagne, voir : **Largillière.**

Guiffrey (J.-J.). Testament et inventaire des reliquaires de la reine **Anne d'Autriche.** *NA*, 1872, 261-274.

Anne d'Autriche, voir : **Cloche** (C.) ; **Paris,** couvent du Val-de-Grâce, église.

Anne de Bretagne, voir : **Bourdichon.**

Ansard, [orf.], voir : **Courtet.**

Jouin (Henry). Que sont devenus les mémoires du duc d'**Antin ?** *RAF*, I, 1884, 145-146.

Antin (duc d'), voir : **Lancret.**

Marmottan (Paul). Le moulage des **antiques** en 1799. *RAF*, V, 1889, 79-80 et 189-190

Antoine de Compiègne, [min.]. [Inscription de Saint-Séverin à Paris ; 1414.] *AA*, 2e s., II, 236.

Guiffrey (Jules). **Antoine** (Jacques-Denis), architecte, et **Antoine,** sculpteur, [mémoire ; 1779]. *RAF*, V, 1889, 63-64.

Anvers, voir : **Fenestreaulx** (Nicolas de).

Apôtres, statues, voir : **Anet.**

Hautecœur (Louis). Quelques contrats d'**apprentissage.** *B*, 1926, 49-51.

Apprentissage, voir : **Beaubrun** (Louis) ; **Chapperon** (Mathurin) ; **Durant** (Jehan) ; **Gobelins ; Levray** (Gabriel) ; **Prieur** (Paul).

Architectes (du xiiie siècle), voir : **Bartolus.**

Saunier (Charles). Sur certains livres d'**architecture** du xvie siècle [Vitruve ; Phil. de l'Orme ; J.-A. du Cerceau]. *A*, VII, 1913, 151-174.

Caron (Pierre). Le versement de l'administration des Beaux-Arts aux **Archives nationales,** [1906]. *A*, II, 1908, 1-185.

Fillon (Benjamin). Marc **Arcis** ; [sc., Maître-autel des Augustins de Toulouse ; 1721-22.] *NA*, 1879, 146-148.

Arcis, voir : **Girardon.**

Arezzo, voir : **Marcillat** (Guillaume de).

Argenterie, voir : **Bourré ; Lacourt** (P. de) ; **Saint-Esprit** (ordre du) ; **Tabernacle ; Thomire ; Vaisselle.**

Arles, voir : **Balechou.**

Armide, voir : **Vouet** (Simon).

Armuriers, voir : **Clesze ;** voir aussi : **Fourbisseurs.**

Arnauld d'Andilly, voir : **Depaulis.**

Arnoul, [orf.], voir : **Courtet.**

Art au xviiie siècle, voir : **Exposition.**

Rouchès (Gabriel). Documents figurant au fonds d'archives de la bibliothèque de l'École des Beaux-Arts et intéressant l'histoire de l'art français aux xviie et xviiie siècles. *B*, 1913, 39-54.

Art français, voir : **Artistes ; Autographes ; Canova ; Danemark ; Suède.**

Art italien du xviie siècle, voir : **Carrache** (les).

Guiffrey (Jules). A propos de dessins nouveaux pour la suite d'**Artémise,** [tapisseries]. *B*, 1914, 6.

Artistes : généralités

Lacordaire (A.-L.). Brevets accordés par les rois Henri IV, Louis XIII, Louis XIV et Louis XV à divers **artistes** (peintres, sculpteurs, graveurs, orfèvres, etc.). *AA. Doc.*, III, 188-286.

Fréville (Ernest de). Griffonis sur divers **artistes** du xve et du xvie siècle. *A A, Doc.*, III, 301-311.

Montaiglon (Anatole de). **Artistes** protestants tués à la Saint-Barthélemy dans les villes de Paris, de Troyes, de Lyon et de Rouen. *A A, Doc.*, V, 363-366.

Guiffrey (J.-J.). Liste alphabétique des **artistes** et artisans employés à l'embellissement et à l'entretien des châteaux royaux, de 1605 à 1656, avec la mention de leurs gages. *NA*, 1872, 1-54.

Guiffrey (J.-J.). Liste des **artistes** de la maison du Roi, de la Reine ou des princes du sang, pendant les xvie, xviie et xviiie siècles. *NA*, 1872, 55-108.

Montaiglon (Anatole de). Petites pièces extraites de différents recueils de poésies et relatives à des **artistes** du xvie au xviiie siècle. *NA*, 1872, 109-123.

Fillon (Benjamin) ; [A. M.]. **Artistes** français en 1800. *NA*, 1872, 430-347.

Müntz (Eugène) ; [A. M.]. Biographies inédites [d'**artistes**] par le Romain Nicolas Pio (1724). *NA*, 1874-75, 191-203.

Gérardin (Alf.). Pièces de vers tirées de divers auteurs et relatives à des peintres ou à des sculpteurs, [**artistes**], des xviie et xviiie siècles. *B*, 1875, 47-48.

Campardon (Émile) ; [J.-J. G.]. Note sur la vie privée et les mœurs des **artistes** au xviiie siècle. *B*, 1876-78, 3-7, 35-40, 101-105, 157-163.

[X.]. Pièces concernant des **artistes** français, publiées dans la « Revue des Documents historiques ». *B*, 1876-78, 31-35.

Guiffrey (J.-J.). Congés accordés à des **artistes** français pour travailler à l'étranger (1693-1792). *NA*, 1878, 1-68.

Guiffrey (J.-J.). Peintres, ymagiers, verriers, maçons, enlumineurs [**artistes**], écrivains et libraires du xive et du xve siècle. *NA*, 1878, 157-220.

Rondot (Natalis). **Artistes** détenus à la Bastille (1704-41). *NA*, 1882, 270-272.

GUIFFREY (Jules). Scellés et inventaires d'**artistes** (1741-70). *NA*, 1884, VIII-468 p.

ROMAN (J.). **Artistes** pensionnés par Louis XIII (1624-32). *RAF*, I *bis*, 87.

GUIFFREY (J.-J.). Marchés passés par le bureau de la ville avec plusieurs **artistes** en 1763. *RAF*, IV, 1888, 3-9.

GROUCHY (vicomte DE) ; [J-.J. G.]. **Artistes** français du XVIIᵉ et du XVIIIᵉ siècle (1665-1730). *RAF*, 1890, 290-300.

JOUIN (Henry). Pièces diverses sur des **artistes** des deux derniers siècles. *RAF*, VI, 1890, 309-320.

JOUIN (Henry). Notes sur divers **artistes** des deux derniers siècles. *RAF*, VII, 1891, 1-27.

GROUCHY (vicomte DE). **Artistes** français des XVIIᵉ et XVIIIᵉ siècles. *RAF*, VII, 1891, 86-101.

GROUCHY (vicomte DE). Note sur divers **artistes** du XVIIᵉ siècle. *RAF*, VIII, 1892, 58-60.

SURGÈRES (marquis DE GRANGES DE). **Artistes** français des XVIIᵉ et XVIIIᵉ siècles (1681-1787) ; extraits des comptes des États de Bretagne. Paris, Charavay, 1893, in-8°, IV-246 p.

STEIN (Henri). Document énumérant quelques **artistes** du moyen âge. *B*, 1907, 17.

LAFENESTRE (Georges). Un festival d'**artistes** aux Champs-Élyséens. *A*, VIII, 1914, 1-16.

VAUTHIER (Gabriel). Le gouvernement et les **artistes** au XVIIIᵉ siècle. *B*, 1925, 223-235.

Artistes (employés par), voir : **Charles VII et Marie d'Anjou ; Charles VIII ; Épernon** (duc d') ; **Fouquet ; François Iᵉʳ ; Henri II ; Henri III ; Henri IV ; Lorraine** (ducs de) ; **Louis XIII ; Louis XIV ; Louis XV ; Louis XVI ; Louis-Philippe ; Maison du Roi ; Marie Leczinska ; Menus-Plaisirs ; Orléans** (Louis d') ; **Reims** (Arch. de).

Artistes français, voir : **Peintres ; Pise ; Rome,** Académie de Saint-Luc ; Villa Médicis.

Artistes (gages d'), voir : **Henri II.**

Artistes italiens, voir : **Cochin** (Ch.-N.).

Artistes, lettres de noblesse, voir : ordre de **Saint-Michel.**

Artistes, localités, voir : **Angers ; Artois ; Avignon ; Blois ; Bordeaux ; Bourges ; Bourgogne ; Bretagne ; Chartres ; Cherbourg ; Fontainebleau ; Franche-Comté ; Grenoble ; Laon ; Lyon ; Montluçon ; Nantes ; Nivernais ; Normandie ; Orléans ; Paris ; Pas-de-Calais ; Picardie ; Pise ; Poitou ; Pont-Audemer ; Provence ; Reims ; Rouen ; Saint-Pétersbourg ; Toulon ; Toulouse ; Tours ; Troyes ; Vaux-le-Vicomte.**

Artistes, logements, voir : **Paris,** Louvre.

ARTISTES : CONCOURS, PRIX

DUVIVIER. Liste des [**artistes**] peintres et des sculpteurs couronnés jusqu'en 1861 dans le concours de la tête d'expression, par M. le comte de Caylus, et dans le concours de la demi-figure d'homme peinte, par Maurice-Quentin de la Tour. *A A*, 2ᵉ s., I, 195-208.

JOUIN (Henry). Liste des élèves de l'École des Beaux-Arts, [**concours** des grands prix, 1858-81]. *NA*, 1880-81, 451-483.

JOUIN (Henry). Liste des lauréats du **concours** de la tête d'expression (1862-81). *NA*, 1880-81, 484-491.

JOUIN (Henry). Liste des lauréats du **concours** du torse (1862-81). *NA*, 1880-81, 492-495.

JOUIN (Henry). Les prix de Rome en 1882, 1883 et 1884. *RAF*, I, 1884, 123-127.

ARTISTES : CORRESPONDANCES

GUIFFREY (J.-J.). Correspondance des **artistes** français travaillant à l'étranger, [1763-84]. *NA*, 1878, 69-156.

GUIFFREY (Jules). Lettres de divers **artistes** à l'Assemblée nationale et au Comité du Salut public (1790-95). *RAF*, II, 1886, 203-207.

JOUIN (Henry). Lettres inédites d'**artistes** français du XIXᵉ siècle. *RAF*, XVI, 1900 (VII-388 p.).

Lettres inédites d'**artistes** du XVIIIᵉ siècle. *A*, I, 1907, 1-106.

Lémonnier (Henri). Quelques lettres intimes d'**artistes** (xviiie-xixe siècles). *A*, I, 1907, 417-426.

Artistes, lettres, voir : **Dubrunfaut ; Florence ; Marigny** (marquis de) ; **Poussin** (N.) ; **Thiers ; Tournehem** (L. de).

Artistes. Divers, voir : **Abecedario ; Académies ; Armuriers ; Autographes ; Bijoux ; Graveurs ; Peintres ; Saint-Michel** (ordre de) ; **Salons ; Sculpteurs,** etc.

ARTISTES : ÉTAT CIVIL, ÉPITAPHES

Reiset (Frédéric) ; [P. C.]. Actes de baptême, de mariage ou de mort de divers **artistes** français. *AA, Doc.,* III, 145-182.

Chennevières (Philippe de). Épitaphes de quelques **artistes** français dans l'église Saint-Louis-des-Français à Rome (1682-1850). *AA, Doc.,* V, 31-39.

Guiffrey (J.-J.). Lettres de naturalisation accordées à des **artistes** étrangers. *NA,* 1873, 222-262.

Épitaphes d'**artistes** français. *B,* 1876-78, 10-11.

Fournier (Charles). Épitaphes d'**artistes** français. *B,* 1876-78, 145-146.

[J. G. et divers]. Actes d'état civil et épitaphes d'**artistes** français. *B,* 1876-78, 26-28, 45-88, 99-100, 128-130, 145-146, 169-172, 204, 212-220.

Lavigne (Hubert). État civil d'**artistes** français [billets d'enterrements]. *B,* 1876-78, 186-188.

Fournier (Ch.). Inscriptions funéraires d'**artistes** modernes. *NA,* 1880-81, 359-363.

Lavigne (Hubert). État civil d'**artistes** français, billets d'enterrement ou de décès, depuis 1823 jusqu'à nos jours. Paris, 1881, in-8°, vi-214 p.

Guiffrey (Jules). Scellés et inventaires d'**artistes,** [1643-1741]. *NA,* 1883, xxiii-430.

Marionneau (Charles). Actes d'état civil d'**artistes** français. *RAF,* I, 1884, 100-102.

Guiffrey (Jules). Scellés et inventaires d'**artistes** (1771-90). *NA,* 1885, xiv-384.

HERLUISON (H.). Actes d'état civil [d'**artistes**] (1607-1767). *RAF*, V, 1889, 321-323.

BOURGEOIS (Maximilien). Lettres de décès d'**artistes** (1826-90). *RAF*, VI, 1890, 244-256.

HERLUISON (H.). État civil d'**artistes** français (1629-1743). *RAF*, VIII, 1892, 141-142.

JOUIN (Henry). Cinquante lettres de décès d'**artistes** français ou de leurs proches. *RAF*, X, 1894, 90-117 (1717-1892), et XI, 1895, 36-61 (1884-94).

Artistes, épitaphes, voir : **Callion ; Paris**, cimetières ; **Soin (M.)**.

Artistes, état civil, voir : **Académie ; Aublet ; Benoît de Savoie ; Boffrand** (G.) ; **Boissellier ; Courtet ; Écouen ; Gobelins ; La Hire** (Laurent de) ; **La Rose** (de) ; **Lyon ; Orfèvres ; Provence ; Royer ; Tronquet ; Vignon** (Claude) ; **Villequin** (Ét.) ; **Vivier ; Vouet** (A. et S.).

ARTISTES : PORTRAITS

[J.-J. G.]. Une galerie de portraits d'**artistes** au Musée du Louvre. *B*, 1876-78, 42-44.

JOUIN (Henry). Le Musée des portraits d'**artistes**. *RAF*, I *bis*, 1885, 152-159, 169-175, 186-189 ; II, 1886, 13-14, 32-43, 74-78.

JOUIN (Henry). Les portraits d'**artistes** français à la Villa Médicis. *RAF*, I, 1884, 58-60, 72-74, 89-92, 105-107, 118-122, et appendice, 157-160.

Artistes (portraits d'), voir : **Florence.**

ARTISTES : QUITTANCES

ROBERT (Ulysse) [et divers] ; [A. M.]. Quittances de peintres-sculpteurs et architectes, [**artistes**] français (1535-1711). *NA*, 1876, 1-81.

FILLON (Benjamin) ; [J.-J. G.]. Quittances d'**artistes** et d'artisans (1578-1626). *NA*, 1879, 221-226.

GUIFFREY (J.-J.). Quittances [d'**artistes**], de peintres, sculpteurs et graveurs (1606-1839), tirées de diverses collections particulières. *NA*, 1882, 1-33.

GuIFFREY (Jules). Quittances d'**artistes** tirées de diverses collections. *RAF*, I, 1884, 33-36, 52-54, 69-72.

CHARAVAY (Étienne). Quittances et pièces diverses concernant des **artistes** du xvie et du xviie siècle ; ann. par M. J. Guiffrey. *RAF*, VI, 1890, 135-146.

Artois, voir : **Picardie.**

Tombeau du maréchal d'**Asfeld,** voir : **Martin** (Jacques-Charles).

Roux (A.). La démolition du château d'**Assier.** *B*, 1912, 165-168.

Assignats, voir : **Lorthior.**

Attila [de Raphaël], copie, voir : **Canonville.**

Aubenas (Pierre de Paix, dit d'), voir : **Pierre de Paix.**

Aubert, [gr.], voir : **Vivier.**

Aubert (Yves), [p. et sc.], voir : **Duval** (Bertin).

HERLUISON (H.). Les orfèvres **Aublet** ou Oublet, Robeday, Montarsis, Heydereyce, Dutel, Jullien, Le Mire, Blanc, Merlin, Ledoux, Bain, Murlein, Martin et Charles Van Clève, Le Boiteux, [actes d'état civil ; 1605-45]. *RAF*, IV, 1888, 182-185.

HÉDOU. Un portrait du peintre Étienne **Aubry.** *B*, 1875, 48-49.

Aubry (François), voir : **Scabrol** (Roger).

FILLON (Benjamin) ; [A. M.]. Manufacture de tapisserie d'**Aubusson** et de Felletin [Histoire d'Esther ; 1619.] *NA*, 1872, 191-193.

GROUCHY (vicomte DE). Les tapissiers d'**Aubusson** (1622). *RAF*, XI, 1895, 23-24.

MARQUET DE VASSELOT (J. J.). Un salon bâlois décoré de tapisseries d'**Aubusson.** *B*, 1925, 199-200.

Aubusson, voir : **Copenhague; Dumons** (J.).

[J.-J. G.]. Notice nécrologique sur Jean-Baptiste **Audebert,** [p.-gr.]. *NA*, 1880-81, 342-344.

Marché passé par Pierre **Audouin** pour la gravure d'un tableau de Terburg (1792). *NA*, 1882, 318-319.

FILLON (Benjamin). Benoît **Audran**. Compte de la gravure du mausolée des ducs de Bouillon [à Cluny] (1709) et billet d'enterrement de sa femme (1661). *NA*, 1872, 296-300.

MONTAIGLON (Anatole DE). Quittance de Claude **Audran,** [p.-gr. ; 1696]. *A A, Doc.*, III, 96.

GUILLET DE SAINT-GEORGES. Claude **Audran**. *MI*, II, 11-22.

GROUCHY (vicomte DE). Gérard **Audran,** [gravure de la Petite Galerie de Versailles ; 1686]. *RAF*, VIII, 1892, 167-169.

Audran (Michel), voir : **Fulham.**

Augias, voir : **Carravaque (J.).**

Auguste III, roi de Pologne, voir : **Baléchou.**

[J-.J. G.]. **Auguste,** joaillier du roi, [instance en séparation de biens ; 1760]. *RAF*, IV, 1888, 268-269.

SAUNIER (Charles). Jules-Robert **Auguste** (Monsieur Auguste), [sc. et p. ; fils de l'orfèvre]. *B*, 1910, 188-193.

ADVIELLE (Victor). Le miniaturiste **Augustin.** *RAF*, I, 1884, 140.

MARMOTTAN (Paul). **Augustin,** peintre en émail. *B*, 1922, 318-321.

Aurore (pavillon de l'), voir : **Sceaux.**

BRIÈRE (Gaston). Relevés des **autographes** intéressant l'histoire des arts en France passés en vente (1919-20). *B*, 1921, 220-280.

BRIÈRE (Gaston). Relevés des **autographes** intéressant l'histoire des arts en France passés en vente. II, 1921-22. *B*, 1923, 333-409.

ACHARD (P.) ; [P. C.]. Notes sur quelques anciens artistes d'**Avignon,** suivies d'un acte du XIe siècle. *A A, Doc.*, IV, 177-192.

MICHEL (Robert). Les fresques de la chapelle Saint-Jean au palais des papes d'**Avignon.** *A*, VII, 1913, 1-16.

Avignon, voir : **Brun ; Greuter ; Mignard** (Nicolas).

Ginoux (Charles). Le sculpteur **Aycard,** [offre d'une statue de Louis XVI, pour l'hôtel de ville de Toulon ; 1777]. *RAF*, III, 1887, 340.

B

Babou de la Bourdaisière, voir : **Duprat.**

Stein (Henri). L'architecte Dominique **Bachelier** à Saragosse. *B*, 1922, 352-354.

[H. J.]. Quittance du peintre [J.-J.] **Bachelier** (1779). *RAF*, II, 1886, 290-291.

Bade (Caroline-Louise de), voir : **Paris,** salons.

Bagatelle, voir : **Paris,** expositions.

Dussieux (Louis). Aquarelles militaires de **Bagetti.** *AA*, 2e s., I, 339-356.

Bagration (princesse), voir : **Isabey.**

Bahuche (Marguerite), voir : **Bunel** (Jacob).

Baillet, [sc.], voir : **Tulié.**

Bailleul, [gr.], voir : **Leblond** (Nicolas).

Guiffrey (Jules) ; Engerand (Fernand). Les **Bailly,** peintres et gardes des tableaux du roi. *RAF*, XII, 1896, 113-136.

Guiffrey (J.-J.). Jacques **Bailly,** [permission de faire imprimer un livre de fleurs ; 1670]. *RAF*, VI, 1890, 150-152.

Vaillant (V.-J.). Nicolas **Bailly,** peintre du roi et garde des tableaux de Sa Majesté (1699). *RAF*, III, 1887, 204-205.

Bailly (J.-Sylvain), voir : **Mosnier** (J.-L.).

Bain, [orf.], voir : **Aublet.**

Balbi (comtesse de), voir : **Versailles.**

Bâle, voir : **Aubusson ; Detroy** (J.-Fr.).

Achart ; Générat (Th.) ; Robolly ; [A. M.]. Jean-Joseph **Baléchou** d'Arles, [gr. ; actes divers]. *AA*, 2e s., I, 305-316.

GUIFFREY (J.-J.). **Baléchou,** [gr.], et le portrait du roi de Pologne [Auguste III] (1749-52). *NA*, 1882, 142-210.

BELLEUDY (Jules). Le procès de J.-J. **Baléchou.** *B*, 1913, 231-264.

Baléchou, voir : **Wille** (J.-G.).

Baliffre, voir : **Dumonstier** (Daniel).

FILLON (Benjamin). Quittance du prix d'un flambeau par Claude **Ballin** (orf. ; 1665). *NA*, 1876, 307.

Ballin, voir : **Courtet.**

[J.-J. G.]. **Balthazard,** [p.], allégorie sur l'accouchement de la reine (1779). *NA*, 1880-81, 33-36.

RATHERY ; [A. M.]. Portrait du général [suédois] J.-G. **Banier** (1642), [lettre de Denys Godefroy]. *AA*, 2e s., I, 187-193.

Bannière des lépreux, voir : **Paris,** Bibliothèque nationale.

JOUIN (Henry). Le frère **Baptista,** peintre français (1697). *RAF*, XI, 1895, 35-36.

Quittance pour la communauté de Toulon contre Joseph **Barbaroux,** maître fondeur (1663). *RAF*, X, 1894, 30-31.

GUIFFREY (Jules). Le peintre Jean **Barbault,** pensionnaire du roi à l'Académie de France à Rome de 1749 à 1753, et les mascarades des élèves de l'Académie au XVIIIe siècle. *B*, 1909, 102-109.

GUIFFREY (Jules). Le peintre Jean **Barbault.** *B*, 1909, 210-211.

Barberini, collection, voir : **Bellini.**

Barberini (cardinal Antonio), voir : **Romanelli** (Giulio).

Barbié, voir : **Demarne** (L.).

BRIÈRE (Gaston). Le peintre J.-L. **Barbier** et les conquêtes artistiques en Belgique (1794). *B*, 1920, 204-210.

GINOUX (Charles). Expertise d'un tableau peint par **Barnouin** pour l'église de La Garde, près Toulon (1788). *RAF*, I *bis*, 1885, 119-121.

Dominique **Barrière,** [gr.]. (Lettres de Fr. Chappuys,

prêtre de l'Oratoire, à l'abbé Nicaise ; 1666-78.) *A A*, *Doc.*, I, 151-158.

Jaquot. Nicolas de **Barry,** [charpentier ; jubé de l'église Sainte-Savine-les-Troyes ; 1598]. *A A*, 2ᵉ s., II, 229-233.

Barthe, voir : **Swebach** (Jacques).

Barthélemy de Glanville, voir : **Sanderat.**

Stein (Henri). Trois architectes du xiiiᵉ siècle [**Bartolus,** Renaud de Montgeron et Colart]. *A*, I, 1907, 221-222.

[A. de M.]. Antoine-Louis **Barye,** [sc. ; actes de naissance et de décès ; 1795-1875]. *R A F*, II, 1886, 105-106.

Guiffrey (J.-J.). Exposition des œuvres de **Barye** à l'École des Beaux-Arts. *R A F*, V, 1889, 178-180.

Basan père, voir : **Cochin** (C.-N.).

Grandmaison (Charles de). Nicolas **Baschet,** sculpteur en terre cuite (1519). *N A*, 1879, 33-34.

Basseporte (Madeleine), [p.], voir : **Amsterdam.**

Roman (Jules). Le sculpteur F. **Bassy** (1773). *R A F*, IV, 1888, 61.

Laborde (marquis Léon de). Les comptes des **Bâtiments du Roi** (1528-71), suivis de documents inédits sur les châteaux royaux et les beaux-arts au xviᵉ siècle, 1877-80, 2 vol. in-8º (lxii-422 et 510 p.).

Furcy-Raynaud (Marc). Inventaire des sculptures exécutées au xviiiᵉ siècle pour la Direction des **Bâtiments du Roi.** *A*, XIV, 1927, in-8º, xxix-490-[1] p., pl.

Bâtiments du Roi, voir : **Biart ; Prou** (Jacques).

Lettre de Paul **Baudry,** [p.], relative à un projet pour le Panthéon d'une histoire de Jeanne d'Arc. *B*, 1922, 284-285.

Vauthier (Gabriel). Une mission artistique et scientifique en **Bavière** sous le Consulat. *B*, 1910, 208-247.

Guillet de Saint-Georges. Henri et Charles de **Beaubrun,** [p.]. *M I*, I, 137-146.

[J.-J. G.]. Henri de **Beaubrun.** [Faux commis à son préjudice ; 1658.] *N A*, 1872, 252-256.

Beaubrun (Louis), [p.], voir : **Honnet** (Pierre).

Beaulieu, voir : **Brossard.**

Beaumarchais, voir : **Moreau le jeune** (Jean-Michel).

Guiffrey (J.-J.). Nomination de Jean-Baptiste-Augustin **Beausire,** [a.], à l'office de maître général des bâtiments de la ville de Paris (1738). *NA*, 1882, 138-141.

Coyecque (E.). Le transept de la cathédrale de **Beauvais** (1499-1500). *RAF*, VII, 1891, 101-103.

Beauvais, voir : **Engrand ; Gobelins ; Le Prince** (Jehan) ; **Oudry** (J.-B.).

Brébion (Edmond). **Beauvallet,** [sc.]. Une réplique de la statue de *Suzanne* [1814]. *RAF*, XII, 1896, 31-32.

[H. J.]. **Beauvallet.** Profession de foi. *RAF*, XII, 1896, 151-152.

Chennevières (Henry de). Envoi d'estampes fait par **Beauvarlet,** [gr.], à Hennin (1769). *RAF*, I *bis*, 1885, 142.

Mauban (G.). **Beauvarlet** à Soisy-sous-Étiolles (1788). *RAF*, V, 1889, 328-329.

Beaux-Arts (administration des), voir : **Archives nationales ; Pierre** (J.-B.-M.).

Campardon (Émile) ; [J.-J. G.]. Gérard de **Bèche** père et fils (gr.-cis. ; 1735-48). *NA*, 1876, 359-372.

Charavay (Étienne). Lettre du peintre Pierre **Bedau** à M. de Villacerf (1692) ; ann. par M. J. Guiffrey. *RAF*, VI, 1890, 156-160.

Pinchart (Alexandre). Le tombeau d'Anne de Bourgogne, duchesse de **Bedford** [1448-50]. *NA*, 1879, 193-197.

Duplessis (Georges) ; [A. M.]. Catalogue des collections de Michel **Bégon.** *AA*, 2e s., II, 45-51.

[A. M.]. Épitaphe de Michel **Bégon.** *B*, 1876-78, 176.

Chabouillet (Anatole). Note sur l'épitaphe de Michel **Bégon.** *B*, 1876-78, 200-202.

Bégon (Michel), voir : **Inventaires.**

[J. G.]. Lettre écrite de Saint-Lazare par l'architecte **Belanger** (1794). *RAF*, II, 1886, 29-31.

Belfort, voir : **Kléber.**

Belgique, conquêtes en, voir : **Barbier.**

Bélisaire, voir : **David** (L.).

Belle (les), [p.], voir : **Tardieu.**

Alexis-Simon **Belle,** [p.]. *MI*, II, 233-235.

Maumené (le col.) et Rouchès (G.). Un portrait des enfants de Jacques II, roi d'Angleterre, par Alexis-Simon **Belle.** *B*, 1923, 331-332.

Belle le fils, [p.], voir : **Chardin.**

Guiffrey (J.-J.). Michel-Bruno **Bellengé,** peintre de fleurs. Modèles pour la manufacture de la Savonnerie (1786). *NA*, 1880-81, 250-256.

Bellevue, voir : **Fragonard.**

Mandach (Conrad de). L'importance de Jacopo **Bellini** dans le développement de la peinture italienne, à propos de deux tableaux conservés dans la galerie Barberini. *A*, VII, 1913, 52-70.

[H. J.]. Arrivée de **Belloni** [mos.] à Paris (1798). *RAF*, III, 1887, 183-184.

J.-P. **Bellori,** [écr. ; lettres à Nicaise]. *AA, Doc.*, I, 25-38.

Mandach (Conrad de). Léon **Belly,** [p. ; 1827-77). *B*, 1913, 7-11.

Girardot (baron de). P. **Benard,** P. Gilet et P. du Brimbal, imagers (xvi⁰ siècle). [Projet de sépulture.] *AA, Doc.*, II, 133-135.

Bénévent (prince de), voir : **Talleyrand.**

Montaiglon (Anatole de) ; Guiffrey (J.-J.). Antoine **Benoît,** [sc. en cire]. Lettres de relief de dérogeance à noblesse (1706) et débats sur un portrait de Mlle de Noailles (1711). *NA*, 1872, 301-306.

Chabouillet (A.) ; [J.-J. G.]. Miniatures d'Antoine **Benoist** conservées au Cabinet des médailles à Paris. *NA*, 1872, 306-311.

Chabouillet (Anatole). Nouveaux documents sur Antoine **Benoist** et la sculpture en cire sous Louis XIV. *B*, 1875, 14-15.

Lobet (J.). Antoine **Benoist.** [Inscription à l'hôpital de Joigny.] *B*, 1876-78, 131-132.

Guiffrey (Jules). Gabriel **Benoist,** [sc. en cire]. Privilège pour montrer en public le *cercle de la cour* (1717). *RAF*, VI, 1890, 164-168.

Grouchy (vicomte de). Extrait de l'inventaire du peintre **Benoît** de Savoie (1683). *RAF*, VIII, 1892, 108-110.

Chennevières (Henry de). **Bérain,** [dess.] ; Simon, [p.] ; Francart, [p.] ; Camos, [p.] ; Lehongre, [sc.] ; Slodtz, [sc.] ; Pavillon, [p.] ; Silvestre, [p.] ; Scotin, [grav.] ; Ducreux, [sc.]. [Extraits des « Menus » ; 1689-1701.] *RAF*, III, 1887, 138-140.

Bérain, voir : **Marie-Thérèse ; Menus-Plaisirs.**

Marionneau (Charles). Acte de baptême de P.-N. **Berge-ret** (p. ; 1782). *RAF*, I *bis*, 1885, 117-118.

Beringazo, [p.], voir : **Rosée.**

Bernard, [a.], voir : **Menus-Plaisirs.**

Bernardin de Saint-Pierre, voir : **Descamps** (J.-B.).

Esmonin (Ed.). Le **Bernin** et la construction du Louvre. *B*, 1911, 31-42.

Guiffrey (Jules). Jacques **Bernus,** [sc.] (1650-1728). *RAF*, I *bis*, 1885, 139-141.

Port (Célestin) ; [H. J.]. Requête du peintre Jean-François **Bérot.** *RAF*, I, 1884, 36-37.

Pierre **Berruer,** [sc. ; lettre adressée sans doute au comte d'Angiviller ; 1787]. *AA, Doc.*, I, 338.

Berry (duc de), voir : **Jean d'Orléans** et Étienne Lannelier ; **Paul.**

Berry. Artistes, voir : **Mirecourt.**

Bertage (Robert), [p.], voir : **Leblond** (Nicolas).

Berthe, [orf.], voir : **Courtet.**

Guillaume **Berthelot,** [sc.]. *B*, 1876-78, 108.

Berthier (le maréchal), voir : **Vernet** (Carle).

Nicolas **Bertin,** [p.]. *MI*, II, 231-232.

Montaiglon (Anatole de). **Bertinet,** [sc.]. *RAF*, I, 1884, 65-66.

Guiffrey (Jules). Le graveur **Bertrand** et l'état civil de Soisy-sous-Étiolles. *RAF*, I, 1884, 181.

Müntz (Eugène). Lettre de **Bervic,** [gr.], à Raphaël Morghen et à Rosaspina (1798-1806). *NA*, 1877, 363-366.

Bery, [p.], voir : **Tronquet.**

Beyle (H.), voir : **Stendhal.**

Guiffrey (J.-J.) ; [A. L.]. Pierre **Biart,** [sc. et a.], nommé architecte et superintendant des Bâtiments du roi (1590). *NA*, 1874-75, 170-178.

Tamizey de Larroque (Ph.). Pierre **Biard.** La statue de la *Renommée* du Musée du Louvre (1597). *RAF,* I *bis,* 1885, 177-181.

Vitry (Paul). Pierre **Biard** et les sculptures du jubé de Saint-Étienne-du-Mont. *A*, II, 1908, 140-144.

Grouchy (vicomte de). Le tombeau du duc de Tresmes, par Pierre **Biard** [le jeune] (1661). *RAF*, VIII, 1892, 232-234.

Tamizey de Larroque. Guillaume **Bicheux,** inventeur de la moulure en pâtes de verre (1618). *NA*, 1880-81, 311-313.

Buttin (capitaine Pierre). L'épée de Napoléon [par **Biennais**]. *B*, 1922, 108-111.

Biens de la Couronne, voir : **Stendhal.**

Bigot (Nicolas), [orf.], voir : **Grognet** (Denis).

Bijoutiers, voir : **Joailliers.**

Guiffrey (J.-J.). **Bijoux** offerts à l'Assemblée nationale par des femmes ou filles d'artistes (1789). *RAF*, II, 1886, 125-127.

[H. J.]. Jacques **Billet,** joaillier, [succession ; 1783]. *RAF*, VII, 1891, 235-237.

Boislisle (Arthur de) ; [A. M.]. Contrat pour la décoration du tombeau de Marie de **Billy** (1597). *NA*, 1874-75, 179-182.

Tableaux à acquérir de M. **Biroust** (1785). *RAF*, V, 1889, 84.

Blanc, [orf.], voir : **Aublet.**

Fontaine (André). Observation sur trois tableaux du Musée du Louvre et de Maisons-Laffitte attribués à Jacques **Blanchard.** *B*, 1923, 27-31.

Jouin (Henry). Jean-Baptiste **Blanchard,** maître peintre. *RAF*, I *bis*, 1885, 35.

Girardot (baron de). **Blanchard** (L.-G.). [Tableaux commandés pour l'hôtel de Soubise.] *AA, Doc.*, II, 145-148.

Blanchet, voir : **Bourdon.**

Brière (Gaston). Vues des châteaux du **Blésois** au xviie siècle, par André Félibien. *B*, 1912, 73-74.

Blésois (orfèvres), voir : **Paris.** Artistes.

[J. G.]. Lettre de M. de Choiseul-Gouffier sur le **bleu d'outremer** et diverses questions scientifiques (1787). *NA*, 1879, 178-182.

Bournon (Fernand) ; [J. G.]. Inventaire des tapisseries emportées du château de **Blois** en 1533. *NA*, 1879, 334-339.

Blois, voir : **Blésois; Boutelou** (Guill.) ; **Châteaux royaux; Poussin** (Nicolas).

Verrier (Jean). Un rapport de François **Blondel,** [a.], sur le premier projet de l'église des soldats aux Invalides. *B*, 1923, 44-50.

Fillon (Benjamin). **Blondel** (Merry-Joseph), [p. ; pétition ; 1820]. *NA*, 1874-75, 469-471.

[H. J.]. Abel **Blouet,** [a. ; arc de triomphe de l'Étoile ; 1806-32]. *RAF*, IV, 1888, 278-280.

Blouin, voir : **Mignard** (Catherine).

Fillon (Benjamin). Germain **Boffrand,** [a. ; lettre ; 1750]. *AA, Doc.*, IV, 78-80.

Marionneau (Charles). Actes d'état civil d'artistes français [Germain **Boffrand**]. *RAF*, 1884, I, 68.

Lemonnier (Henri). Le théâtre de Germain **Boffrand.** *B*, 1918-19, 31.

Lemonnier (Henri). Quelques notes sur Germain **Boffrand** (1667-1754). *B*, 1922, 106-107.

[A. M.]. Plaque commémorative de la pose de la première pierre de la maison de Jacques **Boileau**, [p.] (1779). *NA*, 1877, 361-362.

Boilleau (Gauldrée), voir : **Chinard.**

[J.-J. G.]. Vente des autographes de la collection de J. **Boilly.** *B*, 1875, 16-19.

Bois-Robert, voir : **Lebrun** (Charles).

[H. J.]. **Boisselier**, architecte, et Combes, bijoutier, [actes d'état civil ; 1754-77]. *RAF*, VII, 1891, 156-157.

Montaiglon (Anatole de). Jean-Jacques de **Boissieu,** [gr.]. [Lettre à J.-G. Wille ; 1761.] *AA, Doc.*, I, 432-434.

Fillon (Benjamin) ; [A. M.]. J.-J. de **Boissieu,** [lettre ; 1810]. *NA*, 1874-75, 466-468.

[J.-J. G.]. **Boiston**, sculpteur de l'Académie de Saint-Luc ; [lettres relatives à ; 1770]. *NA*, 1880-81, 232-234.

Castan (Auguste). Les sculpteurs **Boiston** père et fils. *RAF*, I *bis*, 1885, 56-58.

Furcy-Raynaud (Marc). Les statues du jardin public de **Bolbec.** *B*, 1909, 87-88.

Bologne, voir : **Malvasia** (Carlo Cesare).

Bombourg (J. de), voir : **Lyon.**

Bonaparte signant le concordat, voir : **Gérard.**

Bonaparte au Saint-Bernard, voir : **Morghen** (Raphaël).

Bonaparte, voir : **Napoléon I**er.

Bonaparte (Lucien), voir : **Paris,** palais du Louvre, Cour.

Bonnin (T.). Prix de la châsse de sainte Geneviève exécutée par **Bonardus.** *AA, Doc.*, V, 55.

Stein (Henri). Guillaume **Bonjean,** peintre gantois en France au xiv⁰ siècle. *B*, 1911, 134-136.

[J.-J. G.]. Tableau de la *Circoncision* vendu par le peintre François **Bonnemer** (1684). *NA*, 1879, 116-118.

Ginoux (Charles). Demande de séjour à Toulon par Joseph **Bonnet** (sc. ; 1672). *RAF*, V, 1889, 136-137.

Bonneville, [sc.], voir : **Vivier.**

GROUCHY (vicomte DE). Contrat de mariage de Pierre **Bonnier** (p. ; 1648). *RAF*, VIII, 1892, 261-262.

GUIFFREY (Jules). Antoine **Bonsenfans,** ébéniste et fabricant de cabinets (1635). *RAF*, VI, 1890, 146-147.

[A. M.]. Pierre **Bontemps** et Fr. Marchand, [quittance pour les statues de François Ier et de Claude de France ; 1550]. *AA, Doc.,* V, 347-350.

Jean **Boquet,** [orf. ; constitution de rente viagère ; 1782]. *RAF*, VII, 1891, 159.

FILLON (Benjamin). Jean **Boquet** et Bernard de la Pallue (méd. ; 1619-21). *NA*, 1872, 194-211. [Avec note de A. de Montaiglon sur les médaillons en bronze des Valois.]

GUIGUE (C.) ; [A. M.]. Domenico **Borbonio.** Fresques à Villefranche (Rhône) ; 1656. *AA, Doc.,* V, 197-199.

BRUNET (Gustave). Note sur les peintres de la mairie de **Bordeaux** [de 1611 à 1793 ; Joseph Roy ; Guillaume Cureau ; Philippe de Hay ; Antoine et Marc-Antoine Leblond ; Basemont ; J.-J. Leupold]. *AA, Doc.,* II, 125-127.

COURTEAULT (Paul). Note sur l'hôtel Lalande à **Bordeaux.** *B*, 1924, 232-233.

Bordeaux, Jurats, voir : **Desciuc.**

ROUCHÈS (Gabriel). Le Musée d'art ancien de **Bordeaux.** *B*, 1924, 229-232.

COURTEAULT (Paul). La place royale de **Bordeaux.** *A*, XII, 1921-22 (XVI-451 p.).

DROUYN (Léo) ; [A. M.]. Artistes **bordelais** (1341-1637). *NA*, 1872, 127-128.

   Voir aussi : **Beringazo; Petit** (A.) ; **Rosée.**

MÜNTZ (Eugène). Renseignement sur le peintre bourguignon **Bordin** (vers 1630). *NA*, 1876, 296-297.

MÜNTZ (Eugène). Lettre de recommandation de Marie de Médicis pour Fr. **Bordoni** (sc. ; 1621). *NA*, 1876, 249.

[H. J.]. Nicolas **Bornier,** sculpteur [lettres ; 1788-91]. *RAF*, VIII, 1892, 337-339.

MARIONNEAU (Charles). François-Joseph **Bosio,** [sc.]. Les

bas-reliefs du monument de la place des Victoires (1827). *RAF*, VI, 1890, 280-281.

Bosschaert, voir : **Angiviller** (d').

Montaiglon (Anatole de). Abraham **Bosse** de Tours [gravures de dessins de plantes]. *A A, Doc.,* I, 280-286.

Bosse (Achille-Jean), [a.], voir : **Vivier.**

Guiffrey (Jean). Tableaux français conservés au Musée de **Boston** et dans quelques collections de cette ville. *A,* VII, 1913, 533-552.

Edme **Bouchardon,** [sc.]. Proposition de paiement de sa statue de l'*Amour*. *A A, Doc.,* I, 162-168.

Guiffrey (Jean). Les statues équestres de Paris dessinées par Edme **Bouchardon.** *B,* 1907, 23-24.

Brière (Gaston). Note sur deux réductions de la statue de Louis XV par **Bouchardon.** *B,* 1907, 104-111.

Vitry (Paul). Le buste du marquis de Gouvernet par **Bouchardon.** *B,* 1908, 31-33.

Tuetey (Alexandre). Lettre du sculpteur Chardin à la Commission temporaire des arts, relative à la conservation des œuvres d'Edme **Bouchardon.** *B,* 1910, 336-338.

Bouchardon, voir : **Cochin** (C.-N.) ; **Florence; Gouthière.**

Boucher, [orf.], voir : **Courtet.**

[A. M.]. François **Boucher,** [p. ; dessins pour *Faunillane*, roman du comte de Tessin ; 1741]. *A A, Doc.,* VI, 62-63.

[H. J.]. **Boucher** [Fr. ; nomination d'honoraire associé libre de l'Académie de Saint-Pétersbourg ; 1769]. *RAF*, IV, 1888, 277-278.

Boucher (François), voir : **Caen; Slodtz** (les).

Chateaugiron. Lettre du baron **Boucher-Desnoyers,** [gr.], au président de la Société des Amis des arts [1801]. *A A,* 2e s., II, 175.

Sellier. **Boucher de Villiers,** dessinateur des médailles pour le Cabinet du roi, [mémoire de Coqueley]. *RAF,* IV, 1888, 141-144.

Lex. Nicolas **Boucherot,** peintre du roi (1693). *RAF*, VIII, 1892, 269.

Roux (A.). Note sur le livre d'heures du maréchal de **Boucicaut.** *B*, 1914, 170-171.

[H. J.]. Le peintre Numa **Boucoiran,** [lettre à Duban ; 1839]. *RAF*, VII, 1891, 395-396.

Martin (Henry). Le cabinet d'estampes de Claude **Boucot.** *A*, VII, 1913, 255-271.

Rouchès (Gabriel). Sur quatre bustes de **Boudard,** [sc.], appartenant à des collections publiques de Parme. *B*, 1923, 307-309.

Guiffrey (Jules). Le tombeau de Sully à Nogent-le-Rotrou, par Barthélemy **Boudin** (1642). *RAF*, XI, 1895, 361-366.

Merlet (Lucien) ; Bellier de la Chavignerie (Émile). Thomas **Boudin,** [sc.]. Bas-reliefs pour le tour du chœur de Notre-Dame de Chartres (1610-11). *AA*, *Doc.*, V, 369-376.

Guiffrey (Jules). Marché passé par Thomas **Boudin** pour l'exécution de l'autel des corps saints dans l'abbaye de Saint-Denis (1626). *RAF*, XIII, 1897, 61-73.

Bougerel (le P.), voir : **Puget** (Fr.).

[H. J.]. Le graveur Jacques **Bouillard,** [requête en sa faveur ; 1797]. *RAF*, II, 1886, 292-293.

Boislisle (A. de) ; [J.-J. G.]. La statue de Turenne et le mausolée des ducs de **Bouillon** à Cluny (1704-07). *NA*, 1882, 339-348.

Guiffrey (J.-J.). Description du mausolée de la maison de **Bouillon** (1710). *RAF*, IV, 1888, 329-364.

Guigue (Georges) ; [A. M.] ; [J. G.]. Nouvelles pièces sur le mausolée de la maison de **Bouillon**. *RAF*, VI, 1890, 321-343.

Bouillon (mausolée des ducs de), voir : **Audran** (Benoît).

Bouillon (duc de), voir : **Goudin** (Jean).

Read (Charles) ; Richard (Paulin) ; Lacordaire (A.-L.). Pierre et Charles-André **Boulle,** [ébénistes ; documents]. *AA, Doc.*, IV, 321-350.

Pichon (baron Jérôme). André-Charles **Boulle**. *A A*, *Doc.*, IV, 403-404.

[J.-J. G.]. Sentence et arrêt rendus contre André-Charles **Boulle** (1685). *NA*, 1880-81, 316-319.

Vaillant (V.-J.). André **Boulle** et ses fils (1704). *RAF*, I *bis*, 1885, 88.

Boulle (André-Charles), voir : **Girardon.**

Stein (Henri). Jean-Philippe **Boulle**. *RAF*, I *bis*, 1885, 56.

Boullongne (les), [p.], voir : **Coypel.**

Guillet de Saint-Georges. Louis **Boulogne** [le père ; p.]. *MI*, I, 195-215.

Grouchy (vicomte de). Marché passé par Louis **Boullongne** le père, [chapelle de l'église de Saint-Médéric ; 1651]. *RAF*, X, 1894, 16-19.

Boullongne (Louis), [p.], voir : **Coypel** (Ant.) ; **Delafosse** (Ch.) ; **Largillière.**

Vaillant (V.-J.). Peintres, sculpteurs, verriers et orfèvres **boulonnais**. *RAF*, XI, 1895, 118-129.

Ginoux (Charles). Jean **Bounet,** [sc. ; chapelle Corpus-Domini à Toulon ; 1690-91]. *RAF*, VII, 1891, 249-251.

Bourbon (Charles de), voir : **Morel** (Jacques) ; **Paul.**

Bourbon (Isabelle de), voir : **Loisel** (Robert).

Bourbon (Marguerite de), voir : **Jehan de Huy.**

Douet d'Arcq ; Salmon (André) ; Vallet de Viriville ; [A. M.]. Jean **Bourdichon** de Tours, [p.-enl. ; pièces diverses ; ann. par A. de Montaiglon]. *A A*, *Doc.*, IV, 1-23.

Jean **Bourdichon,** de Tours. *A A*, *Doc.*, IV, 401.

Grandmaison (Charles). Jean **Bourdichon,** [procuration de Françoise Bourdichon ; 1521]. *NA*, 1872, 146-148.

Steyert (André) ; [A. M.]. Jehan **Bourdichon**. Prix et quittance du livre d'heures d'Anne de Bretagne (1508). *NA*, 1880-81, 1-11.

Benoît (François). Un calvaire attribuable au groupe de **Bourdichon.** *B*, 1908, 95-100.

Grouchy (vicomte de). Devis du tombeau de François

Le Gras, par Michel **Bourdin** (1653). *RAF*, X, 1894, 359-367.

BLANC. Documents sur Sébastien **Bourdon,** Jean de Troy, Antoine Ranc, Charmeton, Blanchet et Vien, [peintres]. *AA, Doc.*, III, 124-127.

GUILLET DE SAINT-GEORGES. Sébastien **Bourdon.** *MI*, I, 87-103.

HUARD (Georges). Marin **Bourgeoys,** peintre de Henri IV et de Louis XIII. *B*, 1926, 174-181.

Bourgeois, [p.], voir : **Léger.**

GIRARDOT (baron DE) ; [A. M.]. Les artistes de **Bourges** depuis le moyen âge jusqu'à la Révolution. *AA*, 2ᵉ s., I, 209-292.

Bourges, cathédrale, voir : **Lafrimpe** (Jehan).

Bourges, croix de Moulte-Joye, voir : **Garnault** (Antoine).

Bourges, maison à, voir : **Paul.**

Bourgogne (Anne de), voir : **Bedford** (duchesse de).

Bourgogne, artiste, voir : **Bordin.**

Bourgogne (ducs de), voir : **Orléans** (duc Louis d') ; **Van Schuppen** (J.).

Bourgthéroulde (Eure), maison de, voir : **Palissy** (Bernard)

PERRAULT-DABOT (A.). Note sur des peintures **bourguignonnes** du xvIIIᵉ siècle. *B*, 1911, 153-155.

VAESEN. Lettre de **Bourré,** [commande d'argenterie ; 1472]. *NA*, 1878, 233-235.

DEMARSY (Arthur) ; [A. M.]. Jacques **Bousseau,** [sc. ; notice rédigée par sa petite-fille]. *NA*, 1874-75, 310-314.

LE ROUX DE LINCY. Guill. **Boutelou,** peintre de Blois. [Quittance ; 1556.] *AA, Doc.*, V, 67.

[J.-J. G.]. Guillaume **Bouteloup,** peintre du roi. [Mentions ; 1558-60.] *NA*, 1879, 92-93.

STEIN (Henri). J.-L. **Bouyer,** graveur en bas-reliefs (1737). *RAF*, X, 1894, 190-191.

SALLE (DE LA) ; [P. C.]. Lettre de A. **Bouzonnet Stella,** [p.], au Poussin (1657). *AA, Doc.*, III, 366-368.

Guillet de Saint-Georges. Antoine **Bouzonnet Stella.** *MI*, I, 422-434.

Guiffrey (J.-J.). Testament et inventaire des biens de Claudine **Bouzonnet Stella,** [gr.] (1693-97). *NA*, 1877, 1-117.

Giraud (Magloire) ; [A. M.]. Inventaire des tableaux de François **Boyer** [1680]. *AA*, 2ᵉ s., I, 325-335.

Notice sur le peintre de portraits Joseph **Boze.** *NA*, 1872, 407-408.

Stein (Henri). Deux sculpteurs berrichons à Mirecourt. [Robert **Boze** et Benoît Pinédé] (1733). *RAF*, IV, 1888, 267-268.

Branchi (Philippe), [lap.], voir : **Megliorini** (Ferdinand).

Brèche (Jean), voir : **Fouquet** (Jean).

Grandmaison (Charles de). Jehan **Breffeet,** peintre tourangeau (1548). *RAF*, III, 1887, 193.

Stein (Henri). Le projet de statue de Louis XVI à **Brest.** *B*, 1907, 24.

Fillon (Benjamin). Tombeau de Blanche, duchesse de **Bretagne.** *AA*, *Doc.*, III, 129-130.

Bretagne (François II, duc de), voir : **Colombe** (Michel).

Alaret. Les tapisseries des États de **Bretagne.** *B*, 1911, 288-291.

Bretagne. États, voir : **Artistes français.**

Bretagne, tapisseries, voir : **Du Moulin.**

Jouin (Henry). **Brette,** [p. ; 1668]. *RAF*, X, 1894, 368.

[A. M.]. Représentation sculptée de la Trinité, pour l'église Saint-Germain de **Breulx** (Eure). *AA*, *Doc.*, V, 202.

Breyssard (P.), voir : **Corneille** (Cl.).

Bricart (Jean), voir : **Hardouin** (Jules).

Parrocel (Étienne). Espercieux chez **Bridan,** [p. ; 1776]. *RAF*, I, 1884, 179-180.

Boinet (Amédée). A propos d'un buste du marquis de Courtanvaux [par C.-A. **Bridan,** à la Bibliothèque Sainte-Geneviève]. *B*, 1921, 6-14.

Jouin (Henry). **Brienne,** Drolling, Niquevert, Trezel, Destouches, Mme Jacquotot, [p. ; 1827]. *RAF*, VI, 1890, 281-288.

Le Roux de Lincy. Noël **Briguet** et Joseph Pallu, [sc. en bois ; quittance ; 1681]. *AA, Doc.*, V, 86.

Brimbal (P. de), voir : **Du Brimbal.**

Guiffrey (J.-J.). Information sur Nicolas **Briot.** [Nomination de graveur général des monnaies ; 1606.] *NA*, 1877, 406-420.

Dimier (Louis). Un portrait par Pierre **Brisset,** [p. ; 1843]. *B*, 1922, 56-58.

Brizeux, voir : **Etex** (Antoine).

[H. J.]. Jean **Broc.** [Requête d'Ingres, p. ; 1845.] *RAF*, VII, 1891, 396-397

Guiffrey (J.-J.). Les *Bucoliques* de Virgile en **broderie.** *NA*, 1879, 45-54.

Broderies, voir : **Tapisseries.**

Guiffrey (J.-J.). Liste des **brodeurs** de la maison du roi et de celles de la reine et des princes, de 1532 à 1789. *NA*, 1872, 488-494.

Brodeurs, voir : **Chéron.**

Clouzot (Henri). Note rectificative sur Geneviève **Brossard** de Beaulieu, [p.]. *B*, 1910, 25.

Marcel (Henry). Adrien **Brouwer,** [p.]. *A*, VIII, 1914, 70-85.

Brun, architecte d'Avignon. [Lettres aux consuls d'Avignon ; 1776-81.] *RAF*, X, 1894, 53-56.

Brun, [p.], voir : **La Rose.**

Brun (L.-A.), voir : **Anguissola** (S.).

Brun (les), [grav.], voir : **Le Brun** (les).

Brunetti, voir : **Peintres décorateurs.**

Bruno (saint). Vie, voir : **Lesueur** (E.).

Bruxelles, parc, voir : **Houdon.**

Budé (G.), voir : **Clouet** (J.).

Georges **Buffequin,** peintre et artificier. [Acte de décès ; 1641.] *AA, Doc.*, V, 338.

Buffon, voir : **Delaistre** (F.-N.).

Chennevières (Philippe de). Jacques **Buiret**, [sc.] ; Pierre Daret, [p.], et Louis Leconte, [sc.]. [Trois notices.] *A A, Doc.*, III, 71-74.

Montaiglon (Anatole de). Jehan **Bullant**, [a.]. Analyse du compte des dépenses faites pour le château des Tuileries en 1571. *A A, Doc.*, V, 1-13.

Charageat (Mlle). Notes sur cinq marchés passés par M. [Claude] de **Bullion**, surintendant des finances du roi Louis XIII, avec Jacques Sarrazin, Simon Vouët, Pierre Collot, Charles Grouard, Charles David, Pierre Denis et Jehan Le Boyteux, et du rôle qu'y joue Le Mercier [Jacques]. *B*, 1927, 179-207.

Bullion (Claude de), voir : **Vouet** (Simon).

Guiffrey (J.-J.). Remise de lods et ventes, accordée à Marguerite Bahuche, [veuve de Jacob **Bunel**, peintre du roi] (1622). *NA*, 1872, 217-218.

Bureau de Chine, voir : **Marie de Médicis.**

Busaffi (Bertus), voir : **Morel** (Jacques).

Butay, [p.], voir : **Marie-Thérèse.**

Buttet (Marc-Claude de), voir : **Janet.**

Guillet de Saint-Georges. Philippe **Buyster**, [sc.]. *MI*, I, 280-290.

C

Soulange-Bodin (H.). Le château de **Cadillac.** *B*, 1927, 29-30.

Cadre, voir : **Slodtz.**

Menegoz ; [P. Vitry]. Identification de deux tableaux du Musée de **Caen**, [par F. Boucher et Mlle Vigée]. *B*, 1909, 55.

Caen, voir : **Maubert** (Jehan) ; **Tournières.**

Guiffrey (J.-J.). Questions et demandes de renseignements. [Les **Caffiéri**, sc.] *B*, 1875, 36.

Caffaréna. François-Charles et Charles-Philippe **Caffiéri** (1716-17). *R A F*, VI, 1890, 193-194.

GUIFFREY (Jules). La maison des **Caffiéri**. *B*, 1913, 222-223.

MARGRY (Pierre). Charles **Caffiery**. [Sculptures pour le vaisseau « l'Illustre » ; 1750.] *A A, Doc.*, VI, 93-96.

CLOUZOT (Henri). Un recueil de chansons orné d'encadrements de François-Charles **Caffiéri**. *B*, 1907, 34-35.

LAPERLIER ; [A. M.]. Jean-Jacques **Caffiery**. [Rapport de Coustou, Pigalle, Le Moyne et Pajou ; 1775.] *A A, Doc.*, VI, 27-30.

SCHÉFER (Gaston). Un buste de Van Clève, par J.-J. **Caffiéri**, au Musée du Louvre. *B*, 1907, 55-56.

LECHEVALLIER-CHEVIGNARD (G.) ; [J.-J. G.]. Jean-Jacques **Caffiéri**. [Documents ; 1766-67.] *A*, II, 1908, 129-133.

VITRY (Paul). Un buste de J.-J. **Caffiéri** au Musée de Tours. *B*, 1908, 199-200.

FURCY-RAYNAUD (Marc). Un buste de d'Alembert, par J.-J. **Caffiéri**. *B*, 1911, 291-292.

INGERSOLL-SMOUSE (Mlle Florence). Lettres inédites de J.-J. **Caffiéri**. *B*, 1913, 202-222.

MICHEL (André). A propos de quelques œuvres de J.-J. **Caffiéri** récemment entrées au Musée du Louvre. *A*, VIII, 1914, 251-260.

BOINET (Amédée). Deux bustes inconnus de Jean-Jacques **Caffiéri**. *B*, 1918-19, 148-151.

Caffiéri (J.-J.), voir : **Houdon**.

HERLUISON (H.). Philippe **Caffiéri**, [sc.-cis.]. [Acte d'inhumation du sieur Claude-Lambert Roland ; 1770.] *RAF*, V, 1889, 222.

RÉAU (Louis). Le chandelier pascal de Philippe **Caffiéri** à la cathédrale de Clermont-Ferrand. *B*, 1927, 12-15.

MONTAIGLON (A. DE). Hubert **Cailleau**, [p. ; dessins du manuscrit d'un mystère de la Passion ; 1547]. *A A, Doc.*, IV, 209-212.

Cailleux (de), voir : **Houdon**.

LEMONNIER (H.). Sur l'*Ecce Homo* du **Calabrèse**, [p.], au Musée Condé de Chantilly. *B*, 1921, 14-22.

Calcutta, voir : **Van Loo** (Carle).

Montaiglon (A. de). Épitaphe des sculpteurs **Callion** et **Pajou.** *RAF*, I *bis*, 1885, 26-28.

Meaume. **Callot,** [gr. ; lettres de noblesse accordées par Charles III, duc de Lorraine, à son grand-père ; 1584]. *AA, Doc.*, II, 232-234.

Calotte (régiment de la), voir : **Coypel** (Ch.-Antoine).

Calvaire, voir : **Bourdichon** (J.).

Jouin (H.). **Camot** (André), [p.] (1680). *RAF*, XI, 1895, 35.

Camos [**Camot, p.**], voir : **Bérain ; Marie-Thérèse.**

Campana (galerie), voir : **Paris,** musée du Louvre.

Stein (Henri). L'ébéniste Michel **Camps** (xviie siècle). *B*, 1921, 183-186.

Canada, voir : **Louis XV.**

Canal (projet de), voir : **Paris.**

Candélabres, voir : **Clodion ; Eléonore.**

Cottenet (Émile) ; [J. G.]. Le peintre **Canonville.** [Copie de l'*Attila* de Raphaël ; 1683.] *NA*, 1882, 104-105.

Fillon (Benjamin) ; [A. de M.]. Antonio **Canova,** [sc. ; lettre au maréchal Duroc ; 1810]. *RAF*, VI, 1890, 355-357.

Rouchès (Gabriel). Les rapports de **Canova** avec la France et l'art français. *B*, 1922, 63-74.

Capel (Henri de), voir : **Mielin** (Jean).

Jouin (Henry). Armand-Augustin **Caqué,** [gr. méd.] (1824). *RAF*, VIII, 1892, 363-364.

Caquet, [orf.], voir : **Franquet.**

Le sculpteur Joseph **Caris.** La fontaine Saint-Michel à Toulon (1780-82). *RAF*, III, 1887, 281-286.

Vitry (Paul). Les origines de la *Danse* de **Carpeaux,** [sc.]. *B*, 1926, 51-53.

Carpeaux, voir : **Schnetz** (Victor).

Roy (Maurice). Le monument funéraire d'Albert Pie de Savoie, comte de **Carpi** (1531-35). *B*, 1921, 33-47.

Lemonnier (H.). A propos des **Carrache**, [p.], et de l'art italien du xviie siècle. *B*, 1911, 45-53.

Herluison (H.). Quittance d'un tableau d'Annibal **Carrache**. *B*, 1876-78, 177.

Ginoux (Charles). Jean **Carravaque**, [sc. ; lettre à M. Augias ; 1655]. *RAF*, VI, 1890, 289-290.

Boilly (Jules). Rosalba **Carriera**, [p. ; morceau de réception à l'Académie de peinture]. *AA, Doc.*, II, 242-244.

Jeannerat (Carlo). Rosalba **Carriera** et la musique « de sa façon ». *B*, 1926, 42-48.

Stein (Henri). Le graveur Laurent **Cars** et l'expulsion des Jésuites (1762). *RAF*, III, 1887, 206-208.

[J. C.]. Travaux exécutés par **Cartaud**, [a.] (1705). *NA*, 1872, 290-295.

Fillon (Benjamin) ; [A. M.]. Lettre de **Carteaux**, [p.] (1787). *NA*, 1872, 400-401.

Guiffrey (Jules). **Carteaux**, peintre en émail (1777-82). *NA*, 1882, 294-299.

P. **Cartellier**, [sc.]. Lettre au président de la Société des Amis des Arts [1799]. *AA, Doc.*, IV, 352.

Fillon (Benjamin). **Cartellier**. [Sculptures pour le roi de Hollande ; 1809.] *NA*, 1872, 453-454.

Montaiglon (A. de). Le peintre Jean-Baptiste **Carvelle** à la cour de Weimar (1782). *RAF*, VI, 1890, 179-181.

Casimir, [p.], voir : **Karpff**.

Castellan, voir : **Agincourt** (d').

Castellan, tombeau des, voir : **Girardon**.

Barthélemy (Ed.). Lettres de **Catherine de Médicis** sur les portraits de ses enfants (1552). *NA*, 1880-81, 27-28.

Guiffrey (Jules). Fragment d'inventaire de **Catherine de Médicis** (1561). *RAF*, VIII, 1892, 56-57.

Catherine de Médicis, voir : **Dujardin ; Scipion** (histoire de).

Guiffrey (J.-J.). Objets d'art acquis pour l'impératrice de Russie, [**Catherine II**], par le baron Grimm (1787-90). *NA*, 1880-81, 328-341.

Traité de la peinture par le s. **Catherinot** (1687). *B*, 1876-78, 7-10.

Caudebec, voir : **Lebrun** (Michel).

Cavaillon, voir : **Parrocel** (Pierre).

Fillon (Benjamin).; [A. M.]. **Cavin,** [p. ; travaux pour le duc de Saint-Simon ; 1729]. *NA*, 1872, 314-315.

Cottenet (E.). Note sur le peintre Pierre **Cavin.** *NA*, 1873, 349-355.

Cavin (P.), voir : **Rigaud** (H.).

Fillon (Benjamin). Lettre du comte de **Caylus** à l'abbé Conti. *NA*, 1874-75, 314-315.

Henry (Charles). Donation du comte de **Caylus** à l'Académie de peinture (1760). *NA*, 1880-81, 210-219.

Rocheblave (S.) ; Fontaine (André). Les conférences inédites du comte de **Caylus** à l'Académie royale de peinture et de sculpture. *B*, 1907, 100-104.

Fontaine (André). Documents rassemblés par le comte de **Caylus** pour écrire l'histoire de l'Académie. *B*, 1908, 70-74.

Caylus (comte de), voir : **Artistes ; Cochin** (C.-N.) ; **Perrier** (François) ; **Reims,** école de dessin.

Pouy (Ferd.). Zacharie de **Cellers,** [p. a. ; requête pour être nommé ingénieur de la ville d'Amiens ; 555]. *NA*, 1879, 91.

Cellini (Benvenuto), [orf.], voir : **Clesze** (B.).

Cercle de la Cour (le), voir : **Benoist** (Gabriel).

[A. M.]. Inscription mise au ixe siècle sur la tombeau de saint **Césaire.** *AA, Doc.,* V, 51-53.

[H. J.]. **Chabot,** [orf.] ; Hoart, [orf.] ; Loury, [joa.] ; Merchi, [sc.], créanciers du marquis de Louvois (1784). *RAF*, VII, 1891, 237.

Colin **Chadelre,** miniaturiste. [Souscription d'un manuscrit ; 1313.] *AA, Doc.,* IV, 393.

Vauthier (Gabriel). Deux religieuses à la Visitation de **Chaillot** au xviie siècle. *B*, 1920, 97-105.

Chennevières (Henry de) ; [H. J.]. Un frère de **Chalgrin,** [a.] (1784-89). *RAF*, I *bis*, 1885, 121-123.

Châlons, voir : **Camps** (Hance de) ; **Simon** de Châlons.

Chambonnières (Champion de), voir : **Champion.**

Jusselin (Maurice). Documents nouveaux sur la construction de **Chambord.** *B*, 1925, 185-189.

Jarry (E.). Autres fragments de comptes de **Chambord.** *B*, 1925, 190-192.

Guiffrey (Jules). Documents concernant les peintres Philippe et J.-B. de Champagne (1629-82). *NA*, 1872, 223-233.

Grouchy (vicomte de) ; [J. G.]. Les peintres Philippe et Jean-Baptiste de **Champaigne.** Nouveaux documents et inventaires après décès (1659-81) ; ann. par M. Jules Guiffrey. *RAF*, 1892, 172-218.

Guillet de Saint-Georges. Jean-Baptiste de **Champagne.** *MI*, I, 346-349.

Champagne (J.-B. de), voir : **Tulié.**

Guillet de Saint-Georges. Philippe de **Champagne.** *MI*, I, 239-258.

Montaiglon (A. de). Philippe de **Champaigne.** [Mention ; 1651.] *RAF*, I, 1884, 137.

[J. G.]. Portrait du cardinal de Richelieu par Philippe de **Champagne,** offert par le roi Louis XVIII au duc de Richelieu [1821]. *RAF*, II, 1886, 107-108.

Fontaine (André). Le portrait de Philippe de **Champaigne** du Musée du Louvre. *B*, 1909, 111-113.

[A. M.]. Philippe de **Champagne.** [Note de Richelet ; 1689.] *B*, 1876-78, 143-144.

Tessier (André). Jacques **Champion** de Chambonnières. *B*, 1926, 61-62.

[J.-J. G.]. Le vol d'estampes de l'abbé de **Chancey** (1735). *RAF*, VII, 1891, 29-32.

Chandelier pascal, voir : **Caffiéri** (Philippe).

Chant, voir : **Luth.**

Chanteloup, voir : **Amboise.**

Lemonnier (H.). Quelques documents et notes sur **Chantilly** (1500-1800). *B*, 1924, 39-40.

Lemonnier (H.). Les grandes écuries de **Chantilly** et le

style architectural des écuries aux xviie et xviiie siècles. *B*, 1926, 7-8.

Marquet de Vasselot (J. J.). Un Sedaine illustré du Musée Condé, [par G. de Saint-Aubin ; à **Chantilly**]. *B*, 1918-19, 51-52.

Lemonnier (H.). Un dessin de la bataille de Marignan appartenant au Musée Condé, [à **Chantilly**]. *B*, 1923, 7-8.

Lemonnier (H.). Les origines du Musée Condé, [**Chantilly**]. La collection du prince de Salerne. *B*, 1923, 95-101.

Chantilly (et Musée Condé), voir : **Calabrèse ; Desilles (P.) ; Duplessis ; Poussin** (Nic.).

Mély (F. de). **Chapelle** donnée par Henri IV au dauphin (1604). *RAF*, II, 1886, 188-191.

Grandmaison (Charles de). Contrat d'apprentissage entre Mathurin **Chapperon,** peintre de Tours, et Fleury Cirebon (1502). *RAF*, II, 1886, 17.

Chappuys (Fr.), voir : **Barrière.**

Dimier (Louis). Un bas-relief de **Chapu,** [sc.], attribué à Rude. *B*, 1923, 23-24.

Ginoux (Charles). Le sculpteur **Chardigny.** [Documents ; 1788-89.] *RAF*, III, 1887, 143-147.

Ginoux (Charles). Une statue de B.-F. **Chardigny** retrouvée (1783-89). *RAF*, IV, 1888, 215-216.

Ginoux (Charles). Barthélemy **Chardigny** et Marc Roux (1783-90). *RAF*, VII, 1892, 115-123.

Ginoux (Charles). **Chardigny.** Son procès avec la ville de Toulon en 1789. *RAF*, IX, 1893, 111-168.

[H. J.]. Pierre-Joseph **Chardigny,** [sc. ; arc de triomphe de l'Étoile ; 1836]. *RAF*, IV, 1888, 280-285.

Boilly (Jules). J.-B.-S. **Chardin,** [p.]. Billet de C.-N. Cochin à M. Belle le fils. *AA, Doc.*, II, 128.

Haillet de Couronne. Jean-Baptiste-Siméon **Chardin.** *MI*, II, 428-441.

Darcel (Alfred). Une lettre de **Chardin** [1777]. *RAF*, I *bis*, 1885, 71.

Clouzot (Henri). Un prétendu **Chardin** au Musée de Niort. *B*, 1909, 60-61.

Chardin (Séb. ; sc.), voir : **Bouchardon.**

Charles (saint). Statue, voir : **Puget** (Pierre).

Vallet de Viriville ; [A. M.]. Statue de cire du roi **Charles VI** (1389). *AA, Doc.*, V, 342-346.

Charles VI, voir : **Colart** de Laon.

Charles VII, voir : **Vulcop** (Conrart et Henry de).

Charles VIII, voir : **Italiens ; Paganino** (Guido) ; **Paul.**

Charles IX, voir : **Dujardin ; Pilon** (Germain).

Lepage (Henri). Claude **Charles,** [p. ; travaux pour les ducs de Lorraine ; 1698-1735]. *AA, Doc.*, IV, 113-126.

[H. J.]. Jacques **Charlier,** miniaturiste. [Constitution de rentes ; 1783.] *RAF*, XII, 1896, 152.

Charmeton, [p.], voir : **Bourdon.**

Charpentier (Victor), voir : **Houdon.**

Charpentiers, voir : **Barry** (N. de).

Chartres ou Ciartes, dit Langlois, voir : **Langlois.**

Merlet (Lucien) ; Bellier de la Chavignerie (Émile) ; [A. M.]. Documents sur des travaux exécutés à Notre-Dame de **Chartres** et dans d'autres églises du pays chartrain pendant le xvie siècle. *AA, Doc.*, IV, 352-400.

Chartres, cathédrale, voir : **Boudin** (Th.) ; **La Ronce** (P. de) ; **Solas** (Jehan).

Châsse de Saint-Martin-des-Champs, voir : **Paris,** église Saint-Martin.

Châsse de Sainte-Geneviève, voir : **Bonardus.**

Laran (Jean). Un portrait inédit par **Chassériau,** [p.]. *A*, VIII, 1914, 320-328.

Ginoux (Charles). Le sculpteur **Chastel.** [Fontaine à Aix ; 1781.] *RAF*, IV, 1888, 215.

Ginoux (Charles). Le sculpteur Jean-Pancrace **Chastel.** [Décoration de Saint-Louis de Toulon ; 1784.] *RAF*, III, 1887, 180-183.

Chastel (J.-P.), voir : **Toscat.**

Lépicié. Guillaume **Chateau**, [gr.]. *MI*, I, 404-405.

Vauthier (Gabriel). Quatre **châteaux royaux** à vendre en 1787 [La Muette, Madrid, Vincennes, Blois]. *B*, 1913, 164-173.

Châteaux royaux, voir : **Artistes ; Bâtiments du Roi.**

Marmottan (Paul). La statue de la *Paix* par **Chaudet.** *A*, I, 1907, 357-366.

Marmottan (Paul). Documents sur **Chaudet** et sur J.-B. Isabey. *B*, 1908, 20-21.

Vitry (Paul). Un album de dessins de **Chaudet**, [sc.]. *B*, 1924, 27.

Acte de décès d'une fille de Jean **Chaufourier**, [gr. ; 1704]. *AA*, *Doc.*, IV, 224.

Jean **Chaufourier**, [p. ; brevet de réception à l'Académie de peinture ; 1755]. *AA*, *Doc.*, IV, 350-351.

Chauvelin, voir : **Rigaud** (H.).

Marmottan (Paul). Pierre-Athanase **Chauvin**, [p. ; documents ; 1774-1832]. *RAF*, V, 1889, 126-128.

Chemault (de), voir : **Coligny.**

Cheminée, voir : **Coysevox ; Sèvres.**

Cheminée mouvante, voir : **Mansart.**

Chénier (A.), voir : **David** d'Angers.

Grandmaison (Charles). Château de **Chenonceaux.** Fin des constructions ; 1521. *NA*, 1872, 151-153.

Chenu, [sc.], voir : **Tulié.**

Cherbourg, voir : **Dumoueel.**

Lance (Adolphe) ; Montaiglon (A. de). Jean **Chéreau**, [a. ; église de Villeneuve-le-Roi ; 1575]. *NA*, 1872, 174-176.

Cheret, [p.], voir : **Houdon.**

Vincent **Chéron** et Nicolas du Trou, [br.] (1677). *RAF*, 1892, 239.

Cherubini, voir : **Ingres.**

Cheval (Auguste, dit Hubert), voir : **Hubert.**

Chevalier, voir : **Mensiaux.**

Chevaux de Marly (les), voir : **Coustou.**

Rondot (Natalis). Mathieu **Chevrier** de Lyon et ses fils Michel, Hugues et Mathieu Chevrier, [p.] (1492-1594). *NA*, 1880-81, 384-389.

[A. M.]. Travaux dans la chapelle du château de Dreux, par Olivier **Chiffelin** d'Angers, [p.], et Jehan Le Moigne, [sc.] (1487-88). *AA*, 2ᵉ s., I, 445-447.

Chilly, voir : **Vouet** (Simon).

Guiffrey (J.-J.). Quittance d'un buste de Joseph **Chinard**, [sc.] (1803). *NA*, 1873, 438-439.

Guiffrey (J.-J.) ; [A. M.]. Buste de Mᵐᵉ Récamier, par **Chinard.** *RAF*, I, 1884, 54.

Moreau-Nélaton (Étienne). **Chinard** de Lyon et son ami Gauldrée Boilleau. *B*, 1909, 224-231.

Vitry (Paul). Deux œuvres de la jeunesse de **Chinard.** *B*, 1909, 231-232.

Chine (bureau de), voir : **Marie de Médicis.**

Chine, laques, voir : **Marie-Antoinette.**

Levallet (Mˡˡᵉ G.). Notes inédites sur la collection de **Choiseul.** *B*, 1925, 201-211.

Choiseul-Gouffier, voir : **Bleu d'outremer.**

[A. M.]. Michel **Chotard**, [min. ; prix des miniatures d'un livre d'heures ; 1470]. *AA*, *Doc.*, IV, 312.

Fromageot (Paul). Notice sur Gilles-Louis **Chrétien**, inventeur du physionotrace. *B*, 1908, 42-43.

Lettre du peintre Pierre-Luc-Charles **Ciceri**, [p.] (1815). *NA*, 1880-81, 301-303.

Circoncision (la), voir : **Bonnemer** (Fr.).

Cire, moulure, voir : **Duchesne** (Mathurin).

Cire, sculpture, voir : **Benoist** (Antoine et G.) ; **Charles VI.**

Cirebon (Fl.), [p.], voir : **Chapperon.**

Ciseleurs, voir : **Bèche ; Gouthière.**

Clairambault, voir : **Rochefort.**

Clairon (Mˡˡᵉ), voir : **Slodtz.**

Clapasson (A.), voir : **Lyon.**

Claude de France, voir : **Bontemps.**

HERLUISON (H.). Le sculpteur Martin **Claustre,** de Grenoble. [Marché ; 1514.] *RAF*, V, 1889, 257-258.

Clauzel, voir : **Dou** (Gér.).

[A. M.]. Date de la reconstruction du château de **Claveyson** en Dauphiné [1508]. *AA, Doc.*, V, 91.

BRUNOLD (Paul). Le **Clavicorde.** *B*, 1925, 65-67.

Cléopâtre (mort de), voir : **Suvée** (J.-B.).

VALLET DE VIRIVILLE. Barthélemy de **Clerc,** [p. ; acte de paiement ; 1447]. *AA, Doc.*, V, 209-212.

Jehan **Cleret,** peintre à Paris en 1526. *RAF*, I, 1884, 4.

[H. J.]. Louis-Mathurin **Clerian,** [p. ; requête de ses anciens élèves ; 1848]. *RAF*, II, 1886, 269-271.

MILET. Antoine **Cléricy,** ouvrier du roi en terre sigillée (1612-53). *NA*, 1876, 230-247.

GUIFFREY (Jules). Antoine **Cléricy,** ouvrier en terre sigillée (1612-58). *RAF*, VII, 1891, 74-85.

[J. G.]. Charles-Bernard **Clérion,** peintre privilégié suivant la cour, et Jacques Varignon. *RAF*, V, 1889, 48.

PARROCEL (E.). Découverte à Marseille d'une œuvre de Jacques **Clérion,** [sc.], exécutée en 1688. *RAF*, III, 1887, 177-179.

HAUTECŒUR (Louis). Les œuvres de **Clérisseau,** [a.], et de Thomas de Thomon à Saint-Pétersbourg. *B*, 1912, 170-171.

Clermont-Ferrand, voir : **Caffiéri** (Philippe) ; **Gault de Saint-Germain.**

[A. M.]. Lettres de François Ier en faveur de son armurier Bénédict **Clesze** et de son orfèvre Benvenuto Cellini. *AA*, 2e s., II, 5-8.

JOUIN (Henry). Claude **Cloche,** peintre ordinaire de l'écurie d'Anne d'Autriche (1624-30). *RAF*, I *bis*, 1885, 102-103.

FOURNIER (Charles) ; [J.-J. G.]. Claude Michel dit **Clodion,** [sc. ; lettre ; 1789]. *NA*, 1872, 406.

PÉLISSIER (G.). Les candélabres *Enfants Clodion* du Louvre. *B*, 1907, 120-127.

STEIN (Henri). Le mariage de **Clodion**. *B*, 1911, 182-199.

[J. G.]. Inventaire après décès de **Clodion** (1814). *A*, VI, 1912, 210-244.

FRÉVILLE (Ernest DE). Renseignements nouveaux sur les trois **Clouet**, [p.]. *A A*, *Doc.*, III, 97-104.

FRÉVILLE (Ernest DE). Sommaire des recherches sur les familles **Clouet** et Foullon. *A A*, *Doc.*, III, 287-289.

SALMON (André). Nouvelles notes sur les **Clouet**. *A A*, *Doc.*, III, 290-300.

FRÉVILLE (Ernest DE). Encore sur les familles **Clouet** et Foulon. *A A*, *Doc.*, IV, 44-48.

JOUIN (Henry). Jehan II et François **Clouet**. *R A F*, I *bis*, 1885, 19-20.

[J. G.]. François **Clouet**, propriétaire d'une maison sise rue Sainte-Avoye, et autres peintres (1571-1614). *NA*, 1882, 76-79.

GUIFFREY (J.-J.). Date du décès de François **Clouet**. *R A F*, I, 1884, 3.

GUIFFREY (J.-J.). Le testament et les enfants de François **Clouet**. *R A F*, I, 1884, 113-118, 131-136.

GUIFFREY (Jules). Quittance et signature de François **Clouet**. *R A F*, VII, 1892, 140-142.

STEIN (Henri). A propos du portrait de Pierre Quthe par Fr. **Clouet**. *B*, 1908, 111.

LEBEL (Gustave). Un portrait du duc d'Anjou (Henri III), par François **Clouet**. *B*, 1923, 31-40.

Clouet (François), voir : **Perréal** (Jean).

STEIN (Henri). Jean **Clouet** ou Godefroy le Batave? *B*, 1907, 72-75.

DIMIER (Louis). Un portrait de G. Budé peint par Jean **Clouet**. *B*, 1908, 224-226.

Cluny, voir : **Audran** (Benoît) ; **Bouillon** (ducs de).

Cluny (Musée de), voir : **Paris**.

Cochin (les), [grav.], voir : **Tardieu**.

CHENNEVIÈRES (Henry DE). Charles-Nicolas **Cochin**. [Dessins et planches des gr. ; *Fêtes données à Versailles ;* 1747.] *RAF*, I *bis*, 1885, 185.

VILLOT (Frédéric). Ch.-Nic. **Cochin** [le fils, gr.], secrétaire de l'Académie royale de peinture et de sculpture, [lettre sur les artistes italiens de son temps]. *AA, Doc.*, I, 169-176.

LAPERLIER. Lettre de [C.-N.] **Cochin** [le fils, gr. ; après 1779] à Descamps. *AA, Doc.*, V, 219-222.

GUIFFREY (J.-J.). Le catalogue de l'œuvre de Charles-Nicolas **Cochin** [le fils], par Jombert (1770). *NA*, 1874-75, 316-321.

HENRY (Charles). Mémoires inédits de Charles-Nicolas **Cochin** [le fils] sur le comte de Caylus, Bouchardon, les Slodtz, publiés d'après le manuscrit autographe. Paris, 1880, in-8°, 192-[VI] p.

PORTALIS (baron). Lettre en vers de Charles-Nicolas **Cochin** fils. *NA*, 1880-81, 41.

BORROMEO (comte DE). Bulletin de souscription au portrait de Louis XV, par Ch.-Nic. **Cochin** fils. *NA*, 1880-81, 131.

PARROCEL (Étienne) ; [H. J.]. **Cochin** [le fils] et l'Académie de Saint-Luc [1777]. *RAF*, I, 1884, 151-152.

CHENNEVIÈRES (Henry DE). Lettre de Charles-Nicolas **Cochin** [le fils] sur un dessin du Cabinet du roi. *RAF*, I *bis*, 1885, 35-36.

TOURNEUX (Maurice). Lettre de Basan père relative à une œuvre de Ch.-N. **Cochin** [le fils ; 1790]. *RAF*, I *bis*, 1885, 36-38.

GUIFFREY (J.-J.). La gravure de la statue de Louis XV par **Cochin** [le fils]. *RAF*, IV, 1888, 127.

LOCQUIN (Jean). Les éditions des « Lettres à un jeune artiste peintre, pensionnaire à l'Académie de France à Rome », par C.-N. **Cochin** [le fils ; 1773 ou 1774]. *B*, 1914, 6-9.

Cochin (C.-N.), voir : **Chardin ; Marigny** (marquis de) ; **Menus-Plaisirs ; Moitte** (Pierre-Étienne) ; **Nattier.**

Guillaume **Codolet**, maître de pierre à Marseille en 1328. *AA, Doc.*, V, 199.

Cogell, [p.], voir : **Roslin.**

Coiffures, voir : **Modes.**

GRANDIN (Georges). Les **Colart**, les Lenain, les de La Tour et autres peintres originaires de Laon. *RAF*, X, 1894, 1-16.

VALLET DE VIRIVILLE. Jean d'Orléans et **Colart** de Laon. Extraits des comptes royaux de Charles VI. *AA, Doc.*, V, 177-183.

VALLET DE VIRIVILLE ; [A. M.] ; GIRARDOT (baron DE). **Colart** de Laon et Jean d'Orléans. [Note historique ; 1383.] *AA, Doc.*, V, 339-341.

GUIFFREY (Jules). Tableau de **Colart** de Laon pour le Parlement de Paris (1406). *NA*, 1879, 3-7.

ROBERT (Ulysse). **Colart** de Laon ; documents inédits [1391-1411]. *NA*, 1880-81, 12-23.

STEIN (Henri). Le sceau du peintre **Colart** de Laon (1402). *B*, 1911, 283-284.

Colart, [a.], voir : **Bartolus.**

CAFFARÉNA (Louis). Dépêches de **Colbert** relatives à la décoration des vaisseaux. *RAF*, V, 1889, 168-173.

MACON (Gustave). Les tapisseries de **Colbert.** *A*, VII, 1913, 248-254.

Colbert, voir : **Coysevox ; Pajou** (Augustin) ; **Paris**, Louvre.

Colbert de Villacerf, voir : **Villacerf** (de).

GIRARDOT (baron DE) ; [A. M.]. Lettre. [**Coligny** à M. de Chemault ; 1550.] *AA, Doc.*, IV, 138.

GUIFFREY (J.-J.). Un tableau du xve siècle signé **Colin de Cotter**, [p.]. *RAF*, I, 1884, 20.

[J. G.]. Étienne **Collault**, enlumineur du roi François Ier (1528). *NA*, 1879, 67-68.

GUIFFREY (J.-J.). Articles extraits des comptes du xvie siècle. [Acquisitions pour la **Collection de la Couronne** ; 1520-29.] *NA*, 1879, 38-44.

[J.-J. G.]. [**Collections de la Couronne.**] Acquisitions

faites pour le roi aux ventes de la fin du XVIIIe siècle.
NA, 1879, 424-432.

Collections de la Couronne, voir : **Lesueur** (Eustache) ;
Objets d'art ; Paris, Luxembourg ; **Sculptures ; Tapisseries.**

Collections du Roi, voir : **Bâtiments du Roi ; Collections de
la Couronne.**

AUTORDE. Nicolas **Collet,** sculpteur à Montluçon (1660-
73). *RAF*, X, 1894, 184-188.

Saisie de la gravure du **Collier.** *B*, 1876-78, 167-168.

MEAUME. François **Collignon,** [gr. ; engagement envers
Ciartres ; 1639]. *NA*, 1876, 298-300.

VITRY (Paul). Notes sur le sculpteur Jean **Collignon.** *B*,
1927, 228-229.

Collignon (Jean), [sc.], voir : **Coysevox.**

VALABRÈGUE (Antony). Marie-Anne **Collot,** Mme Falconet,
[sc.] (1748-1821). *RAF*, X, 1894, 63-66.

RÉAU (Louis). Une femme sculpteur française au
XVIIIe siècle : Marie-Anne **Collot.** *B*, 1924, 219-229.

Collot (Marie-Anne), voir : **Falconet.**

Collot (Pierre), [sc.], voir : **Bullion.**

Colombe, [orf.], voir : **Courtet.**

FILLON (Benjamin). Michel Colomb [**Colombe**], [sc. ; autel
pour l'église des Carmes de Nantes]. *AA, Doc.,* I,
425-431.

FILLON (Benjamin). Tombeau de François II, duc de
Bretagne, [par Michel **Colombe**]. *AA, Doc.,* III, 105-108.

Colonne à la gloire des armées françaises, voir : **Prudhon.**

DIMIER (Louis). Un musée français à **Colorno.** *B*, 1921,
22-26.

Combes, [bij.], voir : **Boisselier.**

STEIN (Henri). Les tapisseries du château de **Comblat**
(Cantal). *A*, VIII, 1914, 138-145.

Comité de l'Instruction publique, voir : **Vien** (J.-M.).

Comité de Salut public, voir : **Artistes** (lettres d').

Documents sur le **commerce des tableaux** au xviiie siècle. *B*, 1876-78, 177-185.

Campardon (Émile) ; [J.-J. G.]. Le **commerce des tableaux** au xviie et au xviiie siècle. *NA*, 1879, 393-406.

Tuetey (L.). Procès-verbaux de la **Commission des monuments** (1790-93). *RAF*, XVII, 1901 (lxvi-374 p.), et XVIII, 1902 (1793-94), [viii]-387 p.

Commission temporaire des Arts, voir : **Bouchardon.**

Chennevières (Henry de). Dépenses du voyage du roi à **Compiègne** en 1730. *RAF*, I *bis*, 1885, 55-56.

Compiègne, voir : **Évrard** (Jehan) ; **Redouté.**

[A. M.]. **Compignie,** tourneur du roi, vers 1755. *NA*, 1880-81, 192-193.

Concours, voir : **Académie.**

Macon (Gustave). Les tapisseries des princes de **Condé.** *A*, VIII, 1914, 124-137.

Tombeau des **Condé,** voir : **Sarrazin** (Jacques).

Condé, Musée, voir : **Chantilly.**

Cottenet (Émile) ; [J.-J. G.]. Objets d'art restitués au prince de **Condé** sous la Restauration (1816). *NA*, 1882, 332-334.

Condé (prince de) (1814), voir : **Sauvage** (Pierre-Joseph).

Confrérie de Sainte-Anne et Saint-Marcel, voir : **Paris,** Notre-Dame.

Lemonnier (Henri). Le Xe **Congrès** international d'histoire de l'art. *B*, 1912, 342-347.

Brière (Gaston). Après le **Congrès** d'histoire de l'art. La tâche de la Société de l'histoire de l'Art français. *B*, 1921, 150-163.

Congrès de l'histoire de l'art, voir : **Munich.**

Müntz (Eugène). Autobiographie d'Abraham **Constantin,** [p.-ém.] (1824). *NA*, 1874-75, 475-477.

Consulat, voir : **Bavière.**

Conti (abbé A.), voir : **Caylus** (comte de).

Conti (princes de), voir : **Girardon ; Jouvenet.**

Verrier (Jean). Sur des tapisseries de la légation de France à **Copenhague.** [Aubusson ; fin du xviie siècle.] *B*, 1927, 15-16.

Vitry (Paul). Un buste de Voltaire, par **Corbet,** [sc.]. *B*, 1924, 27.

Cordier (Nicolas), [sc.], voir : **Porbus** (François).

Ginoux (Charles). Jean **Cordonnier,** dit aussi Jean de Troyes, [p.] (1548 ou 1549). *RAF*, V, 1889, 164-168.

Tamizey de Larroque. Claude **Corneille** de la Haye, [p. ; succession de Pierre Breyssard ; 1564]. *NA*, 1877, 141-142.

Michel **Corneille,** [p.]. *MI*, I, 383-385.

Corneille (Michel), voir : **Sarazin** (les).

Guiffrey (J.-J.). **Cornu,** [sc. ; lettre à Mansard ; 1700]. *NA*, 1882, 126-130.

Montaiglon (Anatole de). Jean **Coste,** [p. ; travaux de peinture du château de Vaudreuil en Normandie ; 1350-56]. *AA, Doc.,* II, 331-342.

Salmon (A.) ; [A. M.]. Jean **Coste** (1355). [Peintures du château de Vaudreuil.] *AA, Doc.,* III, 65-68.

Cosway (R.), voir : **Jules Romain.**

Coton (Pierre), [sc.], voir : **Lully.**

Coudret, [sc.], voir : **Vivier.**

[J.-J. G.]. Salomon-Guillaume **Counis,** [p.-ém. ; recommandation du baron de Férussac ; 1824]. *NA*, 1880-81, 298-300.

Écorcheville (J.). Deux portraits de **Couperin,** [mus.]. *B*, 1907, 76-79.

Bouvet (Charles). Les pièces de viole de François **Couperin.** *B*, 1925, 70-71.

Cour, voir : **Cercle de la Cour** (le).

Henry **Courmont,** directeur honoraire des Beaux-Arts. [Nécrologie ; 1891.] *RAF*, VII, 1891, 160.

Couronne, voir : **Collections ; Stendhal.**

Montaiglon (A. de). Jean et Charles de **Court,** [p.-ém. ; brevet ; 1607]. *AA, Doc.,* VI, 81-88.

FRÉVILLE (Ernest DE). Jean **Court**; voies de fait exercées sur sa personne (1609). *AA, Doc.*, IV, 97-99.

Jean **Court**, émailleur (1556). *A A, Doc.*, IV, 401-402.

Courtanvaux, voir : **Bridan.**

Courtenay, voir : **Sotan** (G.).

HERLUISON (H.). Les orfèvres **Courtet,** Flamand, Nolin, Colombe, de Launay, Hasnier, Arnoul, Marcadé, Vaudetart, Boucher, Lemercier, Hardivilliers, Berthe, Ballin, Pitau, Ansard, Bellier. [Actes d'état civil; 1622-1706.] *RAF*, IV, 1888, 225-227.

HESME (A.); [A. M.]. Jean **Cousin,** [p.]. *A A, Doc.*, V, 351-362.

GUIFFREY (Jules). Jean **Cousin.** [Article de M. Henri Monceaux, dans *L'Art*, 15 mars et 1er avril.] *RAF*, I, 1884, 57.

GUIFFREY (Jules). A propos d'un livre récent sur Jean **Cousin.** *B*, 1909, 66-71.

GUIFFREY (Jules). Jean **Cousin** et le *Jugement dernier* du Louvre. *B*, 1909, 221-213.

MONTAIGLON (A. DE). Nicolas **Coustou** et Guillaume Coustou, [sc. ; pièces relatives à leurs travaux]. *A A, Doc.*, III, 137-143.

GUIFFREY (J.-J.). Guillaume [Ier] **Coustou.** Les *Chevaux de Marly* (1740-46). *NA*, 1878, 315-318.

DREYFUS (Carle). Le bas-relief de Guillaume [Ier] **Coustou** du tympan de la porte de l'hôtel des Invalides. *B*, 1908, 30-31.

GUIFFREY (J.-J.). Guillaume **Coustou** [II] le jeune. Projet d'une statue de Louis XV (1773). *NA*, 1878, 339-342.

BRIÈRE (Gaston). Deux œuvres de Guillaume [II] **Coustou** : le buste du P. Darerès de La Tour et le monument funéraire du maréchal d'Estrées. *B*, 1922, 365-366.

Coustou (G.), voir : **Caffiéri** (J.-J.).

COURAJOD (Louis). Plainte de **Coutant,** [procureur au Parlement], contre Martin [Guillaume? p.; 1787]. *NA*, 1873, 408-437.

GUIFFREY (J.-J.). Addition à l'article de **Coutant** contre Martin. *NA*, 1873, 457-466.

DUMONT (A.) ; [H. L.]. Documents sur les Dumont, [sc.], et sur les **Coypel**, [p.] (1712-1815). *NA*, 1874-75, 233-261.

DUMONT (A.) ; [H. L.]. Documents nouveaux sur les **Coypel** et les Boullogne, [p.], et sur les Dumont (1712-88). *NA*, 1877, 219-273.

FONTAINE (André). Quelques documents inédits sur les **Coypel**. *B*, 1908, 195-198.

BRIÈRE (Gaston). Observation sur quelques peintures par les **Coypel**. *B*, 1913, 31-35.

FILLON (Benjamin) ; [A. M.]. Lettre du peintre Antoine **Coypel** (1699). *NA*, 1873, 346-348.

FURCY-RAYNAUD (Marc). Brevets de premier peintre du roi d'Antoine **Coypel** et Louis Boullongne. *B*, 1921, 180-182.

Coypel (Antoine), voir : **Marie-Thérèse.**

Charles **Coypel**. [Traité ; 1720.] *AA*, 2e s., II, 373.

GUIFFREY (J.-J.). Charles **Coypel** et l'*Histoire de Don Quichotte*, [tenture des Gobelins] (1721). *RAF*, III, 1887, 249.

FONTAINE (André). Documents concernant Charles **Coypel**. *A*, II, 1908, 253-257.

[A. M.]. Charles-Antoine **Coypel** le fils, Gilles-Marie Oppenort, [p. et a. ; brevets du Régiment de la Calotte]. *AA*, 2e s., II, 81-97.

CHABOUILLET (Anatole). Billet d'enterrement de Charles-Antoine **Coypel** (1752). *NA*, 1880-81, 202-203.

BRIÈRE (Gaston). Note complémentaire sur un tableau de Ch.-Antoine **Coypel** au Musée de Neuchâtel. *B*, 1913, 382-385.

Coypel (Charles-Antoine), voir : **Marigny** (marquis de) ; **Tournehem** (Lenormant de).

[H. J.]. Noël **Coypel**. Question de préséance à l'Académie royale de peinture (1696). *RAF*, IV, 1888, 196-199.

Lavallée (P.). Notes sur Noël **Coypel.** *B*, 1927, 169-174.

Rondot (Natalis), Stein (Henri). Pierre et Antoine **Coysevox,** [sc. ; documents ; 1642-75]. *RAF*, V, 1889, 301-303.

[A. M.]. Antoine **Coysevox.** [Marché avec Louis de Lorraine pour le tombeau de son père ; 1704.] *AA, Doc.*, IV, 169-176.

Ramé (A.) ; Fillon (Benjamin) ; [A. M.]. Antoine **Coysevox.** [Statue équestre de Louis XIV.] *AA, Doc.*, V, 223-264.

Antoine **Coysevox.** *MI*, II, 33-39.

Guiffrey (J.-J.). Cheminée de marbre exécutée par Antoine **Coysevox** (1694). *NA*, 1880-81, 83-84.

Mauroy (Albert de) ; [H. J.]. Les descendants de **Coysevox** (1715-1819). *RAF*, II, 1886, 65-67.

Roman (J.) ; [H. J.]. La succession d'Antoine **Coysevox** (1720-22). *RAF*, II, 1886, 99-101.

Mauroy (A. de). Antoine **Coysevox.** *RAF*, VI, 1890, 186-188.

Grouchy (vicomte de). Le tombeau de Colbert par **Coysevox** et Tuby. *RAF*, VII, 1891, 33-38.

Grouchy (vicomte de). Le tombeau de Mazarin (par **Coysevox,** Tuby et Le Hongre) (1689-93). *RAF*, VIII, 1892, 69-77.

Vitry (Paul) ; Brière (Gaston). Sur quelques œuvres de **Coysevox,** à propos d'un livre récent. *B*, 1921, 117-123.

Sainte-Beuve (Mlle M.-E.). Le tombeau de Vaubrun à Serrant, [par **Coysevox** et J. Collignon, sc.]. *B*, 1927, 230-233.

Ballot (Mlle Marie-Juliette). Charles **Cressent,** sculpteur, ébéniste, collectionneur. *A*, X, 1916-18 [1919] (xii-385-[ii] p.).

Tourneux (Maurice). Un projet de journal de **critique** **d'art** en 1759. *A*, VII, 1913, 321-326.

Croissy, voir : **Marcy** (Gasp. de).

Roman (J.). **Crozat.** [Lettre ; 1728.] *RAF*, I *bis*, 1885, 69.

Crozat, voir : **Watteau.**

Cuisin, [sc.], voir : **Toulon.**

Giraud (Magloire) ; [L. L.]. Jean-Claude **Cundier,** [gr.] ; Claude Despeches et Zirio, [p.] ; ann. par M. L. Lagrange. *A A*, 2e s., II, 237-241.

Curel (le chevalier de), voir : **Papillon.**

Ginoux (Charles). Jean, **Curet,** maître orfèvre. [Quittance pour la chapelle du Corpus Domini à la cathédr. de Toulon ; 1712.] *RAF*, VIII, 1892, 269-270.

D

[H. J.]. **Dagnan,** [p.]. La Loire vue par un artiste (1828). *RAF*, IV, 1888, 287-288.

Daguerre, [bij.], voir : **Marie-Antoinette.**

Dallières (Anne), voir : **Dumonstier** (Pierre).

Fillon (Benjamin) ; [J.-J. G.]. **Dandré-Bardon,** [p. ; Académie de peinture de Marseille ; 1779]. *NA*, 1872, 382-383.

Lespinasse (Pierre). L'art français en **Danemark** de 1650 à 1800. *B*, 1912, 390-410 ; 1913, 155-163.

Danemark, voir : **Saly.**

Brière (Gaston). Un portrait de Pierre **Danès.** *B*, 1909, 220-221.

Guiffrey (Jules). Documents inédits sur Philippe **Danfrie** père et fils, [gr.] (1592-1625). *RAF*, VIII, 1892, 295-331.

Fillon (Benjamin). Philippe **Danfrie,** tailleur-général de la Monnaie de Paris (1601). *NA*, 1874-75, 183-185.

Guiffrey (J.-J.). Philippe **Danfrie** et Alexandre Olivier (1601). *NA*, 1876, 146-171.

Danse (la), voir : **Carpeaux.**

[H. J.]. **Dantan** jeune, [sc. ; lettre ; 1834]. *RAF*, VIII, 1892, 348-350.

Daret (J.), [p.], voir : **Warin** (Quentin).

Daret (Pierre), [p.], voir : **Buiret.**

Rosenthal (Léon). Notes sur **Daumier,** [p.]. *B*, 1911, 513-352.

Dauphin (Louis), voir : **Louis XI ; Louis XIII.**

Dauphiné, voir : **Claveyson.**

Marionneau. **Dauzats,** [p.]. Les pyramides et le sphinx de Gizeh (1846). *RAF*, IV, 1888, 220-223.

David (Charles), [a.], voir : **Bullion.**

Dussieux (Louis). J.-L. **David,** [p. ; billet à l'Académie de peinture]. *AA, Doc.*, I, 192.

J.-L. **David.** [Documents relatifs à.] *AA, Doc.*, I, 339-356.

Lacordaire (A.-L.). Lettre de Louis **David** [1806]. *AA, Doc.*, IV, 33-40.

Laperlier. Jean-Louis **David.** [Lettre ; 1791.] *AA, Doc.*, V, 350.

J.-L. **David** [et le curé Jallet]. *AA*, 2e s., II, 374.

Fillon (Benjamin) ; Bonsergent ; [J.-J. G.]. Louis **David.** [Pendant la Révolution]. *NA*, 1872, 414-428.

Fillon (B.) ; Girardot (baron de) ; Müntz (Eugène) ; [L. G.] ; [J.-J. G.]. Louis **David.** Lettres et documents divers (1748-1825). *NA*, 1874-75, 373-434.

David (Jules). Observations au sujet des pièces publiées sur Louis **David** dans le précédent volume. *NA*, 1876, 455-456.

Roman (Jules). Une lettre de Jacques-Louis **David.** *RAF*, I, 1884, 88.

Montaiglon (A. de). Jacques-Louis **David.** Ses divers logements à Paris. *RAF*, I, 1884, 168-171.

Montaiglon (A. de). Louis **David.** [Extrait du livre de M. Jules David ; 1880.] *RAF*, I *bis*, 1885, 60-62, 74-77.

Guiffrey (J.-J.). Louis **David.** [Lettre extraite du *Journal de Paris* ; 1800.] *RAF*, III, 1887, 316-317.

Lettre inédite de Louis **David** sur les tableaux représentant Lepeletier et Marat. *RAF*, IV, 1888, 327-329.

Tourneux (Maurice). Notes pour servir à l'histoire d'un

chef-d'œuvre inconnu : *Le Peletier sur son lit de mort*, par **David**. *RAF*, V, 1889, 52-59.

RMOTTAN (Paul). Lettre inédite de Louis **David** relative au tableau des *Aigles*. *RAF*, V, 1889, 223-224.

ERSPACH (E.). Le *Sacre* de **David**, modèle de tapisserie. *RAF*, VI, 1890, 233-234.

RMOTTAN (Paul). Élèves de Louis **David** à l'armée de Sambre-et-Meuse (1794). *RAF*, VI, 1890, 358-359.

EMONNIER (H.). Une lettre de Louis **David** [1789]. *A*, I, 1907, 324-326.

OURNEUX (M.). Deux billets inédits de Louis **David** à Espercieux. *A*, I, 1907, 326-329.

OURNEUX (M.). *Le Peletier Saint-Fargeau sur son lit de mort*, par Louis **David**. *B*, 1907, 12.

EMONNIER (H.). Le second séjour de **David** à Rome, [lettre de D.]. *B*, 1907, 22-23.

ROMAGEOT (P.). La candidature de **David** à la direction de l'Académie de Rome en 1787. *B*, 1907, 30-34.

OURIN (H.). L'esquisse du tableau des *Sabines* de L. **David**. *B*, 1907, 43-44.

ÉREIRE. Quelques portraits de la jeunesse de Louis **David**. *B*, 1907, 49-50.

RIÈRE (Gaston) ; ROSENTHAL (Léon). Additions et rectifications au catalogue de l'exposition « **David** et ses élèves » [à Paris]. *B*, 1913, 123-131.

OURBOIN (François). A propos du *Serment du Jeu de Paume*, [par L. **David**]. *A*, VIII, 1914, 281-285.

IARQUET DE VASSELOT (J. J.). Un tableau peu connu de Louis **David** [à Saint-Hélier, Jersey]. *B*, 1912, 355.

URCY-RAYNAUD (Marc). Note sur les tableaux de *Bélisaire*, par **David**. *B*, 1915-17, 115-120.

David (J.-L.), voir : **Drouais** ; **Méliand** (Jean-René) ; **Vincent** (F.-A.).

[H. J.]. **David d'Angers**, [sc.], et la statue de Gutenberg par Thorvaldsen. *RAF*, V, 1889, 184-186.

Vaillant (V.-J.). André Chénier et **David d'Angers.** *RAF*, V, 1889, 181-184.

Jouin (Henry). Dernières lettres de **David d'Angers** et de ses contemporains. *RAF*, IX, 1893, 302-368.

Advielle (Victor). Monteil et **David d'Angers.** *RAF*, I, 1884, 139-140.

Jouin (Henry). **David d'Angers.** Nouvelles lettres du maître et de ses contemporains. *RAF*, IX, 1893, 168-301.

Fillon (Benjamin). De Bay [**Debay,** sc.]. [Lettre des membres du Comité d'administration de la Comédie-Française ; 1826.] *NA*, 1873, 442-443.

Marmottan (Paul). François **Debret,** [a.], et le palais de l'École des Beaux-Arts (1832). *RAF*, V, 1889, 331-334.

Guiffrey (J.-J.). Lettre de rémission accordée à Hance de Camps [**Decamps**] de Châlons, [sc.] (1526). *NA*, 1879, 55-59.

Les **Defer,** [orf. ; cession de créance ; 1772]. *RAF*, VII, 1891, 157-158.

Furcy-Raynaud (Marc). Le buste du duc de Valentinois, par de Fernex [**Defernex,** sc.]. *B*, 1915-17, 82-84.

Marquet de Vasselot (J. J.). A propos du sculpteur **Defernex.** *B*, 1918-19, 115-117.

Savignies (Mlle de). Un buste de **Defernex** retrouvé. *B*, 1923, 298-302.

Vallery-Radot (Jean). Note sur le peintre liégeois Léonard **Defrance** (1735-1805). *B*, 1924, 233-242.

Dego, voir : **Marengo.**

Déjeuner sur l'herbe (le), voir : **Manet.**

Parrocel (Étienne). Élection de **Dejoux,** [sc.], à l'Académie de peinture et de sculpture [1778]. *RAF*, I, 1884, 180.

Brébion (Edmond). Le statuaire **Dejoux.** *RAF*, VIII, 1892, 145-156.

Dejoux (C.), voir : **Julien** (P.).

Grandmaison (Charles de). Décharge donnée au sculpteur de la Barre [**Delabarre**] l'aîné, [sc. ; autel de Saint-Julien de Tours ; 1649]. *RAF*, II, 1886, 90-91.

Délachapelle, [cis.], voir : **Vivier.**

GIRARDOT (baron DE). Eugène **Delacroix,** [p. ; exposition
de Nantes ; 1839]. *NA*, 1872, 462.

ROSENTHAL (Léon). Additions au livre de M. Maurice
Tourneux : « Eugène **Delacroix** devant ses contemporains » (1830-48). *B*, 1909, 237-242.

GUIFFREY (J.-J.). Comité pour l'érection d'un monument
à Eugène **Delacroix.** *RAF*, I, 1884, 92-93.

GUIFFREY (Jules). La statue d'Eugène **Delacroix.** *RAF*,
I, 1884, 74-76.

GUIFFREY (Jules). L'exposition de l'œuvre d'Eugène **Delacroix.** *RAF*, I *bis*, 1885, 44-45.

ROUCHÈS (Gabriel). Le *Saint Sébastien* de **Delacroix** à
l'église Saint-Michel de Nantua. *B*, 1921, 172-174.

Delacroix, voir : **Géricault ; Ingres.**

Charles de Lafosse [**Delafosse,** p.]. *MI*, II, 1-7.

[A. M.]. Ch. **de la Fosse** et Louis de Boulogne, [p.]. Prix
des tableaux du chœur de Notre-Dame de Paris. *AA*,
Doc., IV, 213-214.

[H. J.]. François-Nicolas **Delaistre,** [sc.]. Le buste de Buffon (1818). *RAF*, VIII, 1892, 340.

Une lettre du marquis de Pastoret à Paul **Delaroche,** [p.].
B, 1912, 339-340.

Correspondance de Paul **Delaroche** avec le comte de Pastoret. *B*, 1911, 436-443.

Delaroche (Paul), voir : **Picot.**

Délaronse, voir : **La Ronse** (de).

Delarose, voir : **La Rose** (de).

ARNAULDET (Thomas). Coppin **Delf,** [p. ; quittances et
marchés ; 1456-72-77-82]. *AA*, *Doc.*, VI, 65-76.

[A. M.]. Description d'un tableau allégorique de M. de
Lobel [**Nicolas Delobelle,** p. ; 1753]. *AA*, *Doc.*, VI, 23-26.

FILLON (Benjamin) ; [A. M.]. Philibert et Jean **Delorme,**
[a.] (1554-70). *AA*, 2ᵉ s., II, 314-336.

BOISLISLE (A. DE) ; [J.-J. G.]. Philibert **de l'Orme** (1551-
53). *NA*, 1879, 76-79.

Montaiglon (A. de). Philibert **Delorme.** *RAF*, I, 1884, 129-131.

Charvet (E.-L.-G.). Philibert **de l'Orme** à Saint-Denis. *RAF*, VII, 1891, 257-262.

Guiffrey (Jules). Philibert **Delorme** et Pierre Lescot, [a.] ; la date de leur mort (1570-78). *RAF*, VIII, 1892, 129-141.

Roux (Alphonse). Philibert **de l'Orme**, Jean Goujon, [sc.], et Pierre Lescot, [a.], au Louvre. *B*, 1911, 148-153.

De l'Orme (Philibert), voir : **Architecture** (livres d').

Vitry (Paul). Un buste du maréchal de Saxe, par Laurent **Delvaux,** [sc.], à l'exposition des Maréchaux. *B*, 1922, 312-313.

Montaiglon (A. de). Jean-Louis **Demarne,** [p. ; lettre au citoyen Barbié]. *AA, Doc.*, IV, 23.

Demarne, voir : **Dubrunfaut.**

Denis (Pierre), maître maçon, voir : **Bullion.**

Billet de Napoléon Ier à M. **Denon,** [p. ; 1809]. *AA, Doc.*, III, 79.

Gérard (H.). M. **Denon.** [Lettre à François Gérard.] *AA, Doc.*, III, 144.

Pélissier (Georges). Vivant **Denon,** suspect à Venise. *B*, 1912, 260-289.

Marmottan (Paul). Deux lettres de **Denon** (1812). *B*, 1918-19, 18-24.

Denon (V.), voir : **Prudhon** (P.-P.).

Jouin (Henry). **Depaulis,** [gr. méd.]. La médaille d'Arnauld d'Andilly. *RAF*, VIII, 1892, 365.

Derbais (Jérôme), [marbrier], voir : **Magnier** (Laurent).

Stein (Henri). Un tableau de Claude **Deruet,** [p.] (1621). *RAF*, III, 1887, 118.

Des Avaux, voir : **Félibien** (A.).

Menu (Henri). Claude **Desbatisses,** [sc.]. *NA*, 1880-81, 37-38.

J.-B. **Descamps,** [p.]. Lettre à Bernardin de Saint Pierre. *AA, Doc.*, I, 307-313.

escamps, voir : **Cochin.**

escente de croix (la), voir : **Poussin** (Nicolas).

UIFFREY (J.-J.). Pétition du sculpteur de Seine [**Deseine**] (1791). *NA*, 1874-75, 440-442.

ARIONNEAU (Charles). Lettre de **Deseine** aux jurats de Bordeaux [1790]. *RAF*, I *bis*, 1885, 165-166.

eseine, voir : **Michallon.**

esfossés, [p.], voir : **Heudon.**

J. G.]. Notice sur Agnan-Thomas **Desfriches**, [p. ; extr. du *Journal de Paris* ; 1801]. *NA*, 1882, 320-321.

ATOUIS DE LIMAY (Paul). Un inventaire de la collection de l'amateur orléanais Aignan-Thomas **Desfriches**. *A*, VIII, 1914, 261-270.

ONTAIGLON (A. DE). Gabriel et Roboam **Desgodets**, [p. ; acte de baptême de Pierre Desgodets ; 1649]. *AA*, *Doc.*, III, 314.

ÍACON (Gustave). Pierre **Desilles**, entrepreneur du Pont-Neuf, maçon de Chantilly. *B*, 1927, 43-51.

UILLET DE SAINT-GEORGES. Martin Van Den Bogaert, dit **Desjardins**, [sc.]. *MI*, I, 386-401.

A. M.]. Martin **Desjardins**. Vers pour son groupe de *Louis XIV et de la Renommée*. *AA*, *Doc.*, V, 217-218.

OUART (Louis). Une statue de Louis XIV, par Martin **Des Jardins.** *B*, 1908, 217-220.

esjardins (Martin), voir : **Raon.**

ÜNTZ (Eugène). J.-B. **Desmarais**, [p. ; lettres ; 1813-15]. *NA*, 1874-75, 462-463.

esnots, voir : **Largillière.**

JUIFFREY (J.). Le cabinet anatomique du chirurgien **Desnoues** (1712). *RAF*, VI, 1890, 163-164.

Despeches (Cl.), [p.], voir : **Cundier.**

DESPORTES (Claude-François). François **Desportes**, [p.]. *MI*, II, 98-113.

GUIFFREY (J.-J.). La *Tenture des Indes*, par Alexandre-François **Desportes**. *NA*, 1880-81, 194-198.

— 58 —

Guiffrey (J.-J.). Plainte portée par Alexandre-François **Desportes** (1687). *NA*, 1882, 123-125.

Brière (Gaston). Louis-Jean **Desprez**, [a.]. *B*, 1921, 196-201.

[H. J.]. **Dessins** passés aux enchères dans des ventes de livres ou d'autographes. *RAF*, VIII, 1892, 350-352.

Dessins, voir : **Allemagne** ; **Artémise** ; **Paris**, École des Beaux-Arts ; **Soubise** (de).

Destouches, [p.], voir : **Brienne.**

Des Vignes (Geoffroy), [sc.], voir : **Privé** (Thomas).

Grandmaison (Charles de). Jean-François de Troy [Detroy, p. ; quittance à M. Delalive ; 1727]. *AA*, *Doc.*, I, 161.

Renouvier (Jules). Jean **de Troy**. [Académie de peinture de Montpellier.] *AA*, *Doc.*, IV, 81-93.

Valory (chevalier de). Jean-François **de Troy**. *MI*, II, 255-288.

Brière (Gaston). Tableaux de J.-Fr. **de Troy** aux Musées de Bâle et de Neuchâtel. *B*, 1912, 347-350.

Detroy (Jean), voir : **Bourdon.**

Devises pour les tapisseries du Roy, voir : **Tapisseries.**

Dimier (Louis). Tableaux de Nicolas **Dhoey**, [p.], et de Josse de Voltigeant. *B*, 1924, 23-27.

Diane, dessin, voir : **Anet.**

Diane, galerie, voir : **Paris**, Palais des Tuileries.

Diane, statue, voir : **Houdon.**

Roux (Alphonse). Le tombeau de **Diane de Poitiers.** *B*, 1911, 25-30.

Diane de Poitiers, voir : **Anet.**

Astier de la Vigerie (colonel d'). Les quatre **Diaz** de Fortoiseau, [p.]. *B*, 1910, 328-332.

Tourneux (Maurice). Hommages rendus à **Diderot** par ses compatriotes (1780-81). *B*, 1913, 184-191.

Diderot, voir : **Houdon.**

Dieu, [p.), voir : **Largillière.**

ogène, voir : **Puget** (Pierre).

ptyque, voir : **Orléans** (Louis d'). .

ᴀɴᴅᴍᴀɪꜱᴏɴ (Charles). Quittance de **Dominique** de Roto, ouvrier en moresque (1532-33). *NA*, 1878, 247.

ᴠɪᴇʟʟᴇ (Victor). Dominique **Doncre**, [p. ; 1820]. *RAF*, I *bis*, 1885, 77.

n **Quichotte** (histoire de), voir : **Coypel** (Ch.).

reur, voir : **Bourgeois ; Pitoin.**

rigny (Michel), voir : **Vouet** (Simon).

ᴜᴛʜɪᴇʀ (Gabriel). Le don de l'*Hydropique* de Gérard **Dou,** [p.], par l'adjudant général Clauzel. *B*, 1921, 207-209.

ɴᴏᴜx (Charles). Félix **Doumet,** peintre de la Marine de 1776 à 1793. *RAF*, X, 1894, 56-62.

ɴᴏᴜx (Charles). Requête du peintre Zacharie-Félix **Doumet** au commandant de la Marine à Toulon (1816). *RAF*, II, 1886, 106-107.

ɴᴏᴜx (Charles). Gaspard **Doumet.** [Brevet d'une pension ; 1789.] *RAF*, II, 1886, 12-13.

ɴᴏᴜx (Charles). Le peintre de vaisseaux Gaspard **Doumet.** *RAF*, I, 1884, 166-168.

eux. Château, voir : **Chiffelin.**

ᴇʙɪᴏɴ (Edmond). La famille des **Drevet.** *RAF*, VII, 1891, 262-274.

rolling, [p.], voir : **Brienne.**

ɪᴇʟ ; [P. M.]. Germain **Drouais,** [p. ; lettre à David]. *AA, Doc.*, I, 314-318.

ᴀʀᴀᴠᴀʏ (Étienne). J.-G. **Drouais** et le concours de 1784. *NA*, 1876, 406-408.

rouais (Germain), voir : **Poussin** (Nic.).

ɪʟʟᴏɴ (Benjamin) ; [A. M.]. Jean-Pierre **Droz,** [gr. méd. ; description d'une machine inventée par lui ; 1802]. *NA*, 1872, 438-444.

ᴜban (F.), voir : **Boucoiran.**

Duportal (Mlle). Note sur le tombeau de **du Bellay** au Mans. *B*, 1923, 21-23.

Dubois (Ambroise), voir : **Soin** (Mathieu).

[J.-J. G.]. Claude **Dubois**, peintre du chapitre de Notre-Dame de Paris (1569-71). *R A F*, VII, 1891, 103-105.

Dubois (Étienne), [p.], voir : **Redouté.**

Dubosc, voir : **Raetz.**

Du Brœucq (Jacques), voir : **Pilon** (Germain).

Ginoux (Charles). **Dubreuil** (Claude), [p. ; transaction avec la chapelle Notre-Seigneur à la cath. de Toulon ; 1697]. *R A F*, VIII, 1892, 289-292.

Dubreuil (Cl.), voir : **Toulon.**

Bonnardot (Fr.). Jehan **Dubreuil**, [p. ; ordre de paiement ; 1559]. *A A, Doc.*, VI, 79-91.

Fréville (Ernest de). Pierre de Brimbal [**Du Brimbal,** sc. ; mandat de paiement ; 1533]. *A A, Doc.*, III, 365-366.

Du Brimbal, [sc.], voir : **Bénard.**

Vente de la collection d'autographes de M. **Dubrunfaut.** [Lettres de Demarne, de Manet, de Carle Vernet, p.]. *R A F*, I, 1884, 9-10.

Grandin (Georges). Les **Ducastel,** [men.]. *R A F*, XI, 1895, 83-117.

Jean Androuet **Du Cerceau,** [a. ; carrière à Meudon ; 1642]. *N A*, 1872, 234-235.

Stein (Henri). L'architecte Jean-Baptiste **Du Cerceau** à Mézières (1583). *B*, 1913, 103-104.

Du Cerceau (J.-A.), voir : **Architecture** (livres d').

Bellier de la Chavignerie (Émile). Nicolas **Duchemin,** [a. ; son épitaphe]. *A A, Doc.*, VI, 32.

Duchesne (Antoine), voir : **Natoire.**

Grouchy (vicomte de). Mathurin **Duchesne,** graveur en taille-douce, mouleur en cire [1665]. *R A F*, VIII, 1892, 267-268.

Ducreux, [sc.], voir : **Bérain ; Menus-Plaisirs.**

APERLIER. Joseph **Ducreux.** [Lettres de Garas (D. J. Garat, ministre de l'Intérieur) ; 1793, et lettre de Ducreux, p. ; 1799.] *A A*, 2ᵉ s., I, 323-324.

AUTHIER (Gabriel). Un collectionneur inconnu : J.-B.-A. **Dudevant.** *B*, 1918-19, 95-105.

OURNEUX (Maurice). Mission de **Dufourny** et de Visconti au château de Richelieu en 1800. *A*, IV, 1910, 351-413.

uïresnoy, [p.], voir : **Mignard.**

ONTAIGLON (A. DE). Autobiographie de **Dugourc,** [p.] (1800). *NA*, 1877, 367-371.

RIÈRE (Gaston). Dessins de J.-D. **Dugourc,** [dess.], au Musée de Versailles. *B*, 1909, 213-220.

RIÈRE (Gaston). Notes complémentaires sur J.-D. **Dugourc.** *B*, 1910, 313-319.

uguesclin, voir : **Privé** (Thomas).

u Houssay, voir : **Du Lorens.**

IELCASTEL (comte Hor. DE) ; [P. C.]. Commande de bijoux faite par la reine Catherine de Médicis à **Dujardin,** orfèvre du roi Charles IX. *A A*, *Doc.*, III, 39-46.

ULST (Henri). Pierre **Dulin,** [p.]. *MI*, II, 250-254.

ORDEAUX (Raymond). **Du Lorens** et du Houssay, amateurs de tableaux au xviiᵉ siècle. *A A*, *Doc.*, VI, 356-359.

umesnil, [p.], voir : **Largillière.**

HENNEVIÈRES (Philippe DE). Jean-Joseph **Dumons.** [Brevet de peintre des manufactures d'Aubusson ; 1731.] *A A*, *Doc.*, V, 377-382.

UIFFREY (Jules). Observations sur la famille des **Dumonstier,** [p.]. *B*, 1907, 45-49.

UIFFREY (Jules). Les **Dumonstier.** A propos de la publication récente de M. Moreau-Nélaton. *B*, 1908, 127-131.

UIFFREY (Jules). Les signatures de Pierre et de Daniel **Dumonstier.** *B*, 1907, 54-55.

ʹOREAU-NÉLATON (Étienne). Une quittance de Cosme **Dumonstier.** *B*, 1907, 129.

Boilly (Jules). Daniel **Dumonstier.** Son contrat de mariage (1602). *A A, Doc.*, II, 307-312.

Tricotel (Édouard). Vers inédits de Daniel **du Monstier.** *A A, Doc.*, VI, 214-215.

Du Monstier. [Épigramme de Gombaud ; 1646.] *A A*, 2ᵉ s., I, 292.

Niel (Jules) ; [A. M.]. Daniel **Dumonstier.** [Transaction avec Claude Baliffre ; 1614.] *A A*, 2ᵉ s., I, 437-440.

Fillon (Benjamin) ; [A. M.]. Daniel **Dumonstier.** [Vente de la terre du Plessis-Bertrand ; 1612-14.] *N A*, 1872, 183-187.

[A. M.]. Étienne **Dumonstier.** [Quittance de 1569 et épitaphe.] *N A*, 1872, 172-173.

[A. M.]. Quittance d'Étienne **Dumonstier** (1588). *N A*, 1874-75, 169.

[J. G.]. Étienne **Dumonstier.** [Acte ; 1598.] *R A F*, I *bis*, 1885, 66.

Moreau-Nélaton (Étienne). Étienne **Du Monstier,** peintre et diplomate. *A*, VIII, 1914, 61-69.

Gérardin (A.). Nicolas **Du Monstier** et autres artistes (1648-1736). *N A*, 1878, 258-275.

Guiffrey (J.). Certification de criées faites à la requeste de Pierre **Dumonstier** [1618]. *N A*, 1872, 188-190.

Guiffrey (J.-J.). État des meubles d'Anne Dallières, femme de Pierre **Dumonstier** (1652). *A*, I, 1907, 225-243.

Laran (Jean). Un dessin de Pierre II **Du Monstier.** *B*, 1909, 17-19.

Dumont (les), voir : **Coypel** (les).

Edme **Dumont,** [sc.], chargé de terminer une statue de Falconet (1765-72). *N A*, 1880-81, 229-231.

Vitry (Paul). Un fragment du tombeau du musicien Henry du Mont [**Dumont**], au Musée du Louvre. *B*, 1910, 46-48.

[J.-J. G.]. **Dumont** le Romain, [Jean, p.]. Dessus de porte pour le château de la Muette (1749). *N A*, 1880-81, 199-201.

Dumont le Romain, voir : **Menus-Plaisirs ; Slodtz** (les) ; **Van Loo** (Michel).

Dumont d'Urville, voir : **Vénus** de Milo (la).

. RX (Roger). Bon **Dumoucel,** peintre de Cherbourg (1807-46). *RAF*, VIII, 1892, 346-348.

H. J.]. Jacques **Dumoulin** et Hoart, [orf. ; créances ; 1785]. *RAF*, VII, 1891, 277-278.

HAVARD (Henry). Tapisseries exécutées en 1586 [pour les États de Bretagne] par Pierre **Du Moulin,** [tap.]. *RAF*, I *bis,* 1885, 17-19, 40-42, 58-60.

JEANNERAT (Carlo). Le miniaturiste lorrain Nicolas-François **Dun,** [min.] (1764-1832). *B*, 1925, 96-110.

unkerque, voir : **Poncet ; Santerre** (J.-B.).

uparc (Albert), [a.], voir : **Toulon,** Sainte-Marie.

HENNEVIÈRES (Henry DE). Antoine, Raphaël et Françoise **Duparc,** architectes, sculpteurs et peintres (XVIIe et XVIIIe siècles). *RAF*, II, 1886, 322-328.

. UNTZ (Eugène). Étienne du Pérac [**Dupérac**], [a.] (1572). *NA*, 1877, 143.

ELLEUDY (Jules). Le portrait d'une dame inconnue, du Musée Condé, attribué à **Duplessis,** [p.]. *B*, 1921, 53-54.

J. G.]. Jean **Dupont,** peintre parisien en 1418. *A*, I, 223-224.

upont (Pierre). Stromatourgie, voir : **Tapis.**

upont de Nemours, voir : **Salons** de 1773-79.

UIFFREY (J.-J.). Inventaire de la vaisselle d'or et d'argent du chancelier **Duprat** et de Babou de la Bourdaisière [1536]. *NA*, 1872, 156-166.

uprat (le chancelier), voir : **Ambroise.**

ONTAIGLON (A. DE). Augustin **Dupré,** graveur en médailles (1791). *RAF*, II, 1886, 127-128.

J.-J. G.]. Guillaume **Dupré,** [sc.-grav. ; privilège accordé par Henri IV ; 1603]. *NA*, 1872, 178-179.

HABOUILLET (Anatole). Guillaume **Dupré,** graveur en pierres fines. *B*, 1875, 37-46.

CHABOUILLET (Anatole). Guillaume **Dupré.** Nouveaux documents pour sa biographie. *NA*, 1880-81, 182-189.

GUIFFREY (J.-J.). Guillaume **Dupré.** Documents nouveaux (1603-06). *NA*, 1876, 172-224.

[J.-J. G.]. Nicolas-François **Dupré,** [sc. ; lettre de l'Académie à M. d'Angiviller et rapport de M. d'Angiviller au roi ; 1784]. *NA*, 1880-81, 247-249.

Dupuis, [p.], voir : **Marie-Thérèse.**

Duquesne (A.), voir : **Pajou** (Augustin).

TOURNEUX (Maurice). Une lettre de **Durand** de Lyon, peintre en étoffes. *B*, 1917, 22.

GRANDMAISON (Charles DE). Jehan **Durant,** [a. ; contrat d'apprentissage ; 1500]. *RAF*, III, 1887, 115-116.

[H. J.]. **Durel,** [sc. ; quittance ; 1785]. *RAF*, VII, 1891, 256.

[J.-J. G.]. François-Joseph **Duret,** sculpteur. [Mémoire ; 1785.] *RAF*, IV, 1888, 318-319.

FOURNIER (Charles) ; [J.-J. G.]. Demande de tableaux par le général **Duroc** (1805). *NA*, 1876, 414.

Duroc, voir : **Canova.**

Dutel, [orf.], voir : **Aublet.**

Duthoit, [sc.], voir : **Toulon.**

Dutour, [p.], voir : **Menus-Plaisirs.**

Du Trou (Nic.), [brod.], voir : **Chéron** (V.).

[J.-J. G.]. Ambroise **Duval,** sculpteur-fondeur du roi. [Travaux pour Versailles ; 1665-79.] *NA*, 1880-81, 150.

ESPAULART (A. D'). Bertin **du Val** et Yves Aubert, peintres et imagiers manceaux (1561-62). *AA*, 2e s., II, 33-36.

PIRRO (André). La musique des Italiens d'après les remarques triennales de Jean-Baptiste **Duval** (1607-09). *A*, VII, 1913, 175-185.

Du Verger (dame), voir : **Juste d'Egmont,** [p.].

GUIFFREY (J.-J.). **Duvivier,** [a.], pensionnaire à l'Académie de France à Rome en 1666-68. *B*, 1912, 122-124.

GOUGENOT (Louis). Jean **Duvivier,** [gr. méd.]. *MI*, II, 308-347.

E

Ébénistes, voir : **Bonsenfans ; Boulle ; Camps ; Crescent ; Migeon ; Oeben ; Oppenordt** (Jean) ; **Riesener.**

Ecce Homo, voir : **Calabrèse.**

STRYENSKI (Casimir). Tableaux de l'École française à identifier. *B*, 1912, 117-119.

REGNARD (Émile) ; JACQUIN ; [A. M.]. [Actes extraits des registres de la mairie d'Écouen ; 1556-78.] *A A, Doc.*, VI, 305-339.

MIGEON (Gaston). Statue en haut-relief de pierre provenant du château d'Écouen. *B*, 1910, 203-207.

Écuelle, voir : **Germain** (T.).

Écuries, voir : **Chantilly.**

Gérard **Édelinck,** [gr.]. *MI*, II, 46-60.

Effiat (l'abbé d'), voir : **Inventaires.**

MARIONNEAU (Charles) ; [J.-J. G.]. Quelques tableaux remarquables des **églises** de province. *RAF*, III, 1887, 55-57.

Egmont (Juste d'), voir : **Juste** d'Egmont.

FOURNIER (Charles). Charles **Eisen,** [grav. ; quittance, 1769]. *NA*, 1872, 340.

[A. M.]. Candélabres offerts par la ville de Paris à la reine Aliénor, [**Éléonore** d'Autriche] (1531). *A A, Doc.*, V, 266-267.

MONTAIGLON (A. DE). Candélabres offerts par la ville de Paris à la reine **Éléonor** (1531). *A A, Doc.*, VI, 365-370.

BONNAFFÉ (Edmond). État des bagues et joyaux rendus par la reine **Éléonore** d'Autriche (1547). *NA*, 1878, 248-252.

GUIFFREY (J.-J.). Le peintre Ferdinand **Elle** et le mariage de sa fille Catherine [1627]. *RAF*, I, 1884, 147-150.

Émaillerie, Émailleurs, voir : **Augustin ; Carteaux ; Constantin** (A.) ; **Counis** (S.-G.) ; **Court** (les de) ; **Ferrand** (J.-P.) ; **Jean de Langres ; Kugler ; Limoges ; Noailher**

(Colin) ; **Orléans** (Louis d') ; **Petitot** ; **Soiron** (F.) ; **Tabernacle ; Toutin** (Jean).

Pièces relatives à l'enlèvement des monuments et em-
blèmes politiques (1815-32). *A A*, 2ᵉ s., II, 37-44.

Embrun, voir : **Jouin** (Jacques).

Émigrés, Tableaux et objets d'art saisis, voir : **Paris,**
Muséum central.

Empire, époque, voir : **Paris,** Musée des arts décoratifs.

Enfant prodigue, voir : **Rembrandt.**

Champion (H.). **Engrand** et Jehan le Prince, peintres
verriers de Beauvais au xvıᵉ siècle. *B*, 1876-78, 107-108.

Enlumineurs, voir : **Collault** (G.) ; **Mignan ; Troyes.**

Ennery (d'), voir : **Petitot.**

Enseigne de Gersaint, voir : **Watteau.**

Lebel (Gustave). A propos de deux esquisses d'**enseignes**
du xvıııᵉ siècle. *B*, 1921, 55-61.

Entrées à Lyon, voir : **Salomon** (B.).

Entrées à Paris, voir : **Grenoble** (G.) ; **Mariette.**

Épée, voir : **Napoléon** Iᵉʳ.

Castelnau d'Essenault (comte de) ; [H. J.]. Artistes
au service du duc d'**Épernon** (1613-15). *RAF*, II, 1886,
62-63.

Marionneau (Charles). Les tapisseries du duc d'**Épernon**
(1661). *RAF*, II, 1886, 118.

Épernon (duc d'), voir : **Langlois** (Jehan) ; **Lorin.**

Épitaphes, voir : **Artistes ; Paris,** cimetières.

Montaiglon (A. de). Le chevalier **Ernou,** [p.] (1731).
RAF, I *bis*, 1885, 70.

Montaiglon (A. de). Le chevalier **Ernou** (1720-39).
RAF, I *bis*, 1885, 106-107.

Guiffrey (J.-J.). Guillaume **Érondelle,** orfèvre de la
reine [Marguerite] de Navarre, [certificat ; 1541]. *RAF*,
I *bis*, 1885, 49-50.

Guillet de Saint-Georges. Charles **Errard,** [p.]. *MI*,
I, 73-86.

Guiffrey (J.-J.). Interrogatoire de Charles **Errard** (1664). *NA*, 1882, 92-99.

Guiffrey (Jules). Charles **Errard** le père. [Requête ; 1622.] *RAF*, I *bis*, 1885, 161-162.

[H. J.]. **Errard.** Un modèle amené de Rome à Paris (1673). *RAF*, IV, 1888, 195-196.

Dimier (Louis). Un ouvrage inconnu d'**Errard**, [a. ; au Luxembourg]. *B*, 1927, 37-39.

Errard, voir : **Poussin** (Nic.) ; **Testelin** (Henri).

Espagne, voir : **Michel** (Robert).

Espercieux, voir : **Bridan ; David.**

Guiffrey (Jules). Saisie d'**estampes** représentant des nudités (1788). *RAF*, I *bis*, 1885, 118-119.

Estampes, voir : **Modes ; Soubise** (de).

Este (cardinal d'), voir : **Salomon** (Bernard).

Esther, tapisserie, voir : **Aubusson.**

Fréville (Marcel de). **Estimation** de tableaux au xviiie siècle. *RAF*, IV, 1888, 62-64.

Estrées (maréchal d'), voir : **Coustou** (G.).

États-Unis, voir : **Houdon.**

Brébion (Edmond). Antoine **Etex**, [sc.]. Le monument de Brizeux. *RAF*, XI, 1895, 366-368.

Grandmaison (Charles de). **Étienne** de Moretegne, architecte de la cathédrale de Tours au xiiie siècle. *RAF*, IV, 1888, 321-322.

Grandmaison (Charles de). **Étienne** Pot-à-Feu, peintre tourangeau du xiiie siècle. *NA*, 1872, 124.

Étoffes, voir : **Durand.**

Eugène IV, pape, voir : **Fouquet** (Jean).

Epiphanius **Eveshan,** maître sculpteur et peintre (1612). *RAF*, I, 1884, 4-5.

Guigue (C.) ; [A. M.]. **Évrard,** [p. ; mention ; 1329]. *AA*, Doc., VI, 61-62.

Charavay (Étienne). Jehan **Évrard** de Compiègne, [p. ; quittance ; 1570]. *NA*, 1876, 124-125.

Exeter, voir : **Gobelins.**

Expertise, voir : **Raymond du Temple ; Vernet (J.).**

Guiffrey (J.-J.). Les **expositions** provinciales au
xviiie siècle. Projet d'un catalogue général de ces expositions. *B*, 1876-78, 149-151.

Dimier (Louis). Observations sur les catalogues d'**expositions.** *B*, 1908, 109-110.

Expositions, voir : **Académie royale de peinture ; Académie de Saint-Luc ; Montpellier ; Nantes ; Paris,** expositions.

F

Müntz (Eugène). François-Xavier **Fabre.** [Lettres ; 1824-
29.] *NA*, 1874-75, 472-474.

Guiffrey (J.-J.). Inventaire des biens de Charlotte **Fachon** (1625). *RAF*, I *bis*, 1885, 181-183.

Guiffrey (Jules). Documents inédits sur les anciennes
manufactures de **faïence** et de porcelaine. *RAF*, V,
1880, 193-215.

Vaillant (V.-J.). Un autographe de **Falconet,** [sc.], en
Angleterre. *RAF*, I, 1884, 43.

[H. J.]. **Falconet.** Il prend congé de l'Académie (1766).
RAF, 1888, 273-274.

Valabrègue (Antony). Étienne-Maurice **Falconet.** [Lettre
à Marie-Anne Collot ; 1779.] *RAF*, XI, 1895, 18-23.

Brière (Gaston). Note sur les bustes de Camille Falconet,
par Étienne **Falconet.** *B*, 1907, 87-92.

Furcy-Raynaud (Marc). Une statue de **Falconet** au Musée de Libourne. *B*, 1907, 128.

Réau (Louis). Documents inédits sur **Falconet.** *B*, 1918-
19, 152-168.

Réau (Louis). **Falconet** et l'orfèvrerie française du
xviiie siècle. *B*, 1920, 25-30.

Réau (Louis). Le tombeau de Mme La Live de Jully à
Saint-Roch, [par **Falconet**]. *B*, 1920, 223-234.

RÉAU (Louis). A propos du *Pygmalion* de **Falconet.** *B*, 1921, 62-67.

RÉAU (Louis). Les origines savoisiennes de **Falconet.** *B*, 1923, 418-421.

Falconet, voir : **Dumont (Edme).**

Falconet (Mme), voir : **Collot (A.).**

LUCK (Henri). Jean-Baptiste **Faudran,** [p. ; lettre de Mlle de Scudéry ; 1646]. *A A, Doc.,* VI, 33-42.

Faune au chevreau, voir : **Saly.**

Faunillane, voir : **Boucher (François).**

JAMOT (Paul). Un « petit maître inconnu » de la fin du XVIIIe siècle [L.-F.-S. **Fauvel,** archéol. et p.]. *B*, 1923, 111-113.

HULST (Henri). Henri de **Favanne,** [p.]. *MI*, II, 238, 242.

Favray, [p.], voir : **Florence.**

Fegretin, [p.], voir : **Tronquet.**

André **Félibien,** [a. ; huit lettres à l'abbé Nicaise ; 1679-1685]. *A A, Doc.*, I, 12-24.

Félibien (André), voir : **Blésois ; La Hire (Philippe de) ; Maisons royales.**

Felletin, voir : **Aubusson.**

Fénelon, voir : **Lemoyne (J.-B.).**

FRÉVILLE (Ernest DE). Lettres de naturalisation pour Nicolas de **Fenestreaulx,** d'Anvers, [p.] (septembre 1527). *A A, Doc.*, III, 187-188.

Fénin (Pierre de), voir : **Perréal (Jean).**

Fer repoussé (imposte en), voir : **Puget (P.).**

Fernex (de), [sc.], voir : **Defernex.**

VAILLANT (V.-J.). Le peintre tourangeau Arnould **Ferrand** (1601-22). *RAF*, III, 1887, 321.

GRANDMAISON (Charles DE). Le peintre tourangeau Arnould **Ferrand** (1607). *RAF*, III, 1887, 356-357.

DUSSIEUX (Louis). Notice sur la vie et les ouvrages de J.-Ph. **Ferrand,** [p.-ém.]. *A A, Doc.*, IV, 72-76.

Ferronnerie, voir : **Pujet** (P.) ; **Tijou** (Jean).

Férussac (de), voir : **Counis** (G.).

[J.-J. G.]. Le graveur **Fessard** et la communauté des maîtres imprimeurs en taille-douce (1767). *RAF*, IV, 1888, 274-276.

Feuillet, [sc. ; acte d'inhumation de sa fille ; 1762]. *RAF*, XIII, 1897, 81.

GUIFFREY (J.-J.). André **Feuillet,** maître de dessin, et Jean-Baptiste Feuillet, sculpteur (1780). *NA*, 1880-81, 39-40.

GUIFFREY (J.-J.). Étienne **Ficquet,** [p.]. Le portrait de d'Alembert (1778). *RAF*, IV, 1888, 210-215.

GINOUX (Charles). Les peintres Louis **Finsonius,** Moïse Valentin, Monguet et De Lafage (1696). *RAF*, VIII, 1892, 115-116.

Finsonius (L.), voir : **Warin** (Quentin).

MONTAIGLON (A. DE). Confrérie de la nation **flamande** à Saint-Hippolyte et à Saint-Germain-des-Prés de Paris (1626-91). *NA*, 1877, 158-163.

FILLON (Benjamin). Procès de deux peintres **flamands** (1609). *NA*, 1874-75, 186-188.

Flambeau (prix d'un), voir : **Ballin** (Cl.).

GUIFFREY (J.-J.). Anselme **Flamen,** sculpteur du roi (1694). *RAF*, V, 1889, 268.

Flammand, [orf.], voir : **Courtet.**

BRÉBION (Edmond). Hippolyte **Flandrin,** [p.], exempté du service militaire (lettre de D. Foyatier ; 1832). *RAF*, VIII, 1892, 365-366.

Bertholet **Flémael,** [p. et a. ; lettre de J.-G. Flémalle ; 1711]. *AA, Doc.,* I, 49-51.

Flémalle (J.-G.), voir : **Flémael** (B.).

Fleurs, voir : **Bailly** (Jacques).

COUSIN (Jules). Chansons sur différents projets de tombeaux pour Monseigneur le cardinal **Fleury** [1743]. *AA, Doc.,* V, 62-64.

Fleury (cardinal), voir : **Lemoyne** (J.-B.).

Fleury (Antoine), voir : **Toulon, Sainte-Marie.**

Dimier (Louis). Un portrait français de Gerlach **Flic-cius**, [p.]. *B*, 1909, 207-209.

Müntz (Eugène) ; [A. M.]. Lettres de Wicar, Gros, Giro-det et autres [p.] au directeur de la galerie de **Florence** (1778-96). *NA*, 1874-75, 443-448.

Müntz (Eugène). Edme Bouchardon, [sc.] ; Antoine Fa-vray, Alexandre Roslin et Louis Hamon, [p. ; portraits de la galerie de **Florence** ; 1776-1867]. *NA*, 1876, 390-395.

Müntz (Eugène) ; [A. M.]. Lettres de remerciements des peintres français sur leur réception à l'Académie des Beaux-Arts de **Florence** (1797-1812). *NA*, 1874-75, 454-461.

Florence, voir : **Ingres.**

Florentines (collections), voir : **Versailles.**

Foire Saint-Germain (la), voir : **Gillot.**

Fondeurs, voir : **Barbaroux ; Duval** (Ambroise) ; **Keller ; Morant** (J.) ; **Paris; Vinache.**

Fillon (Benjamin). **Fontaine** (Pierre-François-Léonard), [a. ; réclamation de son dû ; 1815]. *NA*, 1872, 455.

Le Roux de Lincy. Transport à **Fontainebleau** de sculp-tures en bois pour un plafond (1578). *AA, Doc.*, V, 184.

[A. M.]. Chapelle du château de **Fontainebleau.** *AA*, 2e s., II, 349-366.

Montaiglon (A. de). Vente du mobilier du château de **Fontainebleau** pendant la Révolution. *NA*, 1882, 265-269.

Herbet (Félix). Inventaire des peintures de **Fontaine-bleau** en 1692. *RAF*, V, 1889, 174-178.

Stein (Henri). Un projet de restauration des apparte-ments de Mme de Maintenon à **Fontainebleau.** *B*, 1907, 42-43.

Guiffrey (Jules). Un nouveau projet de M. Giraud, ar-chitecte du palais de **Fontainebleau,** concernant les appartements de Mme de Maintenon. *B*, 1907, 53.

Fontainebleau, voir : **Fontenay** (Jehan de) ; **Rugieri** (R. de).

Fontaines (J.-Swebach, dit), voir : **Swebach.**

Fonte à cire perdue, voir : **Vinache** (J.).

Fontelle, [sc.], voir : **Marie-Thérèse.**

Guiffrey (J.-J.). Jehan de **Fontenay**, de Fontainebleau, [p. ; reconnaissance de dette ; 1619]. *NA*, 1877, 156-157.

Fontenay-le-Comte, voir : **Van Ghelunen.**

Forbin (comte de), voir : **Géricault ; Granet** (F.-M.) ; **Robert** (Léopold).

Forli, voir : **Melozzo da Forli.**

Rondot (Natalis). Jacques de **Fornazéris**, [gr. ; acte de baptême d'une fille ; 1608]. *NA*, 1882, 80-81.

Fortoiseau, voir : **Diaz.**

Guiffrey (Jules). Le sculpteur **Foucou.** [Procuration ; 1775.] *RAF*, I, 1884, 137.

Foullon, voir : **Clouet.**

Foulon (Jos.), voir : **Pilon** (Germain).

Salmon (André). Jean **Fouquet**, de Tours. [Mention.] *AA*, *Doc.*, IV, 168.

[A. M.]. Jean **Fouquet.** [Traité du jurisconsulte tourangeau Jean Brèche ; 1555.] *AA*, 2ᵉ s., I, 293-298.

[A. M.]. Jehan **Fouquet** et son portrait du pape Eugène IV. *AA*, 2ᵉ s., I, 454-468.

Fillon (Benjamin) ; [A. M.]. Jean **Fouquet**, [p. ; lettre d'Hersent ; 1839]. *NA*, 1872, 149-150.

Fouquet (Louis), voir : **Poussin** (Nic.).

Grouchy (vicomte de). Artistes créanciers de [Nicolas] **Fouquet** (1681). *RAF*, VIII, 1892, 268.

Cordey (Jean). L'appartement du surintendant **Fouquet** au palais du Louvre. *B*, 1923, 8-13.

Cordey (Jean). Les portraits du surintendant **Fouquet.** *B*, 1926, 169-170.

Ginoux (Charles) ; [H. J.]. Commission du peintre **Fouquières** pour les consuls de Toulon (1626). *RAF*, I *bis*, 1885, 100-101.

Ginoux (Charles). Séjour et travaux du peintre **Fouquières** à Toulon. *RAF*, IV, 1888, 57-60.

Ginoux (Charles). Requête des consuls et communautés de Toulon contre le sieur de **Fouquières** (1632). *RAF*, V, 1889, 65-66.

Fourbisseurs, voir : **Petit** (Vincent) ; **Revoir.** Voir aussi : **Armuriers.**

Ginoux (Charles). Hermitte (François), géomètre communal, et Dubreuil (Baptiste), architecte. [Admission à la maîtrise en faveur de Pierre **Fournier** ; 1753.] *RAF*, VIII, 1892, 292-293.

Fillon (Benjamin) ; [J.-J. G.]. Notice biographique sur **Foyatier,** [sc.]. *NA*, 1882, 357-366.

Foyatier (D.), voir : **Flandrin** (Hipp.).

Bapst (Germain). Tableaux de **Fragonard** pour Bellevue (1773). *RAF*, VIII, 1892, 126.

Nolhac (Pierre de). A propos des **Fragonard** de Grasse. *B*, 1907, 11-12.

Fragonard, [p.], voir : **Gobelins.**

[H. J.]. Louis **Français,** [p. ; lettre ; 1853]. *RAF*, XIII, 1897, 96.

Français (L.), voir : **Hébert.**

Francart, [p.], voir : **Bérain.**

Ginoux (Charles). Alexandre de **France,** [p.], et Joseph Jesse, constitution de rente (1702). *RAF*, XII, 1896, 88-89.

France, voir : **Art français ; Bâtiments du Roi ; Maisons royales ; Peintres ; Ports,** voir : **Vernet** (Joseph) ; **Rois ; Voyages,** voir : **Harleman.**

Francesca (Piero della), voir : **Piero.**

Franche-Comté, artiste, voir : **Monnot** (P.-E.).

Müntz (Eugène) ; Fillon (Benjamin) ; [J.-J. G.]. Lettre de Pierre de Franqueville [**Francheville**] et document relatif à un groupe de ce sculpteur (1606-20). *NA*, 1876, 225-227.

MÜNTZ (Eugène). Testament de Pierre de **Francheville** (1604). *NA*, 1877, 146-149.

MÜNTZ (Eugène). Lettre de Thomas **Francini**, ingénieur du roi (1603). *NA*, 1876, 228-229.

[A. M.]. Statue de Vénus offerte à **Francois** Ier en 1531. *AA, Doc.*, V, 334.

MONTAIGLON (A. DE). Statue de Vénus offerte à **François** Ier en 1531 [épigrammes de Clément Marot]. *AA, Doc.*, VI, 77-78.

GRANDMAISON (Charles). Gages des peintres et sculpteurs employés par **François** Ier (1531-32). *NA*, 1876, 90-92.

GUIFFREY (J.-J.). Image de Notre-Dame rétablie par **François** Ier en 1528. *NA*, 1879, 63-66.

FURCY-RAYNAUD (Marc). Deux bustes de **François** Ier. *B*, 1920, 270-274.

François Ier, voir : **Bontemps ; Clesze (B.) ; Collault (Ét.) ; Matteo del Nassaro ; Michel-Ange ; Nantouillet ; Perréal (Jean) ; Prevost (Jacques) ; Primatice.**

GRANDMAISON (Charles DE). Achat de pierres par les frères Martin et Gatien **François**, [a.] (1519). *NA*, 1879, 35-37.

GRANDMAISON (Charles DE). L'architecte Martin **François** (1502). *RAF*, IV, 1888, 115-116.

Franklin (B.), voir : **Voltaire.**

LAGRANGE (Léon). **Franque** et Germain, [a. et orf. ; douze lettres ; 1726-29]. *AA*, 2e s., II, 177-197.

[H. J.]. **Franquet,** Caquet, Logue et Maugin, [orf. ; nomination de tuteur ; 1772]. *RAF*, VII, 1891, 158.

Franqueville, voir : **Francheville.**

Franquières (marquis de), voir : **Houdon.**

BRUEL (François-L.). Note sur Jean-Martial **Fredou,** [p.], et sur trois portraits inédits [1761]. *B*, 1908, 100-108.

VALORY (chevalier DE). René **Frémin,** [sc.]. *MI*, II, 201-209.

JOUIN (Henry). Léo **Fréminet** (1538-71). *RAF*, I *bis*, 1885, 67.

Fréminet, voir : **Quesnel** (François).

Freslon, [p.], voir : **Tronquet.**

Frileuse (la), voir : **Houdon.**

[L. C.]. Inventaire des biens meubles d'Alix de **Frolois** (1639). *NA*, 1874-75, 156-160.

[J.-J. G.]. Nicolas **Froment,** [p. ; mandats de paiement ; 1475-79]. *NA*, 1877, 396-400.

MANDACH (Conrad DE). Nicolas **Froment** et la gravure lyonnaise. *B*, 1909, 25-42.

ROSENTHAL (Léon). A propos d'un article oublié de **Fromentin,** [p.], sur le Salon de 1845. *B*, 1910, 334-335.

Frontenac (marquise de), voir : **Inventaires.**

La manufacture de tapisserie de **Fulham** et une lettre de Michel Audran, entrepreneur des Gobelins. *B*, 1876-78, 125-126.

Fulham, voir : **Gobelins.**

G

[A. M.] ; [J.-J. G.]. Les **Gabriel,** [a.]. *B*, 1876-78, 202-203.

VITRY (Paul). Les bustes des trois **Gabriel.** *A*, VII, 1913, 301-308.

BOURIAT ; [H. Lot]. **Gabriel** (Jacques II). *NA*, 1876, 316-351.

GROUCHY (vicomte DE) ; [J. G.]. Jacques **Gabriel.** Contrat de mariage (1698). *RAF*, VII, 1891, 38-48.

GROUCHY (vicomte DE). **Gabriel** de Lyon, [p. ; acte de mariage ; 1670] ; ann. par M. Corn. Hofstede de Groot. *RAF*, VIII, 1892, 234-236.

MONTAIGLON (A. DE). Pierre **Gadyer,** [a. ; château de Madrid ; 1531]. *AA*, *Doc.*, III, 36-38.

GRANDMAISON (Charles DE). Pierre **Gadier,** l'un des architectes du château de Madrid, près Paris (1511). *RAF*, III, 1887, 47-48.

DACIER (Émile). A propos du collectionneur L.-J. **Gaignat.** Les peintures historiques de l'hôtel de la Ferté, rue Richelieu. *B*, 1920, 40-55.

Dacier (Émile). Le testament et les scellés d'un collectionneur du xviiie siècle : Louis-Jean **Gaignat.** *B*, 1920, 109.

Duplessis (Georges). Inventaire des collections et testament de Roger de **Gaignières** (1716). *NA*, 1874-75, 265-302.

Projet de publication des dessins de **Gaignières.** *B*, 1907, 14-15.

Gaignières (de), voir : **Rigaud** (Hyacinthe).

[H. J.]. Claude-Ferdinand **Gaillard,** peintre-graveur (1834-87). *RAF*, III, 1887, 57-63.

Huard (Georges). La chapelle haute du château de **Gaillon.** *B*, 1926, 21-31.

Marquet de Vasselot (J.-J.). Les boiseries de **Gaillon** au Musée de Cluny. *B*, 1927, 176-177.

Galgan (C.), voir : **Lombard** (François).

Gougenot (Louis). Louis **Galoche,** [p.]. *MI*, II, 289-307.

Gand, voir : **Bonjean.**

Furcy-Raynaud (Marc). Un mémoire de **Garat** sur le cabinet des tableaux [surintendance du château de Versailles]. *B*, 1907, 17.

Garas, voir : **Garat** (D. J.).

Garat (D. J.), [Garas], voir : **Ducreux.**

Girardot (baron de). Anthoine et François **Garnault,** [sc. ; marchés avec la ville de Bourges pour la croix de Moulte-Joye ; 1599-1623]. *AA, Doc.*, IV, 129-132.

Gérardin (A.). François **Garnier,** peintre du roi (1647-65). *NA*, 1873, 341-343.

Arnauldet (Thomas). Noël **Garnier,** [orf.], et Jean Viset. [Partage de succession ; 1536.] *AA*, 2e s., I, 357-369.

Garniture de cheminée, voir : **Sèvres.**

Fournier (Charles). Traité entre **Gaucher,** [gr.], et Panckoucke (1784). *NA*, 1872, 386.

Fournier (Charles) ; [J.-J. G.]. Correspondance entre Étienne **Gaucher** et le baron de Heinecken (1786). *NA*, 1872, 392-399.

MONTAIGLON (A. DE). Charles-Étienne **Gaucher.** [Notice biographique.] *NA*, 1874-75, 360-363.

DIMIER (Louis). Le peintre **Gauffier,** paysagiste. *B*, 1923, 110-111.

REY (Robert). A propos des peintures murales exécutées par **Gauguin,** [p.], au Pouldu. *B*, 1926, 37-40.

Gauldrée Boilleau, voir : **Boilleau** (G.).

FAUCON (Maurice). **Gault** de Saint-Germain. [Notice des monuments de Clermont.] *NA*, 1879, 285-296.

[J.-J. G.]. Édouard **Gautier** d'Agoty, graveur en couleurs (1782-84). *RAF*, VII, 1892, 112-115.

LABORDE (comte Léon DE). Notes manuscrites de Claude **Gellée,** dit le Lorrain, [p.]. *AA*, *Doc.*, I, 435-455.

Gellée (Claude), voir : **Poussin** (Nic.).

Geneviève (sainte), châsse de, voir : **Bonardus.**

GUIFFREY (J.-J.). François **Gentil,** sculpteur troyen du XVIe siècle. *NA*, 1876, 126-140.

GÉRARD (Henry). François **Gérard,** [p. ; deux lettres à Fr. Gérard ; 1806-12]. *AA*, *Doc.*, II, 185-188.

JOUIN (Henry). François **Gérard.** [Bonaparte signant le concordat.] *RAF*, VIII, 1892, 362-363.

Gérard (Fr.), voir : **Denon ; Gros ; Guérin** (Pierre-Narcisse).

BADIN (J.). François-Antoine **Gérard,** [sc. ; notice et documents ; 1789-1830]. *NA*, 1879, 444-458.

BRIÈRE (Gaston). Les bustes de **Gerbier** au Palais de Justice. *B*, 1912, 73.

Gerbier, voir : **Lemoyne** (J.-B.).

Théodore **Géricault,** [p.]. Lettres du comte de Forbin relatives à l'acquisition du *Naufrage de la Méduse*. *AA*, *Doc.*, I, 71-81.

BOILLY (Jules). Lettre de Th. **Géricault** [1821]. *AA*, *Doc.*, II, 189-192.

LABOUCHÈRE (P.-A.). **Géricault.** [Lettre ; 1822.] *AA*, *Doc.*, III, 315-316.

GIRARDOT (baron DE). Théodore **Géricault.** [Tableau pour Nantes ; 1820-22.] *A A*, 2e s., II, 72-80.

TOURNEUX (Maurice). Particularités intimes sur la vie et l'œuvre de **Géricault.** *B*, 1912, 56-64.

VAUTHIER (Gabriel). Le comte de Forbin et le *Radeau de la Méduse*, [par **Géricault**]. *B*, 1915-17, 170-171.

ROSENTHAL (Léon). **Géricault** et Delacroix, élèves au Lycée impérial. *B*, 1925, 85-88.

MARQUET DE VASSELOT (J. J.). Une écuelle de Th. **Germain,** [orf.], au Musée du Louvre. *B*, 1908, 28-29.

Germain, [orf.], voir : **Franque.**

Gersaint (enseigne de), voir : **Watteau.**

Gessner (monument de), voir : **Houdon.**

Gilet (P.), [sc.], voir : **Bénard.**

Gillet (N.-F.), [sc.], voir : **Vinache.**

FONTAINE (André). Le morceau de réception de Claude **Gillot,** [p.]. *B*, 1909, 109-111.

WILDENSTEIN (G.). L'inventaire après décès de Claude **Gillot,** [p.]. *B*, 1923, 114-120.

BOUCHER (François). A propos d'une récente acquisition du Musée du Louvre. *La foire Saint-Germain*, par **Gillot.** *B*, 1923, 302-307.

DACIER (Émile). Autour de **Gillot ;** son dernier dessin ; une lettre inédite ; les *Portières. B*, 1924, 113-115.

LAVALLÉE (P.). Dessins de **Gillot** à la bibliothèque de l'École des Beaux-Arts et à la bibliothèque de la ville de Lyon. *B*, 1924, 119-120.

LEBEL (Gustave). Les *Portières* de **Gillot.** *B*, 1925, 110-113.

BOUCHER (François). Un tableau inconnu de Claude **Gillot.** *B*, 1927, 66-73.

[H. J.]. Pierre **Girard,** [p. ; réponse à François Grille ; 1827]. *R A F*, IV, 1888, 285-286.

GROSLEY. François **Girardon,** [sc.]. *MI*, I, 291-306.

MONTAIGLON (A. DE). Lettre de **Girardon** [1693]. *A A*, *Doc.*, III, 128.

LACAZE (Louis) ; [J. G.]. La statue de Louis XIV pour la place Royale de Pau, par **Girardon** et M. Arcis. *NA*, 1879, 343-349.

FILLON (Benjamin) ; [A. de M.]. François **Girardon**, [sc.]. Quittance relative à la fontaine de la Pyramide [à Versailles] (1671). *NA*, 1873, 344-345.

GUIFFREY (J.-J.). Déposition de **Girardon** dans une enquête faite contre André-Charles Boulle (1684). *NA*, 1882, 106-110.

GUIFFREY (J.). François **Girardon.** [Bail ; 1698.] *RAF*, I, 1884, 103.

GUIFFREY (J.). Le tombeau des Castellan à Saint-Germain-des-Prés, par François **Girardon** (1678). *RAF*, V, 1889, 289-291.

GUIFFREY (J.). Le tombeau du cardinal de Richelieu, par **Girardon** (1690). *RAF*, V, 1889, 291-300.

GROUCHY (vicomte DE). François **Girardon** et sa famille. Contrats de mariage et achats de maisons (1657-94). *RAF*, VIII, 1892, 161-165.

RÉAU (Louis). Un bas-relief de **Girardon** retrouvé. Le tombeau de la princesse de Conti. *B*, 1921, 68-74.

SAINTE-BEUVE (Mlle). A propos d'un marché pour le tombeau de Richelieu, [par **Girardon**]. *B*, 1926, 149-155.

Girardon, voir : **Keller** (Balt.).

[A. M.]. **Girart** d'Orléans, [p. ; dotation d'une chapellenie en l'église parisienne du Saint-Sépulcre ; 1348]. *NA*, 1872, 125-126.

Giraud, [a.], voir : **Fontainebleau.**

LEMOISNE (P.-A.). Les *Soirées du Louvre*, aquarelles d'Eugène **Giraud,** [p.], conservées au Cabinet des Estampes. *B*, 1920, 275-352.

GIRARDOT (baron DE) ; [P. C.]. Anne-Louis **Girodet-Trioson,** [p.]. Série de pièces relatives à cet artiste. *AA, Doc.*, III, 19-36.

MATHIEU-MEUSNIER ; [A. M.]. A.-L. **Girodet-Trioson.** [Salon de 1789.] *AA*, 2e s., I, 317-320.

Bruel (François-Louis). **Girodet** et les dames Robert. *B*, 1912, 76-93.

Girodet, voir : **Florence ; Gros.**

Guiffrey (J.). Le peintre Antoine **Gironet.** *RAF*, I, 1884, 41-42.

Petit (Élie). Antoine **Giroust,** [p. ; note de Louis-Philippe ; 1789]. *NA*, 1874-75, 364.

Taillandier (A.). Notice sur Daniel **Gittard,** [a.]. *AA, Doc.*, VI, 97-104.

Gizeh, voir : **Dauzats.**

Cousin (Jules) ; [A. M.]. Édit du roi pour l'établissement d'une manufacture des meubles de la Couronne aux **Gobelins.** *AA, Doc.*, VI, 255-269.

Fillon (Benjamin) ; [A. M.]. Contrat d'apprentissage aux **Gobelins** (1681). *NA*, 1872, 279-281.

Montaiglon (A. de). Une manufacture de tapisseries des **Gobelins** à Fulham et à Exeter. *B*, 1876-78, 95-99.

Darcel (Alfred). Une manufacture de tapisseries des **Gobelins** à Fulham et à Exeter (1748-66). *NA*, 1878, 286-314.

[J.-J. G.]. Les tableaux et dessins de la manufacture des **Gobelins** (1755). *NA*, 1882, 245-246.

[J.-J. G.]. Pièces relatives à la manufacture des **Gobelins** pendant la Révolution (1789-99). *NA*, 1882, 310-317.

Gerspach. Prix d'ouvrages de peinture payés par la manufacture des **Gobelins,** au xviiie siècle, à Fragonard, Tessier et Jacques. *RAF*, IV, 1888, 120-121.

Guiffrey (J.-J.). Tapisseries d'après Raphaël exécutées aux **Gobelins** et à Beauvais. *RAF*, IV, 1888, 323-326.

Gerspach. Les copies de Raphaël aux **Gobelins** (1759). *RAF*, V, 1889, 320.

Lacordaire (A.-L.). État civil des tapissiers des **Gobelins** au xviie et au xviiie siècle. *RAF*, XIII, 1897, 1-60.

Perrot. Artistes des **Gobelins** et de Sèvres incorporés dans la Garde nationale en 1790. *RAF*, XIII, 1897, 82-89.

Liste des tapissiers des **Gobelins** en août 1794. *RAF*, XIII, 1897, 86-89.

Guiffrey (Jules). Les modèles des **Gobelins** devant le jury des arts, en septembre 1794. *RAF*, XIII, 1897, 349-389.

Guiffrey (J.-J.). Tapisseries des **Gobelins**. *B*, 1875, 35-36.

Gobelins, voir : **Coypel** (Ch.) ; **Ingres ; Lefèvre ; Oeben ; Ranson** (les) ; **Restout** (Jean).

Lepage (Henry) ; [A. M.]. Pierre **Gobert,** [p.]. Mémoire de travaux faits pour le duc de Lorraine de 1707 à 1709. *AA, Doc.*, V, 87-91.

Dimier (Louis). Mémoire sur **Godard** d'Alençon, [g.]. *B*, 1921, 88-107.

Dimier (Louis). Supplément au mémoire sur **Godard** d'Alençon. *B*, 1922, 58-62.

Godefroy (Denis), voir : **Banier.**

Tremblot (Jean). Liancourt (Oise) en 1637, par Denis II **Godefroy.** *B*, 1918-19, 169-202.

Godefroy (J.-B.), voir : **Josse** (Jacques).

Durrieu (comte Paul). Une suite de dessins de **Godefroy le Batave,** [p.] (circa 1516). *A*, VIII, 1914, 25-39.

Godefroy le Batave, voir : **Clouet** (J.).

Gombauld, voir : **Du Monstier.**

Gondi (Charles-Ant. de), voir : **Lebrun** (Charles).

Morinerie (baron de la). Linard **Gontier,** [p. verr. ; quittance ; 1596]. *AA, Doc.*, IV, 94-95.

Guiffrey (Jules). Portraits de Napoléon et Marie-Louise, par **Goubaud,** [p.]. *B*, 1908, 204-208.

Guiffrey (Jules). Le peintre **Goubaud.** *B*, 1910, 21-23.

Stein (Henri). Jean **Goudin.** [Brevet de sculpteur privilégié du duc de Bouillon ; 1748.] *RAF*, II, 1886, 265.

Gouffier (Mme de), voir : **Juste** (Jean).

Vitry (Paul). Les bas-reliefs de Jean **Goujon,** [sc.], au jubé de Saint-Germain-l'Auxerrois et leur destinée pendant la seconde moitié du XVIIIe siècle. *A*, I, 1907, 319-323.

VITRY (Paul). Une inscription relative aux bas-reliefs de Saint-Germain-l'Auxerrois, par Jean **Goujon**. *B*, 1907, 34.

Goujon (Jean), voir : **Delorme** (Ph.) ; **Landon** (Ch.-P.).

ROBIQUET (Jacques). Le premier contrat de mariage de **Gouthière**, [fond.-cis.]. *B*, 1909, 61-63.

BOUCHER (François). Une collaboration de **Gouthière** et de Bouchardon, [sc.]. *B*, 1927, 63-66.

Gouvernet (marquis de), voir : **Bouchardon.**

[J.-J. G.]. Le sculpteur Jean-Baptiste **Goy**, mort curé de Sainte-Marguerite (1664-1738). *NA*, 1880-81, 148-149.

MANTZ (Paul). Francisco **Goya**, [p. ; son extrait mortuaire]. *AA, Doc.*, I, 319-320.

Grâces enchaînées par l'Amour (les), voir : **Van Loo** (Carle).

[H. J.]. **Grandcher**, bijoutier de la reine. [Liquidation ; 1787.] *RAF*, VII, 1891, 394-395.

Grande Chartreuse (la), voir : **Le Sueur** (Eustache).

GÉRARD (Henry). François-Marius **Granet**, [p. ; lettre du comte de Forbin ; 1823]. *AA, Doc.*, V, 208.

Granville (le siège de), voir : **Huc** (Jean-François).

Grasse, voir : **Fragonard.**

DUPLESSIS (Georges). J.-B. **Grateloup**, [gr.]. Lettre à M. Joly [1809]. *AA, Doc.*, V, 204-207.

BLUM (André). Une école de peintres-**graveurs** français primitifs. *B*, 1927, 51-59.

[H. J.]. **Graveurs** en médailles (1818-25). *RAF*, VIII, 1892, 341-346.

Graveurs de monnaies et médailles, voir : **Boquet ; Briot** (Nic.) ; **Caqué ; Danfrie ; Depaulis ; Droz** (J.-P.) ; **Dupré** (Aug.) ; **Duvivier ; La Pallue** (B. de) ; **Lorthier ; Roëttiers ; Roussy** (Al. de) ; **Troyes ; Warin** (Jean).

Graveurs en pierres fines, voir : **Dupré** (G.) ; **Jeuffroy ; Matteo del Nassaro ; Simon** (Jean-Henri et Mayer).

Gravure (arrêt en faveur de la), voir : **Mansarade** (la).

Gravures, voir : **Estampes; Greuter; Mariette** (P.) ; **Modes.**

Vitry (Paul). Décorations exécutées pour les fêtes de l'entrée de Marie de Médicis à Paris en 1610, par Germain **Grenoble** et Barthélemy Prieur, [sc.]. *A*, II, 1908, 137-139.

Grenoble (Jacquet, dit), [sc.], voir : **Jacquet** (M.).

Grenoble, Musée, voir : **Houdon.**

Grenoble, voir : **Claustre** (Martin).

Grenorle, [p.], voir : **Leblond** (Nicolas).

Müntz (Eugène). Jean-Frédéric **Greuter,** [gr.] (1610-35). *NA*, 1878, 256-257.

Duhamel. Mathiez **Greuter,** [sc.], à Avignon. *RAF*, 1884, 42-43.

Rondot (Natalis). Mathieu **Greuter,** tailleur d'histoires en taille-douce (1566-1638). *RAF*, I, 1884, 8-9.

Boilly (Jules). Jean-Baptiste **Greuze,** [p.]. Mémoire contre sa femme. *AA*, *Doc.*, II, 153-172.

Laperlier ; [A. M.]. J.-B. **Greuze.** [Notes.] *AA*, *Doc.*, VI, 236-240.

Fillon (Benjamin) ; [A. M.]. Jean-Baptiste **Greuze.** [Adresse des peintres de Paris et lettre de sa fille ; 1790-1805.] *NA*, 1874-75, 435-439.

Monod (François) ; Hautecœur (Louis). Un trésor de dessins de **Greuze** à l'Académie des Beaux-Arts de Saint-Pétersbourg. *B*, 1913, 228-230.

[J.-J. G.]. Plainte de **Greuze** au sujet de l'inconduite de sa femme, suivie de diverses pièces sur le même artiste. *B*, 1876-78, 164-167.

Réau (Louis). Lettre de **Greuze** au prince Nicolas Borisovitch Iousoupov. *B*, 1922, 395-399.

Grille (François), voir : **Girard** (Pierre).

Grimm (baron), voir : **Catherine II** de Russie.

Guerlin (Henri). Les portraits de la famille **Grimod de la Reynière.** *B*, 1922, 7-17.

Merlet (L.) ; Bellier de la Chavignerie (E.). Denis

Grognet et Nicolas Bigot, [p. et orf. ; pièces relatives à ; 1560 et 1595]. *A A, Doc.*, V, 59-61.

Gronoff, voir : **Van Loo** (Louis-Michel).

GÉRARD (Henry). Antoine-Jean **Gros**, [p. ; lettre à Fr. Gérard ; 1815]. *A A, Doc.*, II, 245.

TRIPIER LE FRANC (J.). Découverte du corps et acte de décès d'Antoine-Jean **Gros** (1835). *NA*, 1876, 415-419.

FILLON (Benjamin) ; [J.-J. G.]. Antoine-Jean **Gros**. Documents inédits sur sa vie et sur ses œuvres (1795-1835). *NA*, 1878, 343-370.

GERSPACH. **Gros**. Gravure du tableau de la *Peste de Jaffa* [1814]. *RAF*, III, 1887, 317.

Note sur les portraits de **Gros**, Girodet et Gérard (Musées de Versailles et de Toulouse). *B*, 1911, 209-216.

Gros (A.-J.), voir : **Florence**.

Grosley, voir : **Mignard**.

Grottes, voir : **Marot** (Jean) ; **Palissy** (B.).

Grouard (Charles), [sc.], voir : **Bullion**.

Groult, voir : **Perronneau**.

Guedon (Regnault), [fond.], voir : **Morant** (Jehan).

GUIFFREY (Jules). Négociations pour l'acquisition de la *Résurrection de Lazare* par le **Guerchin** [L.-F. Barbieri, p.] (1780-86). *NA*, 1879, 165-177.

GUILLET DE SAINT-GEORGES. Gilles **Guérin**, [sc.]. *MI*, I, 259-268.

GUIFFREY (J.-J.). Marché de la statue de Louis XIV, par Gilles **Guérin** (1663). *NA*, 1882, 85-89.

JEANNERAT (Carlo). Les petits portraits dans le goût pompéien de Jean-Urbin **Guérin**. *B*, 1922, 53.

RICHARD-DESAIX (Ulrich) ; DEMONTS (Louis). Lettre de Kléber au miniaturiste Jean **Guérin** (1798). *B*, 1922, 400-401.

GÉRARD (Henry). Pierre-Narcisse **Guérin**, [p.]. Lettre à François Gérard. *A A, Doc.*, II, 177-184.

JOUIN (Henry). Portraits peints, sculptés ou dessinés de

P.-N. **Guérin**, d'Halévy et de Mme Haudebourt-Lescot. *RAF*, II, 1886, 111-112.

Guiard (Mme), [p.], voir : **Vigée-Lebrun** (Mme).

[J.-J. G.]. Honoré **Guibert**, sculpteur en ornements (1780). *NA*, 1880-81, 235-241.

[A. M.]. Domenico **Guidi**, [sc. ; statue de l'*Histoire tenant le portrait de Louis XIV*]. *A A, Doc.*, V, 81-86.

Guidi (Domenico), voir : **Mignard** (Pierre).

Bibliographie des travaux de M. Jules **Guiffrey**. *A*, VIII, 1914, XVIII-CXLV.

Communay (Arnaud) ; [C. M.]. Jacques **Guilermain** et Pierre Prieur, [sc. ; autel du couvent des Augustins ; 1595]. *RA F*, II, 1886, 59-62.

Guillet de Saint-Georges. Simon **Guillain**, [sc.]. *MI*, I, 184-194.

Müntz (Eugène). Testament de Pierre **Guillemard** de Lyon, [sc.] (1519). *NA*, 1877, 136-140.

Guillon-Le Thiere (G.), voir : **Le Thiere** (G. Guillon-).

[J.-J. G.]. Jean **Guillot**, architecte lyonnais. *B*, 1876-78, 137-140.

Guigue (C.). **Guinamundus**, [sc. ; 1081-87]. *A A, Doc.*, V, 30.

Le Roux de Lincy ; [A. M.]. Estienne **Guiot** et Jehan de Senlis, [p. et verr. ; travaux pour le château et la Geolle de Rouen ; 1433-36]. *A A, Doc.*, V, 65-67.

Gustave III, voir : **Masreliez** (Louis).

Gutenberg, voir : **David** d'Angers.

Guyon, voir : **Thevenon**.

Guiffrey (J.). Laurent **Guyot**, [p. ; maison au faubourg Saint-Marcel à Paris ; 1631]. *NA*, 1882, 82-84.

Guyot (Laurent), voir : **Quillerier** (Noël).

H

Halévy, voir : **Guérin** (P.-N.).

Hall, [p.], voir : **Roslin**.

Guiffrey (Jules). Nicolas **Hallé**, [p.]. Plainte présentée par sa femme (1785). *RAF*, IV, 1888, 299-317.

Girardot (baron de). J. Edmond **Halpin**, [p. ; lettre ; 1804]. *NA*, 1874-75, 464.

Hamon (Louis), [p.], voir : **Florence**.

Hanap d'argent, voir : **Lacourt** (Pierre de).

[A. M.]. Pierre **Hanon**, [a.]. Dépenses faites pour la construction du cloître des Célestins de Paris (1539-49). *AA, Doc.*, V, 68-75.

Hardivilliers, [orf.], voir : **Courtet**.

[J.-J. G.]. Jules et Michel **Hardouin** frères, [a. ; débat avec Jean Bricart ; 1673]. *RAF*, 1888, 289-292.

Lespinasse (Pierre). Les voyages d'**Harleman** et de Tessin, [a.], en France (1732-42). *B*, 1910, 276-298.

Hasnier, [orf.], voir : **Courtet**.

Haudebourt-Lescot (Mme), voir : **Guérin** (P.-N.).

[H. J.]. Jean **Hauré**, sculpteur (1781). *RAF*, VI, 1890, 321.

Hebé, voir : **Rude** (Fr.) ; **Saly**.

[H. J.]. **Hébert**, [p. ; lettre à Français ; 1848]. *RAF*, XIII, 1897, 95.

Heinecken (baron de), voir : **Gaucher** (Ét.).

Brébion (Edmond) ; [H. J.]. Louis **Hellart**, peintre de Marie Lecksinska. *RAF*, XII, 1896, 150-151.

Helvétius, voir : **Houdon**.

Saunier (Charles). Nécessité de faire connaître, par la voie du « Bulletin » de la Société, les mutations d'œuvres d'art envoyées du Louvre dans les galeries provinciales (à propos des *Remords d'Oreste* de Philippe **Hennequin**, p.). *B*, 1913, 144-151.

Hennin (P.-M.), voir : **Beauvarlet; Natoire; Van Loo** (Carle).

Girardot (baron de). Antoine **Hénon**, [a.; mémoire; 1773]. *NA*, 1874-75, 322-323.

Montaiglon (A. de). Gages d'artistes et d'ouvriers au service de **Henri II** (1549-51). *NA*, 1872, 167-169.

Vitry (Paul). Les bustes de **Henri II** et de ses fils au Musée du Louvre et leur identification. *B*, 1912, 352-355.

Henri II, voir : **Boutelou** (Guillaume) ; **Perréal** (Jean) ; **Prevost** (Jacques) ; **Primatice ; Salomon** (B.).

Aubert (Marcel). Une pièce [de tapisserie] de l'*Histoire de Henry troisième*. *B*, 1922, 55-56.

Henri III, voir : **Clouet** (F.) ; **Lussaut** (Math.) ; **Tintoret.**

Henri IV, voir : **Bourgeoys** (M.) ; **Chapelle ; Dupré** (Guillaume) ; **Le Bourgeois ; Paris,** palais du Louvre, Galerie ; **Pilon** (Germain) ; **Questel** (J.) ; **Tapisseries.**

[A. M.]. Inventaire d'**Henriette** d'Angleterre (1671). *NA*, 1879, 102-115.

Hérault (Ch.), [p.], voir : **Lemoyne** (J.-B.).

Hersent, voir : **Fouquet** (Jean).

Jouin (Henry). Quelques peintres oubliés de l'ancienne France : **Heudon,** Lahogue, Desfossés, Lecœur, Cheret, Hodun. *RAF*, I, 1884, 153-154.

Heydereyce, [orf.], voir : **Aublet.**

Réau (Louis). Les origines de Jean-Baptiste **Hilair,** [p.]. *B*, 1923, 291-292.

Réau (Louis). La date de naissance de J.-B. **Hilair.** *B*, 1925, 117-118.

Histoire (l'), statue, voir : **Guidi** (Dom.).

Histoires en taille-douce, voir : **Greuter.**

Hoart, [orf.], voir : **Chabot ; Dumoulin** (Jacques).

Hobrecht, voir : **Sebastiano del Piombo.**

Hodun, [p.], voir : **Heudon.**

Stein (Henri). La main d'Étienne Pasquier et le peintre Jean de **Hoey.** *B*, 1913, 11-20.

Guiffrey (J.). Le polytype de MM. **Hoffman,** [gr.] (1783-87). *NA*, 1880-81, 45-56.

Guiffrey (J.). Cartons de tapisserie par **Holbein,** [p.], proposés à M. d'Angiviller (1779). *NA*, 1879, 258-262.

Hollande, voir : **Louis Bonaparte.**

Homère (*Apothéose d'*), voir : **Ingres.**

Fillon (Benjamin). Contrat d'apprentissage de Pierre **Honnet,** [p.], chez Louis Beaubrun (1624). *NA*, 1879, 340-342.

Hoogendijk (Steven), voir : **Houdon.**

Vèze (baron Ch. de). Antoine-René **Houasse,** [p. ; lettre de Rome ; 1700]. *AA, Doc.*, II, 205-207.

Houdan, église, voir : **Van Loo** (J.-B.).

[J.-J. G.]. Jean-Antoine **Houdon,** [sc. ; procès-verbal d'une plainte de vol ; 1790]. *B*, 1876-78, 169.

Courajod (Louis). La *Diane* en bronze de **Houdon.** [Billets de Raoul Rochette à M. de Cailleux ; 1828-29.] *NA*, 1879, 269-271.

Jouin (Henry). Actes d'état civil concernant **Houdon.** *RAF*, I, 1884, 152-153.

Vitry (Paul). Une liste d'œuvres de J.-A. **Houdon** rédigée par l'artiste lui-même vers 1784. *A*, I, 1907, 193.

Vitry (Paul). La statue de la *Philosophie* de **Houdon.** *A*, I, 1907, 210-216.

Vitry (Paul). Note sur les différents logements et ateliers occupés par J.-A. **Houdon.** *A*, I, 1907, 217-220.

Brière (Gaston). Note sur quelques bustes de **Houdon.** *A*, VII, 1913, 344-364.

Tuetey (Alexandre). Une lettre de **Houdon** à propos de la statue de la *Philosophie*. *B*, 1907, 12.

Vitry (Paul). Une liste des œuvres de **Houdon.** *B*, 1907, 12.

Vitry (Paul). A propos de la statue de la *Philosophie* de **Houdon.** *B*, 1907, 17-18.

Michel (André). Le paiement du buste de Mme Adélaïde par **Houdon.** *B*, 1907, 19.

BRIÈRE (Gaston). Une lettre de J.-A. **Houdon** relative aux bustes de Napoléon et de Joséphine. *B*, 1907, 19-20.

VITRY (Paul). A propos du *Baiser donné* de **Houdon**. *B*, 1908, 33.

VITRY (Paul). Le buste du marquis de Franquières par **Houdon** au Musée de Grenoble. *B*, 1909, 54-55.

VITRY (Paul). Le *Saint Jean-Baptiste* de **Houdon**. *B*, 1910, 207.

VITRY (Paul). Les bustes de Diderot et de Malesherbes par **Houdon** et le buste d'Helvétius par Caffiéri au Musée du Louvre. *B*, 1912, 74-75.

INGERSOLL-SMOUSE (Mlle Florence). Quelques documents et lettres relatifs au voyage (1785) et aux œuvres de Jean-Antoine **Houdon** aux États-Unis. *B*, 1914, 11-31.

INGERSOLL-SMOUSE (Mlle Florence). Catalogue provisoire des œuvres de **Houdon** conservées aux États-Unis. *B*, 1914, 31-36.

RÉAU (Louis). Les œuvres de **Houdon** en Russie. *B*, 1914, 37-53.

LOTTE (Maurice). Un mausolée de Victor Charpentier par **Houdon**. *B*, 1920, 236-240.

RÉAU (Louis). Le premier Salon de **Houdon**. *B*, 1922, 316-318.

RÉAU (Louis). Documents sur **Houdon** : la statue de Tourville, la *Frileuse*, le projet d'un monument au Parc de Bruxelles. *B*, 1922, 267-394.

ROCHEBLAVE (Samuel). Note sur le buste de Steven Hoogendijk, par **Houdon**, à la Société batave de Rotterdam. *B*, 1923, 14-19.

RÉAU (Louis). Le buste de la comtesse de Moustier par **Houdon**. *B*, 1923, 320-321.

RÉAU (Louis). Documents sur **Houdon**. I : La Vierge de Pitié de la cathédrale de Verdun. II : Le monument de Gessner à Zurich. *B*, 1923, 410-417.

Houdon, voir : **Lemoyne** (J.-B.) ; **Lutel** (Jérémie de).

BRIÈRE (Gaston). Une liasse de lettres de **Houdon,** architecte et garde-magasin des Menus-Plaisirs. *B*, 1907, 19.

LEBEL (Gustave). Une lettre oubliée de Nicolas **Houel.** *B*, 1923, 40-44.

GUIFFREY (Jules). Les dessins de l'*Histoire des Rois de France* par Nicolas **Houel.** Paris, Champion, 1920, in-4°, 36 p. et 28 pl.

GRANDMAISON (Charles DE). Marché pour quatre tableaux par Jacques **Houx** (1663). *RAF*, I *bis*, 1885, 33-34.

GUIFFREY (J.) ; [G. D.]. Acte de naturalisation de Jacques **Hovervogt,** [g.] (1624). *NA*, 1872, 219-222.

Hovervogt (Jacques), voir : **Rubens.**

Hubac, [sc.], voir : **La Rose.**

[J.-J. G.]. Auguste Cheval, dit **Hubert,** [a. ; diplôme de prix de Rome ; 1784]. *NA*, 1876, 409-413.

GUIFFREY (J.). *Le Siège de Granville par les Vendéens,* par Jean-François **Hue,** [p.]. *RAF*, V, 1889, 59-60.

Hue (Jean-Fr.), voir : **Villequin** (Étienne).

HOCHSCHILD (baron DE). J.-B. **Huet,** [p. ; lettre]. *AA, Doc.*, IV, 200.

Huet (Pierre-Daniel), voir : **Lebrun** (Charles).

Humières (maréchal d'), voir : **Inventaires.**

Huot (Paul), voir : **Karpff.**

[J. G.]. Blaise **Hurlot,** peintre de l'Académie de Saint-Luc (1715). *NA*, 1880-81, 86.

Hutin (Charles-François), [p. et sc.], voir : **Natoire.**

SERBAT (Louis). Le voyage d'Italie et les dessins de l'architecte J.-J. **Huvé.** *B*, 1924, 40-56.

VAUTHIER (Gabriel). J.-N. **Huyot,** architecte de l'arc de triomphe de l'Étoile. *B*, 1920, 6-19.

LEFUEL (Hector). Note sur **Huyot.** *B*, 1920, 19-21.

Hydropique (l'), voir : **Dou** (Gérard).

I

Brière (Gaston). Recherches d'**iconographie** historique. *B*, 1925, 51-64.

Brière (Gaston). Recherches **iconographiques** sur des œuvres du xviiie siècle. *B*, 1925, 88-94.

Jouin (H.). Nécrologie : **Idrac**, [sc.] ; **Zœgger**, [sc.]. *RAF*, I *bis*, 1885, 13-15.

Illustre (le vaisseau l'), voir : **Caffiéri** (Ch.).

Image d'argent de Notre-Dame, voir : **Tabernacle.**

Imagerie satirique, voir : **Louis XIV ; Molinistes.**

Marty (André). **Imagiers** modernes. *A*, VII, 1913, 553-557.

Imagiers, voir : **Bénard** (P.) ; **Duval** (Bertin).

Imposte en fer repoussé, voir : **Puget** (Pierre).

Dimier (Louis). Sur l'époque véritable du mot d'**impressionnisme**. *B*, 1927, 40-41.

Imprimeurs en taille-douce, voir : **Fessard.**

Indépendants, voir : **Paris**, Salon.

Indes (tenture des), voir : **Desportes.**

Infante d'Espagne (1722), voir : **Largillière.**

Nicard (Pol) ; [J. G.]. Le graveur François-Robert **Ingouf** (1793-1807). *RAF*, II, 1886, 71-74.

Guiffrey (Jules). François-Robert **Ingouf**, graveur. [Lettres et certificats de médecins ; 1794.] *RAF*, II, 1886, 129-132.

Lambert-Lassus ; [G. D.]. Correspondance de M. Lassus avec M. **Ingres**, [p.] (1852). *NA*, 1873, 444-456.

Müntz (Eugène). **Ingres.** [Son portrait pour la galerie de Florence ; 1840.] *NA*, 1874-75, 485-486.

[J. G.]. Lettre sur la *Vierge à l'hostie* et le portrait de Chérubini, par **Ingres**. *NA*, 1880-81, 353-358.

Guiffrey (Jules). Le premier tableau d'**Ingres**. *B*, 1909, 51-54.

GUIFFREY (Jules). Le premier tableau d'**Ingres**. *B*, 1913, 30-31.

Manufacture des Gobelins. L'*Apothéose d'Homère*, [par **Ingres**]. *RAF*, I, 1884, 11.

VAUTHIER (Gabriel). Deux lettres d'**Ingres**. *B*, 1918-19, 251-252.

BRIÈRE (Gaston). Note sur l'exposition **Ingres** en 1921. *B*, 1921, 212-216.

JAMOT (Paul). Sur la date d'un tableau d'**Ingres** et sur le titre d'un tableau de Delacroix. *B*, 1922, 292-300.

Ingres, voir : **Broc.**

L'Inspiration du poète, voir : **Poussin** (Nic.).

MENU (Henri). Extrait d'un **inventaire** de la fin du XVIe siècle (1600). *NA*, 1877, 144-145.

GUIFFREY (J.-J.). Actes et **inventaires** [1206-1763]. *RAF*, XV, 1899, VII-382 p. ; table alphabétique par H. Jouin. Inventaire des joyaux de Philippe-Auguste (1206). — Inv. du maréchal duc de la Meilleraye (1664). — Coll. d'Henry Ollivier, secrétaire du roi (1676). — Inv. du château d'Ivry (1682). — Catal. des statues de la villa Ludovisi, à Rome (1685). — Mémoire des meubles, etc., donnés par J. Jolly (1687). — Inv. des biens du maréchal d'Humières (1694). — Scellés de G. Jouvray (1694). — Inv. du cabinet de Michel Bégon (1697). — Inv. de l'abbé d'Effiat (1698). — Inv. du marquis de Frontenac (1699). — Catal. des tableaux de Ch. Tardif (1728). — Inv. du cardinal de Polignac (1738). — Inv. de J.-F. Oeben (1763).

Inventaires, voir : **Amboise ; Anne d'Autriche ; Artistes** (état civil d') ; **Bâtiments du Roi ; Benoît ; Catherine de Médicis ; Champaigne** (Ph. de) ; **Clodion ; Desfriches ; Dumonstier** (P.) ; **Duprat ; Fachon** (Ch.) ; **Fontainebleau ; Frolois** (Alix de) ; **Gaignières ; Gillot** (Cl.) ; **Henriette d'Angleterre ; Laisné ; La Muette ; Le Moyne ; Le Nostre ; Le Tellier** (M.) ; **Lutel** (J. de) ; **Macé ; Marie-Antoinette ; Marie de Médicis ; Molé** (M.) ; **Paris**, couvent des Carmélites, des Chartreux, des Cordeliers ; Hôtels de Guise et de Soubise ; Palais du Louvre ; **Portail** (J.-A.) ; **Quesnel** (F.) ; **Rome ; Toulon,** Jésuites ; **Van der Meulen.**

Guiffrey (J.-J.). Projets et **inventions** concernant les beaux-arts [technique de divers arts ; taxe sur les statues italiennes]. *RAF*, IV, 1888, 228-254.

Ioussoupov (N.-B.), voir : **Greuze.**

Niel (J.). Lettres adressées à J.-B. **Isabey,** [p.]. *AA*, *Doc.*, IV, 105-112.

Labouchère (P.-A.) ; [P. C.]. **Isabey.** [Portrait écrit par la princesse Bagration ; 1815.] *NA*, 1872, 456-457.

Marmottan (Paul). Commandes de Napoléon à J.-B. **Isabey** en 1806. *A*, I, 1907, 409-416.

Bouvet (Charles). Trois identifications de dessins appartenant au Musée de l'Opéra. J.-B. **Isabey** et G. de Saint-Aubin. *B*, 1925, 40-51.

Isabey (J.-B.), voir : **Chaudet.**

Italie, peinture, voir : **Bellini** (J.).

Italie, sculpture, voir : **Scipion.**

Italie, statues, voir : **Inventions.**

Italie, voyages, voir : **Huvé** (J.-J.) ; **Primatice ; Prudhon.**

Montaiglon (A. de). État des gages des ouvriers **italiens** employés par Charles VIII. *AA*, *Doc.*, I, 94-128.

Fillon (Benjamin). Ouvriers **italiens** employés par Charles VIII. *AA*, *Doc.*, I, 273-276.

Ivoire, voir : **Poire** à poudre.

Kœchlin (Raymond). Un atelier d'**ivoiriers** de la fin du xive siècle. *B*, 1910, 16-19.

Kœchlin (Raymond). Quelques noms d'**ivoiriers** des xive et xve siècles. *A*, VII, 1913, 17-38.

Ivry, château, voir : **Inventaires.**

J

Marché passé par Guillaume **Jacob,** [orf.], pour une croix processionnelle (1685). *NA*, 1880-81, 320-321.

Jacob (Guillaume), voir : **Roussy** (Alexandre de).

Jacques II, roi d'Angleterre, voir : **Belle ; Saint-Germain-en-Laye.**

Jacques, [p.], voir : **Gobelins.**

Ginoux (Charles). Jean **Jacques,** peintre officiel de la ville de Toulon (1639-55). *RAF*, X, 1894, 25-29.

Montaiglon (A. de). **Jacquet,** dit Grenoble, [sc.]. *RAF,* I *bis*, 1885, 184-185.

Brunold (Paul). Élizabeth-Claude **Jacquet de la Guerre.** *B*, 1926, 53-61.

Müntz (Eugène). Jean-Nicolas **Jadot,** [a.] (1739). *NA*, 1876, 373-375.

Fontaine (André). Simon **Jaillot,** [sc.], et l'Académie. *B*, 1909, 89-90.

Jallet, voir : **David** (J.-L.).

[A. M.]. **Janet,** [p.]. Deux sonnets de Marc-Claude de Buttet [vers 1561]. *NA*, 1880-81, 307-308.

Vallery-Radot (Jean). Un épisode de la querelle du **jansénisme.** L'Almanach des Jésuites de 1654. *B*, 1926, 95.

Japon, laques, voir : **Marie-Antoinette.**

Müntz (Eugène). Liste des peintures sur porcelaine offertes en vente à la cour de Toscane par Mme V. **Jaquotot** (1837). *NA*, 1877, 378-379.

Jean (René). Un chapitre de l'histoire de la Manufacture de Sèvres. Mme Victoire **Jaquotot,** peintre sur porcelaine. *A*, VII, 1913, 509-517.

Jaquotot (Mme), voir : **Brienne.**

[J.-J. G.]. **Jardins** imaginaires ou satiriques. *B*, 1876-78, 130-131.

Guiffrey (Jules). Traité du xviie siècle sur le dessin des **jardins** et la culture des arbres et des plantes. *A*, VII, 1913, 224-247.

Richemond (de). David **Jarnac**, [sc.] (1675). *RAF*, IV, 1888, 185-187.

Jouin (Henry). Richard **Jarry**, orfèvre (1720-56). *RAF*, VI, 1890, 344-349.

Jean (saint), voir : **Houdon ; Raphaël.**

Lechevalier-Chevignard. Maître **Jean**, [sc.]. Ses travaux à l'église Saint-Louis-des-Français. *NA*, 1879, 60-62.

Destailleurs (Hippolyte) ; [A. M.]. **Jean** d'Angers, [p. ; quittance ; 1595]. *AA*, 2e s., I, 185-186.

Guigue (C.). **Jehan** de Huy, [sc. ; tombeau de Marguerite de Bourbon]. *AA*, *Doc.*, V, 335-336.

Rondot (Natalis). **Jehan** de Juys, peintre et verrier à Lyon (1446-79). *NA*, 1879, 200-203.

Jean de Langres, [p.-émaill.], voir : **Sanderat** (Étienne).

Thomas (A.). **Jean** d'Orléans et Étienne Lannelier, peintres du duc de Berry (1369). *RAF*, IX, 1893, 100-101.

Montaiglon (A. de). **Jean** d'Orléans. [Ouvrages de peinture du château de Saint-Germain-en-Laye ; 1377.] *AA*, *Doc.*, II, 343-344.

Jean d'Orléans, voir : **Colart.**

Jean de Paris, voir : **Perréal** (Jean).

Jehan le Prince, voir : **Le Prince** (Jehan).

Jehan de Senlis, [verr.], voir : **Guiot** (Étienne).

Jean de Troyes (Cordonnier, dit), voir : **Cordonnier.**

Jeanne d'Arc, voir : **Baudry** (Paul).

Jeanne d'Évreux, voir : **Paris**, Couvent des Grands-Carmes.

Dobrée ; [A. M.]. Lettre du roi René d'Anjou à maître **Jehannot** le Flament, [p.]. *AA*, *Doc.*, V, 213-214.

[H. J.]. **Jeaurat** de Bertry, peintre de la reine (1765). *R A F*, 1888, 271-273.

Jesse (Joseph), voir : **France** (Alexandre de).

Jésuites, voir : **Cars** (Laurent) ; **Jansénisme ; Toulon.**

Tourneux (Maurice). Un portrait de Talleyrand sur pierre fine par le graveur **Jeuffroy.** *B*, 1907, 16.

Joailliers-lapidaires, voir : **Alliot ; Auguste ; Billet ; Branchi ; Combes ; Daguerre ; Grandcher ; Lignereux ; Megliorini ; Prieur** (Paul).

Job (François), [sc.], voir : **Levray** (Gabriel).

Joigny, voir : **Benoist.**

Guiffrey (J.-J.). Peintures de François **Jolivet** et Jacques Picou dans un hôtel rue Sainte-Avoye (1680). *N A*, 1874-75, 209-215.

Joly, voir : **Grateloup** (J.-B.).

Jolly (J.), voir : **Inventaires.**

Jombert, voir : **Cochin** (Ch.-N.).

Joséphine, voir : **Houdon.**

[H. J.]. J.-B. Godefroy et Jacques **Josse,** [sc. ; transport de créance ; 1781]. *R A F*, 1891, 275-276.

Ginoux (Charles). Collections **Josserand** et Rebuffat (1840). *R A F*, XII, 1896, 153-155.

[H. J.]. Mme **Joubert,** peintre de genre et de portraits. *R A F*, XIII, 1897, 93-95.

Maître Jacques **Jouin,** peintre verrier à Embrun (1671). *R A F,* V, 1889, 174.

Extraits du **Journal de Paris.** *B*, 1876-78, 209-211.

Joursanvault (baron de), voir : **Wille** (J.-G.).

Fillon (Benjamin). Jean **Jouvenet,** [p.]. Plafond du cabinet du prince de Conty (1688-89). *N A*, 1872, 286-289.

Charavay (Étienne) ; Menu (Henri) ; [J.-J. G.]. Ouvrages de Jean **Jouvenet** pour le prince de Conti (1689-97). *N A*, 1877, 172-183.

Jean **Jouvenet.** *MI*, II, 23-32.

[J.-J. G.]. Addition à l'article concernant les ouvrages du peintre Jean **Jouvenet.** *NA*, 1877, 403-405.

MONTAIGLON (A. DE). Jean **Jouvenet.** [Note publiée par le journal *Le Temps* ; 1887.] *RAF*, IV, 1888, 117-120.

FILLON (Benjamin) ; [A. M.]. Jean **Jouvenet.** [Travaux pour la princesse de Conty ; 1689.] *NA*, 1874-75, 216-218.

Jouvray (G.), voir : **Inventaires.**

Joyaux, voir : **Éléonore d'Autriche ; Marie de Médicis ; Paris,** couvent des Grands-Carmes.

Jugement dernier, voir : **Cousin (J.).**

GUIFFREY (J.). Cartons de **Jules Romain,** [p.], pour la tenture de Scipion, [offerts à Louis XVI par Richard Cosway ; 1786]. *NA*, 1879, 263-268.

REISET (Frédéric) ; [J.-J. G.]. Les cartons de **Jules Romain** au Musée du Louvre. *NA*, 1879, 465-468.

FILLON (Benjamin). P. **Julien** et C. Dejoux, [sc. ; pavillon de Flore au palais des Tuileries ; 1788]. *NA*, 1872, 405.

CHARAVAY (Étienne) ; [J.-J. G.]. Pierre **Julien,** [sc. ; place du Peyrou à Montpellier ; 1784]. *NA*, 1876, 400-405.

Julien de Hongrie, [p.], voir : **Tulié.**

Jullien, [orf.], voir : **Aublet.**

GINOUX (Charles). Le peintre Barthélemy **Jullien.** [Paiement d'un tableau ; 1573.] *RAF*, III, 1887, 246-247.

GINOUX (Charles). Le peintre Simon **Jullien.** [Tableau du maître-autel de Saint-Louis de Toulon ; 1785.] *RAF*, III, 1887, 340-342.

Jury des arts, voir : **Gobelins.**

BOISLISLE (A. DE) ; [A. M.]. Nouveaux documents sur la famille des **Juste,** [sc.] (1513). *NA*, 1879, 8-10.

GRANDMAISON (Charles DE). Nouveaux documents sur les sculpteurs Jehan **Juste** et Juste de Juste (1521-48). *NA*, 1876, 82-89.

FILLON (Benjamin) ; [A. M.]. Jean **Juste.** [Quittance pour le tombeau de Mme de Gouffier ; 1558.] *NA*, 1872, 170-171.

GRANDMAISON (Charles DE). Date de la mort de Jean Ier **Juste** (1549). *RAF*, I *bis*, 1885, 97-99.

GRANDMAISON (Charles DE). Bail d'une portion de maison à Tours par Jehan II **Juste** (1561-62). *NA*, 1878, 253-255.

GRANDMAISON (Charles DE). Note sur **Juste de Just.** *B*, 1875, 35.

CLOUZOT (Henri). Une œuvre inédite de **Juste de Just.** *B*, 1909, 113-114.

CLOUZOT (Henri). Note complémentaire sur la Vierge de **Juste de Just.** *B*, 1910, 23-25.

GUIFFREY (J.). **Juste** d'Egmont, [p.], contre la dame du Verger (1654). *NA*, 1872, 246-251.

GUIFFREY (J.). **Juste** d'Egmont. [Son emprisonnement; 1668.] *RAF*, VI, 1890, 147-150.

CHENNEVIÈRES (Henry DE). Le peintre **Justinar** et le vœu de Louis XV à l'église Saint-Leu-Saint-Gilles. *RAF*, I, 1884, 164-165.

JOUIN (Henry). Le portrait de Louis XV par **Justinar** et ses copies. *RAF*, I *bis*, 1885, 23-24.

JOUIN (Henry). Un dernier mot à propos de **Justinar.** *RAF*, I *bis*, 1885, 42.

K

VATEL (Charles). Jean-Jacques **Karpff,** dit Casimir, [p.] ; notice de M. Paul Huot. *NA*, 1876, 384-389.

GROUCHY (vicomte DE). Contrat passé entre Balthasar **Keller,** [fond.], et Louvois pour la fonte des statues du roi (1683). *RAF*, VIII, 1892, 142-143.

GROUCHY (vicomte DE). Marché passé avec Balthasar **Keller** pour la fonte de la statue de Louis XIV de Girardon (1690). *RAF*, VIII, 1892, 165-167.

DANIS (R.). **Kléber,** architecte à Belfort (1784-92). *B*, 1925, 167-183.

Kléber (le général J.-B.), voir : **Guérin** (Jean) ; **Regnault** (J.-B.).

Kucharski, voir : **Anguissola** (S.).

MARMOTTAN (Paul). Sur Mme L. **Kugler** et François Soiron, peintres en émail. *B*, 1915-17, 97-107.

L

La Barre (de), voir : **Delabarre.**

Labazine (Jean), voir : **Mazoyer** (Jean).

JOUIN (Henry). Christophe **Labbé** et Jehan Labbé, [p.] (1650-85). *RAF*, I *bis*, 1885, 86.

Labbé (Joseph), voir : **Tremblin** (Charles-André).

LABORDE (comte A. DE). Le Fichier **Laborde** [marquis Léon de]. *B*, 1927, 18-28.

CHABOUILLET. Quittance de Jacques **Laboureur,** tailleur d'antiquités. [Travaux à l'Arsenal de Paris ; 1584.] *NA*, 1880-81, 136-140.

La Brosse (château de), voir : **Saint-Cloud.**

GINOUX (Charles). Georges de **La Chapelle,** [p. ; travaux à Toulon ; 1638]. *RAF*, II, 1886, 241-243.

La Coudraye (marquis de), voir : **Pierre** (Jean-Baptiste-Marie).

LA MORINERIE (baron DE). Pierre de **Lacourt,** [orf. ; quittance de hanaps d'argent ; 1593]. *AA, Doc.*, V, 367-368.

LAGRANGE (Léon). Monsu Onorato-Monsu **Lacroix,** [sc. ; Gênes ; 1680]. *AA, Doc.*, V, 186-189.

François **Ladatte,** [sc.]. *MI*, II, 449-450.

Lafage (de), [p.], voir : **Finsonius.**

La Faulotte (comtesse de), voir : **Nogent-sur-Marne.**

VAILLANT (V.-J.). Un portrait de **Lafayette.** *RAF*, V, 1889, 84-86.

PICAVET (Camille-Georges). Note sur trois retables franco-flamands de **La Flamengrie** (Aisne). *A*, VII, 1913, 105-126.

Lafontaine (Alliot, dit), [lap.], voir : **Alliot.**

Lafrensen, [p.], voir : **Roslin.**

GIRARDOT (baron DE). Jehan **Lafrimpe**, [sc.]. Marché pour l'appropriation de la chapelle de Montigny, aujourd'hui des Fonts, dans la cathédrale de Bourges (1618-19). *A A, Doc.*, I, 277-279.

GINOUX (Charles). Les barons de **La Garde,** amateurs d'art (1527-1767). *RA F*, VII, 1891, 241-245.

MÜNTZ (Eugène). Lettre de recommandation donnée par Peiresc à **Lagouz,** [p.] (1623). *NA*, 1876, 250-251.

La Haye, voir : **Corneille (Claude).**

GUILLET DE SAINT-GEORGES. Laurent de **La Hire,** [p.]. *MI*, I, 104-114.

REISET (Frédéric). Laurent de **la Hire,** François Porbus, Gabriel Allegrain et Christophe-Gabriel Allegrain, Jean et Jean-Bernard Restout, [p. ; actes de baptême et de mariage]. *A A, Doc.*, III, 108-112.

Philippe de la Hyre [**La Hire,** a. ; lettre de Félibien ; 1696]. *A A, Doc.*, V, 382.

VAUTHIER (Gabriel). Discours de **La Hire** prononcé à l'Académie d'architecture le 5 mai 1699. *B*, 1921, 177-179.

Lahogue, [p.], voir : **Heudon.**

Tentures de tapisserie [inventaire de Louis **Laisné** ; 1680]. *RA F*, VIII, 1892, 128.

Lalande (hôtel), voir : **Bordeaux.**

La Live (de), voir : **Detroy (J.-Fr.).**

La Live de Jully (Mme), voir : **Falconet (E.).**

Lambert (Antoine, [orf.], voir : **Pougnet (Jean-Simon).**

La Meilleraye (duc de), voir : **Inventaires.**

LEMOISNE (Paul-André). L'œuvre d'Eugène **Lami,** [p.] (1800-1890). 1914, 1 vol. in-8°, XVIII-[II]-448 p.

LACROCQ (Louis). Note sur des aquarelles d'Eugène **Lami.** *B*, 1921, 217-219.

ADVIELLE (Victor). Le peintre **Lampérière.** *RA F*, I *bis*, 1885, 62-63.

[J. G.]. Inventaire des tableaux et statues du château de **La Muette** en 1746. *RA F*, VIII, 1892, 353-360.

La Muette. Château, voir : **Châteaux royaux ; Dumont-le-Romain.**

Guiffrey (J.-J.). Adolphe **Lance,** [a.]. Notice biographique. *B*, 1875, 33-34.

Guiffrey (J.-J.). Contrat de mariage de **Lancret,** [p.], et scellé après le décès de sa veuve. *NA*, 1874-75, 330-340.

[A. M.]. Nicolas **Lancret.** Extrait des registres du Conseil d'État privé du roi [1732]. *A A*, 2e s., II, 197-201.

Tableaux de **Lancret** pour Versailles (1743). *RAF*, VIII, 1892, 96.

Valabrègue (Antony). Nicolas **Lancret.** Un tableau commandé par le duc d'Antin [1725]. *RAF*, VIII, 1892, 271-272.

Mantz (Paul). Nicolas Lancret. [Lettre du duc d'Antin au sieur **Lancret.**] *A A, Doc.*, I, 301-303.

La Sicotière (Léon de). Ch.-P. **Landon** et J. Goujon, [p. et sc. ; pièces relatives à]. *A A, Doc.*, II, 348-352.

Varenne (Gaston). Le peintre **Lanfant,** de Metz (1814-92). *B*, 1926, 155-158.

Marmottan (Paul). **Lange,** sculpteur, restaurateur du Musée des Antiques [du Louvre ; Paris] (1826). *RAF*, VI, 1890, 228-229.

Grandmaison (Charles). Guillaume **Langevin.** [Statue de saint Honoré ; 1519.] *NA*, 1878, 244-245.

Langlois (Ciartres, dit), voir : **Collignon ; Mellan** (Claude).

Castelnau (marquis de). Jehan **Langlois,** sculpteur du duc d'Épernon (xvie et xviie siècles). *RAF*, I, 1884, 97.

Lannelier, [p.], voir : **Jean** d'Orléans.

Lantara (Simon-Mathurin), [p.], voir : **Villequin** (Étienne).

Grandin (Georges). Façade de l'ancien hôtel de ville de **Laon.** *RAF*, XI, 1895, 167-170.

Grandin (Georges). Institution de la corporation des maîtres maçons de **Laon** (1661). *RAF*, XI, 1895, 164-167.

Laon, voir : **Colart** (les).

Grandin (Georges). Les primitifs **laonnois**. *RAF*, XI, 1895, 62-83.

Grandin (Georges). Sculpteurs **laonnois** et rémois (xviiie siècle). *RAF*, XI, 1895, 130-163.

La Pallue (Bernard de), [grav. méd.], voir : **Boquet.**

Lapidaires, voir : **Joailliers.**

Laques, voir : **Marie-Antoinette.**

Campardon (Émile) ; [J.-J. G.]. Déclaration faite par Nicolas **Largillière**, [p.] (1700). *NA*, 1874-75, 223-224.

Explication du tableau de **Largillière** qui se trouve à l'église Saint-Étienne-du-Mont. *B*, 1876-78, 152-156.

Guiffrey (J.-J.). Marché passé par Nicolas de **Largillière** pour le portrait de l'infante d'Espagne (1722). *NA*, 1882, 135-137.

Guiffrey (J.-J.). Commande de tableaux pour la décoration de l'Hôtel-de-Ville de Paris aux peintres **Largillière**, Dieu, Dumesnil et Louis de Boullongne (1702-16). *RAF*, II, 1886, 91-99.

Brière (Gaston). Remarques sur des portraits par Nicolas de **Largillierre** conservés dans la collection Lacaze au Louvre. *B*, 1918-19, 144-148.

Brière (Gaston). Les portraits de l'échevin Desnots et le tableau de l'avènement du duc d'Anjou à la couronne d'Espagne, par **Largillierre**. *B*, 1918-19, 234-245.

Brière (Gaston). Note sur les tableaux de **Largillierre** commandés pour l'Hôtel-de-Ville de Paris. *B*, 1920, 214-219.

Lavallée (Pierre). Les dessins de **Largillierre** à la bibliothèque de l'École des Beaux-Arts. *B*, 1921, 107-113.

Rouchès (Gabriel). Les portraits d'enfants dans l'œuvre de **Largillière**. *B*, 1922, 332-336.

Mauricheau-Beaupré. Documents sur une toile de la collection Wallace, attribuée à **Largillierre**, représentant Louis XIV et sa famille. *B*, 1923, 72.

La Morinerie (baron de). Nicolas de **Larmessin** le père, [gr. ; extrait mortuaire ; 1725]. *AA*, *Doc.*, IV, 24.

Merlet (Lucien) ; Bellier de la Chavignerie (Émile). Philippe de **La Ronse,** Pierre Pauvert et Antoine Vespré, [p. ; marchés et quittances des peintures de la cathédrale de Chartres ; 1645-47]. *AA, Doc.,* VI, 43-50.

Pons (docteur). Jean-Baptiste de **La Rose,** [p.]. Notice biographique par M. Porte. *AA, Doc.,* VI, 225-232.

Ginoux (Charles) ; [J. G.]. Actes d'état civil de la **Rose** (J.-B.) ; Toro, [sc.] ; Brun, [p.], et Hubac, [sc.]. *RAF,* I *bis,* 1885, 53-54.

Ginoux (Charles). Pascal de la **Rose.** [Acte de mariage ; 1688.] *RAF,* II, 1886, 289-290.

Lartigue, [p.], voir : **Lorin.**

[J.-J. G.]. Note sur Philippe de **Lasalle,** dessinateur et fabricant de soieries à Lyon. [*Journal de Paris* ; 1801.] *NA,* 1882, 322-323.

Trébutien. Michel **Lasne,** [gr. ; lettres sur sa biographie]. *AA, Doc.,* I, 39-48.

Read (Charles). Michel **Lasne** et Simon Vouet. [Actes d'inhumation.] *AA, Doc.,* VI, 218-221.

Lassus, [a.], voir : **Ingres.**

La Tour (les de), voir : **Colart.**

Grandin (Georges). Contrat de mariage de François de **La Tour,** [mus.] (1725). *RAF,* X, 1894, 62-63.

Grandin (Georges). François de **La Tour,** musicien (1694). *RAF,* XII, 1896, 23-25.

La Tour (le P. Darères de), voir : **Coustou (G.).**

Boilly (Jules). Maurice-Quentin de **La Tour,** [p. ; lettre ; 1774]. *AA, Doc.,* II, 148-149.

Desmaze (Charles) ; [A. M.]. Maurice-Quentin de **La Tour.** [Aventure de sa jeunesse ; 1723.] *NA,* 1874-75, 303-304.

Grandin (Georges). Procuration donnée par Maurice-Quentin de **La Tour** à un libraire de Laon (1736). *RAF,* IX, 1893, 109-111.

Mareuse (Edgar). Identification d'un pastel de **La Tour.** *B,* 1908, 21.

La Tour (M.-Q. de), voir : **Artistes.**

Launay (de), [orf.], voir : **Courtet.**

Le Roux de Lincy. Jacques de **Launay.** [Quittance ; 1641.] *A A, Doc.*, V, 96.

Ginoux (Charles). Debpte pour Honoré **Laure,** maître peintre de Tolon (1646). *R A F*, XII, 1896, 78-79.

Ginoux (Charles). Sommation pour Honoré **Laure** contre Verdelet (1646). *R A F*, XII, 1896, 79-80.

Roman (J.). Une œuvre nouvelle de **Laurent de Mugiano,** [sc.], exécutée sur terre française (xvie siècle). *R A F*, IV, 1888, 2-3.

Guiffrey (J.-J.). Philippe-Jacques Loutherbourg [**Lauterbourg,** p.] et sa femme (1769-74). *R A F*, IV, 1888, 204-209.

Stein (Henri). Quelques particularités sur la vie du peintre Ph.-J. Lauterbourg. *B*, 1915-17, 85-96.

Laval, Frères Mineurs, voir : **René** (le roi).

La Valette (église de), voir : **Raetz.**

Lespinasse (Pierre). Deux architectes français en Suède au xviie siècle : Simon et Jean de **La Vallée.** *B*, 1910, 347-379.

Lawfeld (la bataille de), voir : **Parrocel** (Charles).

Lawreince, [p.], voir : **Roslin.**

Lazare (Résurrection de), voir : **Guerchin** (le).

Hochschild (baron de). J.-P. **Lebas.** Lettre de ce graveur à J.-E. Rehn, dessinateur et architecte suédois. *A A, Doc.*, III, 118-123.

Bordier (Henri) ; [A. M.]. Fremin **Lebel.** Marché des peintures pour le maître-autel de Saint-Germain-des-Prés (1557). *A A, Doc.*, II, 136-142.

Grouchy (vicomte de). Pierre et Louis **Le Blanc,** peintres ordinaires du roi (1674-86). *R A F*, XI, 1895, 24-28.

Le Blanc (Pierre), voir : **Leblond** (Nicolas) ; **Marie-Thérèse.**

Leblond (Antoine et Marc-Antoine), voir : **Bordeaux.**

Chennevières (Henry de). Nicolas **Leblond,** [p.] ; Claude

Pillon, [p.]; Grenorle, [sc.]; Estienne Noder, [p.];
Pierre Le Blanc, [p.]; Robert Bertage, [p.]; Bailleul,
[gr.] (1610-43-1747). *RAF*, I *bis*, 1885, 162-163.

Le Boiteux, [orf.], voir : **Aublet.**

FILLON (Benjamin) ; [J.-J. G.]. Marin **Le Bourgeois,**
peintre du roi (1591-1605). *NA*, 1876, 141-145.

Le Boyteux (Jehan), brodeur du roi, voir : **Bullion.**

FILLON (Benjamin). Lettre de Joachim **Lebreton** (1806).
NA, 1877, 372-377.

RONDOT (Natalis). Les graveurs lyonnais du nom de Le
Brun ou Brun au XVIIIᵉ siècle. *NA*, 1880-81, 496-505.

Charles **Le Brun,** [p. ; lettres et dédicace]. *AA, Doc.*, I,
52-69.

Charles **Le Brun.** Ses gages de premier peintre du roi. *AA,
Doc.*, IV, 132.

PASSY (Louis). Correspondance de Charles **Le Brun** et du
grand-duc Cosme III de Médicis. *AA*, 2ᵉ s., I, 143-162.

Charles **Le Brun.** [Épigramme de Bois-Robert ; 1659.]
AA, 2ᵉ s., I, 304.

GUILLET DE SAINT-GEORGES. Charles **Le Brun.** *MI*, I,
1-72.

MÜNTZ (Eugène) ; [A. M.]. Lettre du grand-duc de Toscane au neveu de Charles **Le Brun** (1705). *NA*, 1874-75,
225-226.

HENRY (C.). Lettre de Charles **Le Brun** à Pierre-Daniel
Huet (1666). *NA*, 1879, 247.

[J.-J. G.]. Mémoire de portraits exécutés par **Le Brun**
(1756-57). *NA*, 1880-81, 91-92.

[J.-J. G.]. Les descendants de Charles **Le Brun** (1788).
NA, 1880-81, 257-264.

CHARAVAY (Étienne). Le tableau de la chapelle de **Le
Brun** à Saint-Nicolas-du-Chardonnet (en 1814). *NA*,
1882, 355-356.

JOUIN (Henry). Charles **Le Brun.** Ses relations avec les
artistes de son temps (1647-88). *RAF*, V, 1889, 259-267.

MARMOTTAN (Paul). Tableaux de **Le Brun** à l'église Saint-

Nicolas-du-Chardonnet (1806). *RAF*, VII, 1891, 397-398.

GROUCHY (vicomte DE). Le contrat de mariage de Charles **Le Brun** (1647). *RAF*, IX, 1893, 101-106.

FONTAINE (André). La querelle de **Le Brun** et de Mignard. *B*, 1907, 64.

MARCEL (Pierre). La correspondance de Charles **Le Brun** avec Cosme III de Médicis et Charles-Antoine de Gondi (1682-89). *A*, VIII, 1914, 170-192.

PRUNIÈRES (Henry). Un document nouveau sur la disgrâce de **Le Brun**. *B*, 1914, 200-203.

FONTAINE (André). Les causes de la disgrâce de **Le Brun**. *B*, 1915-17, 47-51.

Lebrun (Ch.), voir : **Le Sueur** (Eustache) ; **Mignard** (Pierre et Paul).

Lebrun (Mme), voir : **Vigée-Lebrun**.

BRUYERRE. Le peintre-verrier parisien Michel **Le Brun** [1693]. *RAF*, I, 1884, 164.

BRUYERRE. Michel **Le Brun**, peintre-verrier. [Verrière de l'église de Caudebec, Seine-Inférieure ; 1758.] *RAF*, I *bis*, 1885, 164-165.

Leclerc (le général), voir : **Moitte** (Jean-Guillaume).

GUIFFREY (J.-J.). Partage des biens de Sébastien **Le Clerc**, [gr.] (1736). *NA*, 1872, 316-329.

MEAUME. Traité de perspective de Sébastien **Le Clerc** (vers 1680). *NA*, 1876, 308-315.

MARMOTTAN (Paul). Sur Achille **Leclère**, élève architecte à l'École de Rome (1809). Liste des élèves de Percier. *B*, 1921, 125-130.

Lecœur, [p.], voir : **Heudon**.

[A. M.]. **Lecomte**, [sc. ; épigramme de Ronsard ; 1553]. *AA*, 2e s., I, 184.

SOULIÉ (Eudore) ; [P. M.]. Félix **Lecomte**. [Sculpture au pavillon de Lucienne [Louveciennes], en 1771.] *AA*, *Doc.*, I, 270-272.

[J.-J. G.]. Le tombeau de l'abbé Terray, par Félix **Le-comte** (1780). *NA*, 1880-81, 242-243.

Le Conte (Jean), [sc.], voir : **Privé** (Thomas).

Leconte (Louis), [sc.], voir : **Buiret.**

Ledoux, [orf.], voir : **Aublet.**

Claude **Lefebvre,** [p.]. *MI*, I, 402-403.

BRIÈRE (Gaston). La provenance d'un tableau attribué à Claude **Lefebvre** au Musée du Louvre. *B*, 1921, 210-211.

LA SICOTIÈRE (Léon DE). Robert **Lefebvre,** [p.]. Extrait de ses lettres. *AA, Doc.*, II, 172-176.

ENGERAND (Fernand). Trois lettres inédites de Robert **Lefebvre,** [1812-15]. *RAF*, XIII, 1897, 89-93.

MARMOTTAN (Paul). Document sur Robert Lefèvre, [Le-**febvre**]. *B*, 1922, 322-327.

GUIFFREY (J.-J.. **Lefèvre,** tapissier de haute lisse aux Gobelins (1738). *RAF*, III, 1887, 205-206.

GUIFFREY (Jules). Nicolas **Lefèvre,** Germain Oyault, Ma-thurin Nicolas, marchands d'histoires et figures (1560). *RAF*, II, 1886, 154.

GUILLET DE SAINT-GEORGES. Nicolas **Legendre,** [sc.]. *MI*, I, 408-414.

JOUIN (Henry). **Leger,** sculpteur ; Bourgeois, peintre do-reur, etc., créanciers du prince de Salm (1789). *RAF*, VI, 1890, 274-276.

Legouaz, [gr.], voir : **Agriculture.**

Legrand, [a.], voir : **Molinos.**

Le Gras du Luart, voir : **Bourdin.**

MÜNTZ (Eugène). Recherches et documents inédits sur Pierre **Legros,** [sc.] (1704-19). *NA*, 1876, 354-358.

Legros (Pierre), voir : **Villequin** (Étienne).

Éloge funèbre de Mme **Le Hay,** par M. Fermel'Huis. *AA*, 2e s., I, 370-411.

GUILLET DE SAINT-GEORGES. Étienne **Lehongre,** [sc.]. *MI*, I, 363-382.

Lehongre, voir : **Bérain ; Coysevox.**

CHARAVAY (Étienne); [J.-J. G.]. J. **Le Lorrain,** [gr.; mémoire; 1758]. *RAF,* VI, 1890, 177-178.

GOUGENOT (Louis). Robert **Le Lorrain,** [sc.]. *MI,* II, 210-230.

MARMOTTAN (Paul). Le sculpteur Henri **Lemaire,** [lettre; 1817]. *RAF,* VI, 1890, 359-361.

Le Mans, voir : **Du Bellay ; Duval** (Bertin).

Lemercier, [orf.], voir : **Courtet.**

Lemercier (Jacques), [a.], voir : **Bullion.**

Le Mire, [orf.], voir : **Aublet.**

Le Moigne (Jehan), [sc.], voir : **Chiffelin.**

Lemoine (J.-B.), voir : **Lemoyne.**

MARCEL (Pierre). La collection de dessins de Gabriel **Lemonnier** au Musée de Rouen. *A,* VII, 1913, 467-495.

[A. M.]. François **Lemot,** de Lyon, [sc.; lettre; 1800]. *AA, Doc.,* V, 203.

GUIFFREY (Jules). Correspondance du sculpteur François-Frédéric **Lemot** (1806-26). *RAF,* VII, 1892, 128-135.

BRÉBION (Edmond). François-Frédéric **Lemot.** La statue de Louis XIV à Lyon. *RAF,* XII, 1896, 25-31.

GUIFFREY (J.-J.). Avis de parents, procès-verbal de suicide et inventaire des biens de François **Le Moyne,** [p.] (1693-94, 1737). *NA,* 1877, 184-218.

GRÉSY (Eugène). Ch. Hérault et J.-B. Lemoine, [**Le Moyne,** p. et sc. ; acte de partage ; 1689]. *AA, Doc.,* IV, 312.

RAMÉ (Alfred) ; [A. M.]. Jean-Baptiste **Lemoyne,** [statue de Louis XV]. *AA, Doc.,* VI, 111-162.

FILLON (Benjamin). **Lemoyne.** Décompte général (1737-82). *NA,* 1872, 330-334.

[H. J.]. Le sculpteur Jean-Baptiste **Lemoyne,** [succession ; 1778]. *RAF,* VII, 1891, 274-275.

BRIÈRE (G.). Statuettes de terre cuite représentant le monument de Louis XV à Rennes, [par J.-B. **Lemoyne**]. *B,* 1907, 130-133.

BRIÈRE (Gaston). Note sur le tombeau du cardinal Fleury, par J.-B. **Lemoyne.** *B,* 1908, 112-122.

BRIÈRE (Gaston). A propos d'un buste de Louis XV, par J.-B. **Lemoyne**. *B*, 1910, 71-76.

RATOUIS DE LIMAY (Paul). Le buste du poète Robbé de Beauveset, par J.-B. **Lemoyne**. *B*, 1912, 65-68.

RÉAU (Louis). Les bustes de l'avocat Gerbier, par **Lemoyne** et Houdon. *B*, 1922, 17-26.

Lemoyne (J.-B.), voir : **Caffieri** (J.-J.).

BUFFENOIR (Hippolyte). Le mausolée de Fénelon, par J.-L. **Lemoyne**, [sc.]. *B*, 1921, 52-53.

CHAMPFLEURY. Les frères **Lenain**, [p.], acte de vente trouvé dans les archives de la ville de Laon. *A A*, *Doc.*, III, 68-71.

GUIFFREY (J.-J.). Antoine, Louis et Mathieu **Le Nain** ; nouveaux documents (1629-69). *NA*, 1876, 255-295.

GRANDIN (Georges). Les contemporains des frères **Lenain**. *RAF*, XII, 1896, 33-78.

BENOÎT (François). Un « **Le Nain** « inconnu. *B*, 1908, 208-212.

DEMONTS (Louis). A propos d'un tableau attribué aux **Le Nain** au Musée du Louvre. *B*, 1910, 345-346.

Lenain (les), voir : **Colart**.

Lenoir (Simon-Bernard), [p.], voir : **Roussy** (Alexandre de).

Lenormant de Tournehem, voir : **Tournehem** (Lenormant de).

Lenormant du Coudray, voir : **Perronneau**.

GUIFFREY (Jules). Une statue d'André **Le Nostre**, [a.], en Angleterre. *B*, 1908, 222-223.

GUIFFREY (Jules). Testament et inventaire après décès d'André **Le Nostre** et autres documents le concernant. *B*, 1911, 217-282.

GIRARDOT (baron DE) ; [P. M.]. J.-B. **Lepaon**, [p. ; billet de recommandation du maréchal de Mouchy]. *A A*, *Doc.*, I, 181-182.

[A. M.]. **Lepautre**, [a. ; lettre de Louvois ; 1673]. *A A*, 2e s., II, 377-378.

Jouin (Henry). **Lepeintre** (André), [p.]. *RAF*, X, 1894, 367-368.

Brière (Gaston). Documents sur Charles **Lepeintre** et sur ses descendants. *B*, 1920, 134-139.

Vallery-Radot (Jean). Deux tableaux attribués à Charles **Lepeintre**. *B*, 1921, 187-195.

Lepeletier de Saint-Fargeau, voir : **David** (L.).

Charavay (Étienne). Bernard **Lépicié**, [requête ; 1750]. *RAF*, VI, 1890, 173-174.

Locquin (Jean). Bernard **Lépicié** à l'École royale des élèves protégés. *B*, 1909, 93-96.

Dreyfus (Philippe-Gaston). Une dernière volonté de Nicolas-Bernard **Lépicié**, [gr.]. *B*, 1910, 25-32.

Dreyfus (Philippe-Gaston). Catalogue raisonné de l'œuvre de Nicolas-Bernard **Lépicié**. *B*, 1922, 134-283.

Lépicié, voir : **Marigny** (marquis de) ; **Mignard** (Pierre) ; **Tournehem** (Lenormant de).

Le Pouldu, voir : **Gauguin.**

Lépreux (Bannière des), voir : **Paris,** Bibliothèque nationale.

Le Prince (Jehan), [p.], voir : **Engrand.**

Lequeux, [a.], voir : **Magnien.**

Lequin (Jacques), [orf.], voir : **Roussy** (Alexandre de).

Guillet de Saint-Georges. Louis **Lerambert,** [p.]. *MI*, I, 330-336.

Lerambert (Louis), voir : **Primatice.**

Belleudy (Jules). Joseph **Le Riche,** [sc.]. *B*, 1924, 31-37.

[A. M.]. Jean **Leroux,** [p. ; prix d'un tableau ; 1479]. *AA*, 2ᵉ s., I, 193-194.

[A. M.]. Jehan **Le Saige,** peintre de Louis XI. *AA*, 2ᵉ s., II, 13-19.

Les Andelys, voir : **Warin** (Quintin).

L'Escarène (hôtel), voir : **Mignard** (Nicolas).

Roman (J.). François **Lescot,** orfèvre du roi (1645). *RAF*, II, 1886, 113.

[A. M.]. Quittance de Pierre **Lescot** le père (1526). *NA*, 1874-75, 163.

Boislisle (A. de) ; [J.-J. G.]. Exemption de logement en faveur de Pierre **Lescot**, [a.] (1552). *NA*, 1879, 88-90.

Lescot (P.), voir : **Delorme (Ph.)** ; **Paris,** Louvre.

Dussieux (Louis) [et divers auteurs]. Nouvelles recherches sur la vie et les ouvrages de **Le Sueur**, [p.]. *AA, Doc.,* II, 1-124.

Hédouin (P.). Eustache **Le Sueur,** [lettre ; 1650]. *AA, Doc.,* II, 143-144.

Fillon (Benjamin) ; [P. C.]. Eustache **Le Sueur,** [extrait de son registre]. *AA, Doc.,* II, 199-204.

Montaiglon (Anatole de). Eustache **Le Sueur** et la famille de Le Brun. *AA, Doc.,* III, 186.

Jal (A.) ; [L. D.]. Eustache **Le Sueur,** [biographie]. *AA, Doc.,* III, 327-332.

Lagrange (Léon de). Sur la copie de la *Vie de saint Bruno,* par **Le Sueur,** qui se trouve à la Grande-Chartreuse. *AA, Doc.,* IV, 402-403.

Guillet de Saint-Georges. Eustache **Le Sueur.** *MI,* I, 147-173.

[J.-J. G.]. Lettres et documents sur l'acquisition des tableaux d'Eustache **Le Sueur** pour la collection du roi (1776-89). *NA,* 1877, 274-360.

Grandmaison (Charles de) ; [J.-J. G.]. Les tableaux d'Eustache **Le Sueur** à l'abbaye de Marmoutiers. *NA,* 1878, 400-406.

Montaiglon (Anatole de). Eustache **Lesueur,** [quittance ; 1651]. *RAF,* I, 1884, 99-100.

Brière (Gaston). Sur le tableau d'Eustache **Le Sueur** : *Saint Pierre ressuscitant Tabithe. B,* 1922, 355-358.

Dimier (Louis). Un tableau méconnu de **Lesueur,** [p.]. *B,* 1927, 36-37.

[J. C.]. Jacques-Philippe **Lesueur,** [sc. ; bas-relief de la *Liberté* ; 1794]. *NA,* 1872, 428.

Jouin (Henry). Le sculpteur Jacques-Philippe **Lesueur** (1801). *RAF*, VIII, 1892, 361.

Letellier, voir : **Warin** (Quentin).

Grouchy (vicomte de). Inventaire des tapisseries et tableaux trouvés après le décès du chancelier Michel Le **Tellier** (1685). *RAF*, VIII, 1892, 112-114.

Girardot (baron de). G. Guillon **Lethière,** [p. ; Salon, 1822]. *NA*, 1872, 460-461.

Marmottan (Paul). Lettre de Le **Thière** (1812). *RAF*, VIII, 1892, 282-284.

Leupold (J.-J.), [p.], voir : **Bordeaux.**

Dugast-Matifeux. Louis **Levau,** [a. ; église Saint-Pierre de Nantes]. *AA*, *Doc.*, II, 345-347.

Levieux (R.), voir : **Warin** (Quentin).

Ginoux (Charles). La dynastie des sculpteurs **Levray** de Toulon (1600-1720). *RAF*, VIII, 1892, 226-227.

Ginoux (Charles). Gabriel **Levray** et François Job. Contrat d'apprentissage (1667). *RAF*, VII, 1891, 110-111.

Ginoux (Charles). Le sculpteur **Levray** (1656). *RAF*, IV, 1888, 193-195.

Ginoux (Charles). Nicolas **Levray,** [marché pour la fontaine de Saint-Éloy à Toulon ; 1655]. *RAF*, VI, 1890, 353-354.

Levray (Nicolas), voir : **Puget** (Gaspard) ; **Toulon.**

[A. M.]. Travaux de Pierre **L'Heureux,** [sc.], et de Jean Riquier, [p.], à Saint-Wulfran d'Abbeville (1501-05). *AA*, 2e s., II, 22-24.

Deshairs (Léon). Recherches sur le sculpteur **Lhuillier.** *B*, 1907, 66-71.

Liancourt, voir : **Godefroy** (Denis II).

Liberté (la), bas-relief, voir : **Lesueur** (Jacques-Philippe).

Libourne, Musée, voir : **Falconet.**

Libraires, voir : **Artistes.**

Guillet de Saint-Georges. Louis **Licherie,** [p.]. *MI*, II, 61-72.

Liége, voir : **Defrance** (Léonard) ; **Warin** (Jean).

Lignereux, [bij.], voir : **Marie-Antoinette.**

Quelques tableaux français du Musée de **Lille.** *B*, 1908, 141-157.

Texier (l'abbé) ; M. Ardant ; [E. de Fréville]. Liste des argentiers et émailleurs de **Limoges.** *A A, Doc.*, III, 375-383.

Marquet de Vasselot (J. J.). Un portrait de sultan par un émailleur [de **Limoges**] du xvi⁰ siècle. *A*, VII, 1913, 93-104.

Limoges (évêché de), voir : **Suvée** (J.-B.).

Marquet de Vasselot (J. J.). Une suite d'émaux **limousins** à sujets tirés de l'Énéide. *B*, 1912, 6-51.

Marquet de Vasselot (J. J.). La conquête de la Toison d'or et les émailleurs **limousins** du xvi⁰ siècle. *B*, 1913, 131-132.

Darcel (Alfred). Jules **Lionel,** peintre (1515). *RAF*, VIII, 1892, 65.

Pierre **Lisquy,** [p. et sc. ; acte de décès ; 1728]. *A A, Doc.*, VI, 272.

[J.-J. G.]. Lettres de naturalité de Pierre Lisqui ou Lixe [**Lisquy**] (1680). *NA*, 1882, 100-103.

Livres d'Heures, voir : **Boucicaut ; Chotard** (Michel).

Livres à gravures, voir : **Normandie.**

Lixe (P.), voir : **Lisquy.**

La Morinerie (baron de). Pierre **Lochon,** [gr. ; acte de baptême de sa fille ; 1683]. *A A, Doc.*, IV, 133-134.

Montaiglon (Anatole de). René **Lochon,** [gr. ; acte de baptême de son fils ; 1665]. *A A, Doc.*, III, 316.

Logue, [orf.], voir : **Franquet.**

Guillet de Saint-Georges. Nicolas **Loir,** [p.]. *MI*, I, 337-345.

Loire, fleuve, voir : **Dagnau.**

Guigue (C.). Robin **Loisel,** [sc.]. Quittance du tombeau et de la statue d'Isabelle de Bourbon. *A A, Doc.*, V, 337-338.

Loisel (Robert), voir : **Privé** (Thomas).

[A. M.]. François **Lombard,** [p.], et C. Galgan. *B*, 1876-78, 177.

Longueville, voir : **Privé** (Thomas).

Castelnau d'Essenault ; [H. J.]. **Lorin** et Lartigue, peintres du duc d'Épernon (1618-24). *RAF*, II, 1886, 18.

Grandin (Georges). Simon de **Lorme,** [sc.] (xvie s.). *RAF*, XIII, 1897, 73-80.

Lorrain (Claude le), [p.], voir : **Gellée.**

Lorrain (J. le), [grav.], voir : **Le Lorrain** (J.).

Lorrain (Robert le), [sc.], voir : **Le Lorrain** (Robert).

Lorraine (ducs de), voir : **Charles** (C.) ; **Gobert** (Pierre).

Lorraine (Charles III de), voir : **Callot.**

Lorraine (Louis de), voir : **Coysevox.**

Lorraine, artistes, voir : **Cordier** (Nicolas) ; **Dun** (N.-F.) ; **Murano.**

Guiffrey (Jules). Mémoire de **Lorthior,** [gr.-méd.], sur la fabrication des assignats (1790). *RAF*, I *bis*, 1885, 89-92, 103-106.

Roman (J.). **Lorthior,** [jeton de Marie-Antoinette ; 1770]. *RAF*, V, 1889, 327-328.

Fillon (Benjamin) ; [A. M.]. Lettre du dauphin **Louis,** [Louis XI ; demande d'un peintre verrier ; Grenoble, 1457]. *NA*, 1872, 137-138.

Louis XI, voir : **Maubert** (Jehan).

Louis XII, voir : **Paganino** (Guido) ; **Perréal** (Jean).

Roman (J.). Artistes pensionnés par **Louis XIII** (1624-32). *RAF*, I *bis*, 1885, 87.

Louis XIII, voir : **Bourgeoys** (M.) ; **Chapelle ; Paris,** Notre-Dame ; **Saint-Denis ; Toulon.**

Guiffrey (Jules). Les statues et les bustes de **Louis XIV.** *RAF*, V, 1889, 246-249.

Grouchy (vicomte de). Présents offerts au roi **Louis XIV** ou, par lui, envoyés à l'étranger (1668-99). *RAF*, VIII, 1892, 100-120.

Marquet de Vasselot (J. J.). Le portrait de **Louis XIV** du manuscrit intitulé « Les marches et les mouvements de l'armée du Roi pendant la campagne de 1677 ». *B*, 1907, 44-45.

Blum (André). **Louis XIV** et l'imagerie satirique pendant les dernières années du xviie siècle. *A*, VII, 1913, 272-286.

Louis XIV, statues, voir : **Coysevox ; Desjardins** (Martin) ; **Girardon ; Guérin** (Gilles) ; **Keller** (Balth.) ; **Lemot** (Fréd.) ; **Puget** (Pierre) ; **Scabrol** (Roger).

Louis XIV, voir : **Guidi** (Dom.) ; **Largillière ; Mariette ; Maximilien** (Chasses de l'empereur) ; **Paris**, Palais du Louvre ; **Tapisseries ; Trianon ; Versailles.**

Chennevières (Henry de). Pompe funèbre de **Louis XV** (1774). *RAF*, I *bis*, 1885, 151.

Portrait de **Louis XV** pour les sauvages du Canada (1759). *RAF*, V, 1889, 78.

Louis XV, statues, voir : **Bouchardon ; Coustou** (G.) ; **Lemoyne** (J.-B.).

Louis XV, voir : **Cochin** (C.-N.) ; **Compignie ; Justinar ; Rigaud** (H.) ; **Sculptures.**

Louis XVI, voir : **Aycard ; Brest ; Jules Romain ; Murillo ; Petitot** (Jean) ; **Titien ; Toulon.**

Louis XVIII, voir : **Champagne** (Ph. de).

Louis-Philippe, voir : **Giroust ; Picot** (François-Édouard) ; **Vernet** (Horace).

Louis-Bonaparte, roi de Hollande, voir : **Cartellier.**

Loury, [joa.], voir : **Chabot.**

Loutherbourg, voir : **Lauterbourg.**

Louveciennes, voir : **Lecomte** (Félix).

Rouart (Louis). Un buste en terre cuite représentant le marquis de **Louvois.** *B*, 1908, 220-221.

Louvois (marquis de), voir : **Chabot ; Keller** (Balth.) ; **Lepautre** (A.) ; **Simonneau** (Charles).

Lucienne, voir : **Louveciennes.**

Ludovisi, villa, voir : **Inventaires.**

Sainte-Beuve (Mlle). Le tombeau de **Lully**, [mus.], à Notre-Dame-des-Victoires, [par Pierre Coton]. *B*, 1926, 214-218.

Lully, voir : **Mignard** (Paul).

Montaiglon (Anatole de). Mathurin **Lussaut**, [orf. ; lettre du duc d'Anjou ; 1572]. *A A*, *Doc.*, III, 182-183.

Charavay (Étienne) ; [J.-J. G.]. Jérémie de **Lutel**, [p.] (1692). *N A*, 1876, 352-353.

[J.-J. G.]. Jérémie du **Lutel**, peintre du roi. [Extrait d'un inventaire ; 1691]. *N A*, 1879, 256-257.

Ris (Clément de) ; Cottenet (Émile) ; [J.-J. G.]. Jérémie de **Lutel**, Nivard, [p.], et Houdon, [sc.]. *N A*, 1879, 459-464.

Tessier (André). Le **luth** et l'art du chant au xviie siècle. *B*, 1927, 101-103.

[F. R.] ; [A. M.]. Les tableaux et les statues de **Lyon** au xviie siècle, par I. de Bombourg ; avec des extraits de la description de Lyon d'André Clapasson. *A A*, 2e s., II, 99-175.

Guigue (Georges). Les architectes du pont du Rhône à **Lyon** (1183-1559). *B*, 1876-78, 141-142.

Rondot (Natalis). Les tapissiers de **Lyon** au xive et au xve siècle. *N A*, 1879, 198-199.

Montaiglon (Anatole de). Pieds et toises de **Lyon**. *R A F*, I *bis*, 1885, 166-168.

Rondot (Natalis). Les graveurs de **Lyon**, [artistes]. Actes d'état civil (xvie-xviie s.). *R A F*, III, 1887, 193-203.

Rondot (Natalis). Sculpteurs de **Lyon**, [xvie, xviie et xviiie s. ; actes d'état civil]. *R A F*, III, 1887, 289-309.

Rondot (Natalis). Les orfèvres de **Lyon** du xive au xviiie siècle. *R A F*, IV, 1888, 13-57, 65-115.

Lyon, Bibliothèque, voir : **Gillot.**

Lyon, École de dessin, voir : **Oudry** (J.-B.).

Lyon, Entrées, voir : **Salomon** (B.).

Lyon, Hôtel de ville, voir : **Warin** (Claude de).

Lyon, Statue de Louis XIV, voir : **Lemot** (Frédéric).

Lyon, voir : **Chévrier** (Mathieu) ; **Chinard ; Durand ; Froment** (Nic.) ; **Guillemard** (Pierre) ; **Guillot** (Jean) ; **Jean de Paris ; La Salle** (Ph. de) ; **Le Brun** (les) ; **Lemot** (Fr.) ; **Mimerel** (J.) ; **Perrier** (les) ; **Pierre de Paix ; Prevost** (Jean).

M

Macaire (Denis), voir : **Rogeri.**

GROUCHY (vicomte DE). Les **Macé,** sculpteurs en mosaïque de bois (1673). *RAF*, VIII, 1892, 103-107.

GROUCHY (vicomte DE). Les **Macé,** sculpteurs en mosaïque de bois, [inventaire après décès ; 1672]. *RAF*, VIII, 1892, 237-239.

Maciet, [p.], voir : **Tronquet.**

Maçons, voir : **Nouveau** (J.) ; **Poucin.**

Madrid, château, voir : **Châteaux royaux ; Gadier.**

[H. J.]. **Magnien** et Lequeux, [orf. et a. ; créance ; 1776]. *RAF*, VII, 1891, 393-394.

GUILLET DE SAINT-GEORGES. Laurent **Magnier,** [sc.]. *MI*, I, 415-421.

Laurent **Magnier,** sculpteur, et Jérôme Derbais, marbrier, [quittance pour des travaux à Saint-Germain-des-Prés ; 1679]. *RAF*, IV, 1888, 293-295.

Mai, voir : **Paris,** Notre-Dame, Saint-Germain-des-Prés.

CORDEY (Jean). La manufacture de tapisseries de **Maincy.** *B*, 1922, 38-52.

Maintenon (Mme de), voir : **Fontainebleau.**

Maison de la Reine, voir : **Artistes ; Brodeurs ; Cloche** (Cl.) ; **Grandcher ; Jeaurat de Bertry** (N.).

[A. M.]. Artistes compris dans l'état de la **maison du Roi** en 1652. *AA, Doc.*, V, 193-196.

Maison du Roi, voir : **Artistes ; Auguste ; Bailly** (J. et N.) ; **Boucherot ; Brodeurs ; Bunel** (Jacob) ; **Clericy** (A.) ; **Clérion ; Compignie ; Duval** (Ambroise) ; **Flamen** (Anselme) ; **Le Blanc** (P. et L.) ; **Lescot** (Fr.) ; **Marbres** (département des) ; **Petit** (Vincent) ; **Peyrotte** ; **Regnaudin** (T.) ; **Revoir** ; **Silvin** (A.) ; **Van der Meulen** ; **Vinache** (J.).

MONTAIGLON (Anatole DE). Mémoires pour servir à l'histoire des **maisons royalles** et bastimens de France, par André Félibien, sieur des Avaux, 1681. 1874, 1 vol. in-8º, XVI-104 p., 1 pl.

Maisons royales (tenture dites des), voir : **Saint-Germain-en-Laye.**

Maisons-Laffitte, Musée, voir : **Blanchard.**

FOURNIER (Charles). **Malaine,** [p. ; mémoire, 1791]. *NA,* 1874-75, 453.

Malesherbes, voir : **Houdon** ; **Robert** (Hubert).

Malmaison (la), voir : **Redouté.**

ROUCHÈS (Gabriel). Un érudit bolonais du XVIIe siècle, Carlo-Cesare **Malvasia.** *A,* VII, 1913, 210-223.

MAREUSE (Edgar) ; ROUART (L.). Le *Déjeuner sur l'herbe* de **Manet,** [p.]. *B,* 1908, 46.

Manet, voir : **Dubrunfaut.**

Mangin, [orf.], voir : **Franquet.**

[A. M.]. La **Mansarade,** [1651], suivie d'un arrêt de Louis XIV en faveur de la gravure. *AA,* 2e s., II, 242-266.

FILLON (Benjamin) ; [A. M.]. Acte relatif aux familles d'Hardouin-**Mansart,** [a.], et de Nanteuil (1674). *NA,* 1879, 248-255.

HAUTECŒUR (Louis). Jules Hardouin-**Mansart** et François Mansart, [a.]. *B,* 1924, 120-121.

GROUCHY (vicomte DE). Les maisons de François **Mansart** (1653-59). *RAF,* VIII, 1892, 229-231.

GRASSOREILLE (G.). Jules Hardouin-**Mansart,** [droits de justice et redevances ; 1702-06]. *NA,* 1882, 131-134.

CHENNEVIÈRES (Henry DE) ; [H. J.]. La cheminée mouvante de **Mansart** (1763). *RAF,* I *bis,* 1885, 108-109.

JOUIN (Henry). Jules Hardouin-**Mansart.** *RAF,* I *bis,* 1885, 116-117.

Lemonnier (Henri). Un album de dessins originaux de **Mansart** conservé à la bibliothèque de l'Université de Paris. *B*, 1912, 64-65.

Duportal (Mlle J.). Projet pour le tombeau de Jules Hardouin-**Mansart**. *B*, 1921, 140-145.

Mansart, voir : **Cornu.**

Schneider (René). Le fantastique de **Mantegna**, [p.]. *B*, 1920, 94-96.

Manuscrit à dessins, voir : **Cailleau** (Hubert).

Manuscrits à miniatures, voir : **Chadelrc ; Miniatures.**

Manuscrits français, voir : **Paris**, Bibliothèque nationale ; **Sanderat** (Étienne) ; **Tapisseries.**

Tessier (André). L'œuvre de Marin **Marais**, [mus.]. *B*, 1924, 76-80.

Tessier (André). La *Gamme* de Marin **Marais**. *B*, 1925, 67-70.

Girardot (baron DE) ; [J.-J. G.]. Projet de caricature de l'invention de **Marat** (1791). *NA*, 1872, 409-411.

Marat, voir : **David** (L.).

Wildenstein (Georges) ; Terrasse (Charles). Les documents du département des **marbres**. *B*, 1918-19, 117-119.

Marbrier, voir : **Derbais.**

Marc-Antoine (Histoire de), voir : **Versailles**, tentures de la Chambre du Roi.

Marcadé, [orf.], voir : **Courtet.**

Marchand (Fr.), voir : **Bontemps.**

Marches, voir : **Piero della Francesca.**

Marches et mouvements de l'armée du roi pendant la campagne de 1677, voir : **Louis XIV.**

Jouin (Henry) ; Montaiglon (Anatole DE). Testament du peintre verrier Guillaume de **Marcillat** (1529). *RAF*, II, 1886, 49-59.

Jouin (Henry) ; Montaiglon (Anatole DE). Marchés passés par le peintre verrier Guillaume de **Marcillat**, [vitraux du dôme d'Arezzo ; 1518-24]. *RAF*, II, 1886, 81-90.

Montaiglon (Anatole de) ; Jouin (Henry). Guillaume de **Marcillat**, [documents ; 1509-29]. *RAF*, II, 1886, 209-227.

Marcy (G. de), voir : **Marsy.**

Maréchaux (exposition des), voir : **Delvaux.**

Fillon (Benjamin) ; [H. Lot]. Les monuments commémoratifs des victoires de Dego, Montenotte, Mondovi et **Marengo** (1805). *NA*, 1874-75, 487-499.

Marguerite d'Autriche, voir : **Perréal** (Jean).

Marguerite de Navarre, voir : **Érondelle.**

Mariage de l'Empereur [Napoléon Ier], vase, voir : **Sèvres.**

Marie d'Anjou, voir : **Vulcop** (Conrart et Henry de).

Tuetey (Alexandre). Inventaire des laques anciennes et des objets de curiosité de **Marie-Antoinette** confiés à Daguerre et Lignereux, marchands bijoutiers (1789). *A*, VIII, 1914, 286-319.

Marie-Antoinette, voir : **Balthazard ; Collier ; Lorthior.**

Lemonnier (Henry). [A propos d'un portrait de **Marie** Leczinska (?)]. *B*, 1915-17, 10.

Marie Leczinska, voir : **Hellart** (Louis) ; **Nattier.**

Marie-Louise, voir : **Goubaud ; Napoléon.**

Bruel (F.-L.). Deux inventaires de bagues, joyaux, pierreries et dorures de la reine **Marie de Médicis** (1609 ou 1610). *A*, II, 1908, 186-215.

Bapst (Germain). Bureau chinois de **Marie de Médicis** (1608). *RAF*, VI, 1890, 353.

Marie de Médicis, voir : **Bordoni** (Fr.) ; **Grenoble** (Germain) ; **Paris,** Palais du Luxembourg ; **Porbus** (Fr.).

Chennevières (Henry de). Camos, [p.] ; Le Blanc, [p.] ; Butay, [p.] ; Sevin, [p.] ; Dupuis, [p.] ; Fontelle, [sc.] ; Simon, [p.] ; Coypel, [p.] ; Bérain, [dess.]. [Mausolée de **Marie-Thérèse** ; 1683-84]. *RAF*, II, 1886, 160-163.

Abecedario de P.-J. **Mariette** et autres notes inédites de cet amateur sur les arts et les artistes..., par Ph. de

CHENNEVIÈRES et A. DE MONTAIGLON. 1851-60, 6 vol. in-8⁰.

[G. D.]. Privilège des gravures de l'entrée du roi à Paris en 1660 accordé à Pierre **Mariette**. *NA*, 1872, 257-260.

COURAJOD (Louis). Documents sur la vente du cabinet de **Mariette** (1775). *NA*, 1872, 346-370.

FILLON (Benjamin). **Mariette**. Lettre à M. Southerell (1730?). *NA*, 1874-75, 305-309.

Mariette (P.-J.), voir : **Perrier** (François).

Marignan, voir : **Chantilly.**

FURCY-RAYNAUD (Marc). Correspondance de M. de **Marigny** avec Coypel, Lépicié et Cochin. *RAF*, XIX, 1903 (VIII-383-[IV] p.), et XX, 1904 ([IV]-302-[V] p.).

Marigny (marquis de), voir : **Vernet** (Joseph).
　　　Voir aussi : **Ménars** (marquis de).

Marillier, [gr.], voir : **Agriculture.**

BONNASSIEUX ; [H. J.]. Le sculpteur Joseph-Charles **Marin** (1834). Vieillesse d'artiste. *RAF*, V, 1889, 275-277.

Marine, voir : **Doumet ; Vaisseaux.**

Marly, voir : **Coustou** (G.).

Marmontel, voir : **Sèvres.**

Marmoutiers (abbaye de), voir : **Le Sueur** (Eustache).

Marot (Clément), voir : **François Iᵉʳ.**

GUIFFREY (J.-J.). Grottes d'appartements commandées à Jean **Marot,** [a.] (1669). *NA*, 1877, 167-171.

MARCHEGAY (Paul). Pierre **Marquis** d'Angers, [orf. ; prix d'un coffret ; 1453]. *AA, Doc.,* V, 265.

Marseille, Académie de peinture, voir : **Dandré-Bardon ; Natoire.**

GINOUX (Charles). Établissement du Musée de **Marseille** (1794). *RAF*, XII, 1896, 91-96.

Marseille, voir : **Clérion** (J.) ; **Codolet** (Guill.) ; **Puget** (P.) ; **Serre** (Michel).

[A. M.]. Gaspard de Marcy. [**Marsy,** sc. ; inscription de l'église de Croissy, S.-et-O.]. *AA, Doc.,* VI, 212-213.

GUILLET DE SAINT-GEORGES. Gaspard et Balthazar Marsy, [sc.]. *MI*, I, 307-311.

[J.-J. G.]. Gaspard de **Marsy,** [achat d'une rente ; 1673]. *NA*, 1872, 275-278.

Marsy (G.), voir : **Tuby** (J.-B.).

Martin, voir : **Contant.**

STEIN (Henri). Denis **Martin,** [sc.], et sa statue de Turenne (1704). *RAF*, II, 1886, 193-195.

GUIFFREY (J.-J.). Guillaume **Martin,** [p. ; séparation de biens ; 1781]. *NA*, 1874-75, 341-346.

LACROCQ (Louis). L'auteur du tombeau du maréchal d'Asfeld à l'église Saint-Roch, [Jacques-Charles **Martin**]. *B*, 1920, 234-236.

HAUTECŒUR (Louis). Quelques documents relatifs à François-Nicolas **Martinet,** [dess.-grav.]. *A*, I, 1907, 280-309.

Masque funéraire, voir : **Paris,** Musée du Louvre.

MOSELIUS (Carl David). Un peintre d'origine française à la cour de Gustave III. Louis **Masreliez.** *B*, 1920, 55-68.

MONTAIGLON (Anatole DE). Le graveur Jean-Baptiste **Massard.** *RAF*, I, 1884, 150-151.

Massimi (coll.), voir : **Poussin** (N.).

Mathias (Jean), voir : **Roger** (Christophe).

Patrons de tapisseries par **Matteo** del Nassaro. *B*, 1876-78, 95.

GRANDMAISON (Charles). Quittance de **Matteo** dal Nassaro de Vérone, graveur en pierres fines (1532). *NA*, 1878, 246.

GUIFFREY (J.-J.). **Matteo** del Nassaro de Vérone, graveur en pierres fines et en monnaies du roi François Ier (1528-30). *NA*, 1879, 69-75.

VITRY (Paul). Georges-David **Matthieu,** peintre de la cour de Mecklembourg. *B*, 1911, 358-360.

BOILLY (Jules). Jehan **Maubert,** [p. ; lettre du roi Louis XI à l'Université de Caen]. *AA, Doc.*, II, 131-132.

GINOUX (Charles). Jean-Lange **Maucord** et Jacques Volaire, [sc. et p. ; chapelle de l'hôpital du Saint-Esprit à Toulon ; 1734-35]. *RAF*, XII, 1896, 89-90.

Maugié, voir : **Oeben.**

Maugis, abbé de Saint-Ambroise, voir : **Paris,** Palais du Luxembourg.

Guiffrey (J.-J.). H. **Maupercher,** peintre du roi (1668). *RAF*, IV, 1888, 185.

Alfassa (Paul). L'achat par Louis XIV des tapisseries des *Chasses de l'empereur* **Maximilien.** *B*, 1918-19, 121-143.

Grouchy (vicomte de). Restauration de figures antiques pour le cardinal de **Mazarin** (1659). *RAF*, VII, 1891, 108-109.

Tombeau de **Mazarin,** voir : **Coysevox.**

Communay (Arnaud). Jean **Mazoyer,** peintre ordinaire du roi, [marché avec Me Jean Labazine ; 1672]. *RAF*, II, 1886, 263-264.

Mazzoni-Paganino (Guido), voir : **Paganino** (Guido).

Mecklembourg, voir : **Matthieu** (Georges-David).

Médicis (Côme III de), voir : **Lebrun** (Charles) ; **Rigaud** (H.).

Guiffrey (J.-J.). Ferdinand **Megliorini** et Philippe Branchi (1683), [lapid.]. *RAF*, III, 1887, 171-177.

Daupeley (Gustave). Jean-René **Méliand,** [p.], élève de Louis David. *RAF*, II, 1886, 362-365.

Daupeley (Gustave). Le peintre Jean-René **Méliand.** *RAF*, VII, 1891, 239-241.

Hauréau (B.) ; [A. M.]. Claude **Mellan** (d'Abbeville), [gr. ; extrait de baptême ; lettre à Ciartres, dit Langlois]. *AA, Doc.*, I, 261-266.

Boilly (Jules). Claude **Mellan.** [Billet à Ciartres, dit Langlois]. *AA, Doc.*, II, 235.

Melozzo da Forli, [p.], voir : **Piero** della Francesca.

Melun. Missel de Saint-Aspais, voir : **Rigot** (Jean).

[A. M.]. François-Guillaume **Ménageot,** [p. ; lettre ; 1808]. *AA*, 2e s., II, 367-368.

Marmottan (Paul). Une lettre de **Ménageot,** directeur de l'Académie de France à Rome. *B*, 1907, 24-25.

Marmottan (Paul). Une lettre inédite de **Ménageot** au comte d'Angiviller (1790). *A*, I, 1907, 184-188.

GUIFFREY (J.-J.) ; [L. C.]. Documents sur la vente de la collection du marquis de **Ménars** (1782). *NA*, 1873, 388-404.

PICHON (baron J.) ; [J.-J. G.]. Catalogue des statues de M. de **Ménars**. *NA*, 1874-75, 367-372.

Ménars (marquis de), voir aussi : **Marigny** (marquis de).

[H. J.]. **Mensiaux**, dit Chevalier, stucateur, [constitution de rente ; 1784]. *RAF*, VII, 1891, 237-239.

Menuisiers, voir : **Du Castel ; Pilon** (G.) ; **Veniat.**

CHENNEVIÈRES (Henry DE). Dutour, [p.] ; Panillon, [p.] ; Perrot, [p.] ; Pillement, [p.] ; les Slodtz, [sc. et p.] ; Poulain, [sc.] ; Ducreux, [sc.] ; Dumont, [sc.] ; Bérain, [dess.] ; Cochin, [dess.] ; Bernard, [a.] ; Vernansal, [sc.]. [Extraits des registres des **Menus-Plaisirs ;** 1711-47.] *RAF*, III, 1887, 327-337.

CHENNEVIÈRES (Henry DE). Extraits des registres des **Menus-Plaisirs** (1747-60). *RAF*, VI, 1890, 234-243.

Menus-Plaisirs, voir : **Houdon.**

Merchi, [sc.], voir : **Chabot.**

GRANDMAISON (Charles DE). **Merevache,** peintre poitevin du XVIe siècle, [épitaphe]. *NA*, 1880-81, 24.

CLOUZOT (Henri). Une famille de peintres **poitevins (Mervache,** XVIe-XVIIe s.). *A*, VIII, 1914, 40-50.

Merlin, [orf.], voir : **Aublet.**

FILLON (Benjamin). Charles **Meryon,** [gr.]. Lettres écrites de 1861 à 1863. *NA*, 1872, 463-485.

FILLON (Benjamin) ; [A. M.]. Charles **Méryon,** [lettre ; 1865]. *NA*, 1877, 380-395.

Metz, voir : **Lanfant.**

Meubles, voir : **Chine ; Dumonstier ; Fontainebleau ; Gobelins ; Paris,** hôtels de Guise et de Soubise.

VIELCASTEL (comte Horace DE). Travaux à **Meudon** en 1700. *AA, Doc.*, III, 46-48.

Meudon, carrière, voir : **Du Cerceau** (J.-A.).

Mézières, voir : **Du Cerceau** (Jean-Bapt.).

GUIFFREY (J.-J.). Bustes commandés à **Michallon,** [sc.], et Deseine, [sc.] (1817). *NA*, 1880-81, 378-383.

Michel (saint), voir : **Raphaël; Saint-Michel** (Ordre).

Michel (Claude), voir : **Clodion.**

Réau (Louis). Un sculpteur des Bourbons d'Espagne : Robert **Michel.** *B*, 1927, 152-155.

Préault (Auguste). Sigisbert **Michel,** [sc. ; réclamations pour des travaux exécutés en Prusse]. *AA, Doc.*, I, 177-180.

Chennevières (Philippe de) ; [A. M.]. Lettre de François Ier à **Michel-Ange** [Buonarroti] (1546). *AA, Doc.*, V, 39.

Jean **Miélin,** [orf. ; lettre de Henri de Capel ; 1316]. *AA*, 2e s., II, 11-12.

Migeon (Gaston). Les **Migeon.** Une famille d'ébénistes du xviiie siècle. *B*, 1918-19, 6-13.

Vincent **Mignan,** peintre-enlumineur à Paris (1658). *RAF*, VIII, 1892, 231.

Guiffrey (J.-J.). Un **Mignard** clown (1727). *RAF*, II, 1886, 11-12.

Fontaine (André). Documents sur Pierre **Mignard,** [p.] ; Paul Mignard, [p.], et Charles Le Brun, [p.]. *A*, I, 1907, 310-318.

[J.-J. G.]. Blouin et Catherine **Mignard.** *B*, 1875, 67-68.

Demonts (Louis). Décoration de Nicolas **Mignard,** [p.], pour l'hôtel de l'Escarène à Avignon. *B*, 1908, 66-69.

Requin (abbé). Testament de Nicolas **Mignard** (1660). *RAF*, VIII, 1892, 263-265.

Prunières (Henry). Un portrait de Lully, par Paul **Mignard.** *B*, 1925, 26-29.

Montaiglon (Anatole de). Billet de **Mignard** [Pierre, p.], et de Dufresnoy à Le Brun. *AA, Doc.*, I, 267-268.

Dussieux (Louis). **Mignard.** Lettre de Grosley à Lépicié, [1752]. *AA, Doc.*, I, 323-330.

Arbois de Jubainville (H. d') ; [P. C.]. Pierre **Mignard.** [Quittances de ses tableaux pour Saint-Jean de Troyes.] *AA, Doc.*, IV, 135-137.

Niel ; [P. M.]. Testament de Pierre **Mignard.** *AA, Doc.*, V, 41-51.

LAGRANGE (Léon). Pierre **Mignard,** [lettre de Rome ; 1730]. *A A, Doc.,* VI, 350-356.

PASSY (Louis) ; [A. M.]. Lettre de Pierre **Mignard** à Domenico Guidi (1686). *A A*, 2ᵉ s., II, 214-218.

LÉPICIÉ (B.). Pierre **Mignard.** *MI*, II, 86-97.

GUIFFREY (J.-J.). Documents sur Pierre **Mignard** et sur sa famille. *NA*, 1874-75, 1-144.

GUIFFREY (J.-J.). Nouveaux documents sur Pierre Mignard et sa famille. *NA*, 1874-75, 500-515.

[A. M.]. Lettre de Pierre **Mignard** (1661). *NA*, 1876, 301-305.

COTTENET (Émile) ; [J. G.]. Dufresnoy, [p.], et **Mignard** (1663). *NA*, 1882, 90-91.

GUIFFREY (J.). Tableaux de **Mignard** proposés au roi (1784). *RAF*, V, 1889, 74-77.

GINOUX (Charles). Pierre **Mignard.** Tableau peint à Rome en 1644. *RAF*, VII, 1891, 246-247.

GROUCHY (vicomte DE). Nouveaux documents sur Pierre **Mignard** et sur sa famille (1687-99). *RAF*, VIII, 1892, 240-256.

FONTAINE (André). A propos des portraits de **Mignard.** *B*, 1908, 16-19.

Mignard (Pierre), voir : **Lebrun** (Charles).

Millemont (château de), voir : **Pigalle.**

GUIFFREY (J.). Jean-François **Millet,** [p.], jugé par les Américains (1880-81). *RAF*, III, 1887, 189-191.

Milon de Crotone, voir : **Puget** (Pierre).

ROLLE (F.) ; [A. M.]. **Mimerel,** [nomination à la charge de sculpteur ordinaire de la ville de Lyon ; 1654]. *A A*, 2ᵉ s., II, 20-21.

MONTAIGLON (Anatole DE). Jacques **Mimerel** et Henri Verdier (1665), [documents sur les artistes lyonnais, par M. G. Guigue, dans « Lyon-Revue »]. *RAF*, I *bis*, 1885, 87-88.

Minerve, statue, voir : **Vassé** (Louis-Claude).

FRÉVILLE (Marcel DE). Commentaire sur le symbolisme religieux des **miniatures** d'un manuscrit du XIVe siècle par le miniaturiste lui-même. *NA*, 1874-75, 145-155.

Miniatures, voir : Benoist (Ant.) ; Chotard.

Miniaturistes, voir : Antoine de Compiègne ; **Chadelre ; Charlier ; Chotard ; Dun ; Guérin ; Hallé ; Pierre** de Raimbeaucourt ; **Raphaël ; Sanderat.**

[J.-J. G.]. Projets de souscription pour honorer la mémoire de **Mirabeau** (1791). *NA*, 1880-81, 132-135.

Mirecourt, voir : Boze (R.).

Missel, voir : **Angers ; Pierre** de Raimbeaucourt.

Missel de Saint-Aspais, voir : **Rigot** (Jean).

CAMPARDON (Émile). Saisie et destruction des gravures représentant les **modes** et coiffures françoises (1779). *NA*, 1882, 300-309.

LA MORINERIE (baron DE). Isaac **Moillon**, [p. ; actes de naissance et de décès ; 1614-73]. *AA*, *Doc.*, VI, 232-235.

Moissonneuse (la), voir : **Pigalle.**

Jean-Guillaume **Moitte**, [sc. ; projet de tombeau du général Leclerc ; 1807]. *AA*, *Doc.*, IV, 352.

[A. M.]. Pierre-Étienne **Moitte**, [gr. ; lettre de Cochin ; 1771]. *AA*, 2e s., II, 98.

COYECQUE (E.). Extrait de l'inventaire après décès de Mathieu **Molé** (1656). *RAF*, III, 1887, 275-280.

GUIFFREY (Jules). Une estampe satirique contre les **molinistes**, [1730]. *RAF*, VI, 1890, 168-169.

[J.-J. G.]. Projet de l'établissement d'une école de mosaïque à Paris par **Molinos**, [a.], et Legrand, [a.], en 1785. *NA*, 1874-75, 353-359.

ROBERT (Ulysse). Jacquelin de **Molisson**, [p.] (1483-1505). *NA*, 1880-81, 304-306.

Monceau (jardins de), voir : **Paris**, jardins.

ROMAN (J.). Extrait de divers inventaires du château de **Monceaux** (vers 1623). *RAF*, I *bis*, 1885, 50-51.

Mondovi, voir : **Marengo.**

Monguet, [p.], voir : **Finsonius.**

Lambron de Lignim ; [A. M.]. Acte de mariage de Jacques **Monier,** [p.] (1681). *AA, Doc.*, V, 174-176.

Lépicié ; Hulst (Henri). Pierre **Monier,** [p.]. *MI*, II, 8-10.

Jouin (Henry). Henri **Monnier,** [dess.] (1827-32). *RAF*, I *bis*, 1885, 123.

Stein (Henri). La famille du sculpteur franc-comtois Pierre-Étienne **Monnot** (1628-65). *RAF*, III, 1887, 357-358.

Monpetit (Vincent de), voir : **Vincent de Monpetit.**

Monstier (de), voir : **Dumonstier.**

Guiffrey (Jules). Anatole de Courde de **Montaiglon** (1824-95), [nécrologie]. *RAF*, XII, 1896, 1-4.

Guiffrey (Jules). Anatole de Courde de **Montaiglon,** notice biographique (1824-95), voir : Correspondance des directeurs de l'Académie de France à Rome, vol. VI, 1896, p. i à xlviii.

Montarsis, [orf.], voir : **Aublet.**

Montesson (marquise de), voir : **Saint-Aubin** (A. de).

Roman (J.). Lettre du peintre Ferrand de **Monthelon** (1732). *RAF*, II, 1886, 67-68.

Montenotte, voir : **Marengo.**

Montigny (chapelle de), voir : **Bourges.**

Montluçon, voir : **Collet.**

Grandmaison (Charles de). Bustes antiques envoyés de Rome au connétable de **Montmorency** (1554-56). *AA, Doc.*, IV, 69-71.

Tourneux (Maurice). Un salon de peinture à **Montpellier** en 1784. *RAF*, II, 1886, 266-269.

Stein (Henri). La Société des Beaux-Arts de **Montpellier** (1779-87). *A*, VII, 1913, 365-403.

Montpellier, Académie de peinture, voir : **Detroy** (J.).

Montpellier, place du Peyrou, voir : **Julien** (Pierre) ; **Pigalle.**

[H. J.]. François **Montulay,** graveur, [lettres ; 1774-76]. *RAF*, VIII, 1892, 334-336.

Monuments, conservation des, voir : **Richesses artistiques.**

FRÉVILLE (Ernest DE). Jehan **Morant,** Adam, son fils, et Regnault Guedon, son gendre, [fond. ; contrat avec Louis d'Amboise, évêque d'Albi ; 1484-85]. *A A, Doc.,* III, 317-326.

VERNET (Mme Carle). Notice historique sur Jean-Michel **Moreau,** [gr.]. *A A, Doc.,* I, 183-190.

Jean-Michel **Moreau,** [lettre ; 1790]. *A A,* 2e s., I, 321-322.

FOURNIER (Charles). Jean-Michel **Moreau** le jeune, [lettre à Beaumarchais ; 1782]. *N A,* 1872, 385.

MONTAIGLON (Anatole DE). Un dessin de J.-M. **Moreau** le jeune (1782). *N A,* 1874-75, 347-352.

GUIFFREY (J.-J.). Jean-Michel **Moreau** le jeune, [plainte ; 1770]. *R A F,* IV, 1888, 189-192.

KOECHLIN (Raymond). Étienne **Moreau-Nélaton,** [discours prononcé à ses obsèques]. *B,* 1927, 118-122.

ROUCHÈS (Gabriel). La collection **Moreau-Nélaton** au Louvre. I : Les œuvres d'art. *B,* 1927, 123-132.

HUYGHE (René). La collection **Moreau-Nélaton** au Louvre. II : La collection d'autographes. *B,* 1927, 132-142.

LARAN (Jean). La collection **Moreau-Nélaton** à la Bibliothèque nationale. *B,* 1927, 143-149.

[X.]. La donation **Moreau-Nélaton** au Musée des Arts décoratifs. *B,* 1927, 149-152.

GUIGUE (C.) ; [A. M.]. Jacques **Morel,** [sc. ; marché avec le duc Charles de Bourbon pour son tombeau ; 1448]. *A A, Doc.,* IV, 313-320.

REQUIN (abbé H.). Jacques **Morel,** [marché avec Bertus Busaffi ; 1453]. *R A F,* VI, 1890, 131-135.

Moresque, voir : **Dominique de Roto.**

MARMOTTAN (Paul). Gravure du tableau représentant *Bonaparte au Saint-Bernard,* par Raphaël **Morghen** (1815). *R A F,* VI, 1890, 230-231.

Morghen (Raphael), voir : **Bervic.**

GUIFFREY (Jules). Notes et documents pour servir à l'histoire de la **mosaïque** en France (1802-32). *R A F,* II, 1886, 169-174.

Mosaïque de bois, voir : **Macé.**

Mosaïque (École de), voir : **Molinos.**

Mosaïques, voir : **Paris,** cimetières.

Communay (A.). Lettres de J.-L. **Mosnier,** [p. ; portrait de Bailly ; 1789]. *RAF*, II, 1886, 167-169.

Brière (Gaston). Un tableau allégorique de Pierre **Mosnier** à l'hôpital de la Salpêtrière. *B*, 1922, 350-364.

Rosenthal (Léon). Les fresques de **Mottez** à Saint-Germain-l'Auxerrois. *B*, 1913, 20-21.

Furcy-Raynaud (Marc). Bustes de Voltaire et du maréchal de Saxe, par Louis-Philippe **Mouchy.** *B*, 1908, 74-76.

Mouchy (maréchal de), voir : **Lepaon** (J.-B.).

Grandmaison (Charles de). Lettre de Loys **Mourier,** ymagier. *AA*, *Doc.*, I, 260.

Moustiers (comtesse de), voir : **Houdon.**

Mugiano (L. de), voir : **Laurent de Mugiano.**

Mandach (Conrad de). Des congrès internationaux d'histoire de l'art. A propos du congrès de **Munich** de 1909. *B*, 1909, 232-237.

Dimier (Louis). Le paysagiste **Müntz.** *B*, 1923, 108-110.

Müntz (Eugène). Notice sur un peintre verrier lorrain du xve siècle établi à **Murano** (1492). *NA*, 1878, 236-237.

[J.-J. G.]. Acquisition d'un tableau de **Murillo** par le roi en 1786. *RAF*, IV, 1888, 254-256.

Murlein, [orf.], voir : **Aublet.**

Guiffrey (J.-J.). Catalogue des tableaux les plus remarquables des **Musées** de provinces. *B*, 1875, 53-67.

Vitry (Paul). Les **Musées** de province et leurs collections. *B*, 1910, 338-345.

Marquet de Vasselot (J. J.). Répertoire des catalogues des **Musées** de province. (Préface.) *B*, 1923, 121-129.

Jalabert (Mlle Denise). Répertoire des Catalogues des **Musées** de Province. *B*, 1923, 130-290.

Vitry (Paul). L'état des **Musées** dans les régions libérées. *B*, 1918-19, 32.

VITRY (Paul). Nouveaux renseignements sur la situation des **Musées** dans les régions libérées. *B*, 1918-19, 48-51.

VITRY (Paul). Suite des renseignements sur les **Musées** et les collections artistiques des régions libérées. *B*, 1918-19, 54-57.

Musées de province, voir : **Hennequin.**

TESSIER (André). Quelques portraits de **musiciens** français du XVIIIᵉ siècle. *B*, 1924, 244-254.

Musique, voir : **Carriera** (Rosalba) ; **Couperin** (F.) ; **Duval** (Jean-Bapt.) ; **Luth ; Orgues; Saint-Quentin.**

Mystère de la Passion, voir : **Cailleau** (Hubert).

N

GRANGES DE SURGÈRES (marquis DE). Les artistes **nantais** du moyen âge à la Révolution. *RAF*, XIV, 1898 (XVI-456 p.).

GIRARDOT (baron DE). Décoration de l'église cathédrale de **Nantes**, [1819-26]. *AA*, 2ᵉ s., II, 310-313.

Nantes, Église des Carmes, voir : **Colomb** (M.).

Nantes, Église Saint-Pierre, voir : **Levau** (L.).

Nantes, Exposition de 1839, voir : **Delacroix** (E.).

Nantes, Tableau, voir : **Géricault.**

VALLERY-RADOT (Jean). Note sur la galerie Mazarine à propos d'une gravure de **Nanteuil**. *B*, 1926, 170-174.

Nanteuil, [gr.], voir : **Mansart.**

FRÉVILLE (Ernest DE). Sauf-conduit de François Iᵉʳ pour la fontaine du château de **Nantouillet** (1530-35). *AA*, *Doc.*, III, 184-185.

Nantua, église Saint-Michel, voir : **Delacroix** (E.).

Naples, voir : **Amboise.**

MARMOTTAN (Paul). La statue de **Napoléon** Iᵉʳ à l'École de droit (1810). *RAF*, VIII, 1892, 169-171.

LACROCQ (Louis). Portraits officiels de **Napoléon** et de l'impératrice Marie-Louise. *B*, 1926, 107-112.

Napoléon Ier, voir : **Biennais ; Denon ; Gérard ; Goubaud ; Houdon ; Isabey ; Sèvres ; Wicar.**

Duchesne (aîné) ; [P. M.]. Charles **Natoire**, [p.]. Correspondance avec Antoine Duchesne. *AA, Doc.*, II, 246-304.

Fillon (Benjamin). Charles **Natoire**. Lettre à l'Académie de Marseille (1773). *NA*, 1872, 341.

[J.-J. G.]. Enquête de noblesse pour Charles **Natoire**. *NA*, 1880-81, 322-327.

Chennevières (Henry de). Hennin, Charles-François Hutin et Charles-Joseph **Natoire**, [deux lettres ; 1760]. *RAF*, II, 1886, 68-69.

Jouin (Henry). Charles **Natoire** et la peinture historique (1747). *RAF*, V, 1889, 139-149.

Dacier (Émile). **Natoire**, paysagiste. *A*, VIII, 1914, 230-242.

Montaiglon (Anatole de). Jean-Marc **Nattier**, [p. ; lettre ; 1754]. *AA, Doc.*, IV, 77.

Ravenel (J.). Acte de décès de Jean-Baptiste **Nattier**, [1726). *AA, Doc.*, V, 92.

Laperlier. Jean-Marc **Nattier**, [billet de Cochin]. *AA, Doc.*, VI, 64.

Tocqué (Mme). Jean-Marc **Nattier**. *MI*, II, 348-364.

Nolhac (Pierre de). Un nouveau portrait de Marie Leczinska par **Nattier** au Musée de Versailles. *B*, 1909, 55-57.

Naufrage de la Méduse, voir : **Géricault.**

Naumachie, voir : **Paris, Jardins.**

Navarre (reine de), voir : **Érondelle.**

Necker, voir : **Tieck.**

Neuchâtel, Musée, voir : **Coypel** (C.-A.) ; **Detroy** (J.-Fr.).

New-York, voir : **Pilon** (Germain).

Ney (le maréchal), voir : **Rude** (Fr.).

Nicaise (l'abbé), voir : **Barrière ; Bellori ; Félibien** (André).

Guiffrey (Jules). Les tableaux de peintres du xve siècle dans les édifices religieux de la région **niçoise.** *B*, 1915-17, 44-47.

Nicolas (Mathurin), voir : **Lefèvre** (Nicolas).

Niort, voir : **Chardin.**

Niquevert, voir : **Brienne.**

Mercier (Ch.) ; [J.-J. G.]. Charles-François **Nivard,** peintre de paysages, [actes de l'état civil ; 1792-1821]. *NA*, 1879, 272-284.

Nivard, voir : **Lutel** (Jérémie de).

Soultrait (comte Georges de). Série d'artistes du **Nivernais.** *AA, Doc.*, I, 136-138.

Marquet de Vasselot (J. J.). Quelques émaux de Colin **Noailher** et leurs modèles gravés. *B*, 1918-19, 203-233.

Noailles (famille de), voir : **Oudry** (J.-B.).

Noailles (Mlle de), voir : **Benoist.**

Guillet de Saint-Georges. Jean **Nocret,** [p.]. *MI*, I, 312-317.

Noder (Étienne), [sc.], voir : **Leblond** (Nicolas).

Nogent-le-Rotrou, voir : **Boudin.**

Guiffrey (Jules). [Frise dans le château de la comtesse de la Faulotte à **Nogent-sur-Marne.**] *B*, 1907, 12.

Nolin, [orf.], voir : **Courtet.**

Schneider (René). Note sur les livres à gravures et la décoration de la Renaissance en **Normandie.** *A*, VII, 1913, 127-141.

Chennevières (Henry de). Artistes **normands** (xviie et xviiie s.). *RAF*, 1886, 177-188, 227-239, 243-263, 273-289.

Normands, sculpteurs, voir : **Privé** (Thomas).

Notre-Dame (image de), voir : **Francois Ier.**

Notre-Dame-de-Pitié, tableau, voir : **René** (le roi).

Ginoux (Charles). Jacques **Nouveau,** maçon et tailleur de pierres, [brevet de maîtrise ; 1770]. *RAF*, VII, 1891, 234-235.

O

Courajod (Louis). **Objets d'art,** [peintures, sculptures, objets d'art des collections de la Couronne], concédés en jouissance par la Restauration. *NA*, 1878, 371-399.

Objets d'art, voir : **Catherine II** de Russie ; **Condé** (prince de) ; **Marie-Antoinette; Paris,** couvent des Carmélites, Monuments, Muséum.

Objets d'art transportés de Rome, voir : **Rome.**

Leprieur (Paul). Documents biographiques inédits sur le peintre François **Octavien,** communiqués au nom de M. Francis Merlant. *B*, 1910, 60-65.

Rey (Robert). La date de mort du peintre François **Octavien.** *B*, 1913, 197-199.

Séné (Ch.). Contrat de mariage de Riesener, [éb.], avec la veuve Œben et documents sur l'ébéniste **Œben** (1760-72). *NA*, 1878, 319-338.

Darcel (Alfred). **Œben,** Riesner et Maugié aux Gobelins (1784). *RAF*, I, 1884, 166.

Gages des **officiers** du roi en 1624. *AA*, 2e s., II, 337-349.

Clouzot (Henri). Les tableaux du château d'**Oiron.** *B*, 1907, 56-57.

Olivier (Alex.), [grav.-méd.], voir : **Danfrie** (Ph.).

Ollivier (Henri), voir : **Inventaires.**

Grouchy (vicomte de) ; [J. G.]. Jean **Oppenordt,** [ébén.]. Marché pour le parquet de la petite galerie de Versailles (1685). *RAF*, VIII, 1892, 110-111.

Oppenort (G.-M.), [a.], voir : **Coypel** (C.-A.).

Optique, voir : **Perspective.**

Ordres, voir : **Saint-Esprit, Saint-Michel.**

Orfèvrerie, voir : **Falconet; Orléans** (Charles d') ; **Orléans** (Louis d') ; **Paris,** ville.

Herluison. Actes d'état civil d'**orfèvres** (1605-1745). *RAF*, IV, 1888, 182-185.

Orfèvres, voir : **Ansard**; **Arnoul**; **Aublet**; **Bain**; **Ballin**; **Bellier**; **Berthe**; **Biennais**; **Bigot**; **Blanc**; **Blésois**; **Bonardus**; **Boquet**; **Boucher**; **Boulonnais**; **Caquet**; **Cellini**; **Chabot**; **Colombe**; **Courtet**; **Curet**; **Defer**; **Dujardin**; **Dumoulin**; **Dutel**; **Érondelle**; **Flammand**; **Garnier**; **Germain**; **Hardivilliers**; **Hasnier**; **Heydereyce**; **Jacob**; **Jarry**; **Jullien**; **Lacourt**; **Lambert**; **Launay**; **Le Boiteux**; **Le Mercier**; **Le Mire**; **Lescot** (Fr.) ; **Lussaut**; **Lyon**; **Magnien**; **Mangin**; **Marcadé**; **Marquis**; **Miélin**; **Montarsis**; **Murlein**; **Nolin**; **Paris**; **Pitau**; **Pougnet**; **Robeday**; **Saint-Pétersbourg**; **Sommé**; **Thomire**; **Toutin** (H.) ; **Troyes**; **Van Clève**; **Vaudetard.**

    Voir aussi : **Artistes**; **Joailliers.**

RAUGEL (Félix). **Orgues** et organistes de France. *B*, 1924, 59-76.

    Voir aussi : **Paris**, église Saint-Louis des Invalides.

Orléans, peintres des ducs d', voir : **André** (Piètre).

Vidimus d'une charte par laquelle le duc Charles d'**Orléans** vend à un marchand parisien cinq pièces d'orfèvrerie (1414). *NA*, 1872, 131-133.

CHABOUILLET (A.). Lettres patentes de Louis XIV (acceptation du legs des collections de Gaston d'**Orléans** ; juin 1663). *NA*, 1873, 263-340.

MENU (H.). Don de vaisselle par le duc d'**Orléans** (1396), *NA*, 1877, 118-119.

[J.-J. G.]. Les artistes du duc Louis d'**Orléans**. [Discours de M. Léopold Delisle à l'assemblée générale de la Société de l'Histoire de France.] *RAF*, I *bis*, 1885, 145-146.

HERLUISON (H.). Diptyque d'or émaillé et gravé offert par Louis d'**Orléans** au duc de Bourgogne (1339-1400). *RAF*, V, 1889, 215-216.

[A. F.]. Les origines de la galerie du duc d'**Orléans**. *B*, 1876-78, 40-41.

Orléans, voir : **Desfriches** (Thomas) ; **Girart**; **Jean d'Orléans**; **Perrot** (Bernard).

Oublet, [orf.], voir : **Aublet.**

Daudet (Eugène) ; Mathon ; [A. M.]. J.-B. **Oudry,** [p. ; son épitaphe et actes divers]. *A A, Doc.,* V, 270-272.

Rolle (F.). Jean-Baptiste **Oudry,** [école de dessin à Lyon ; 1751-53]. *A A,* 2e s., II, 51-72.

Gougenot (Louis). Jean-Baptiste **Oudry,** *MI,* II, 365-403,

Gerspach (E.). Cartons de tapisseries peints par **Oudry.** [1761]. *RAF,* IV, 1888, 227-228.

Guiffrey (Jules). Un almanach illustré par **Oudry,** *B,* 1908, 221-222.

Locquin (Jean). Catalogue raisonné de l'œuvre de Jean-Baptiste **Oudry.** *A,* VI, 1912, 1-209.

Locquin (Jean). L'école gratuite de dessin fondée à Beauvais par J.-B. **Oudry** en 1750. *B,* 1912, 140-143.

Cordey (Jean). Deux albums de portraits inédits peints par **Oudry.** *B,* 1920, 140-191.

Cordey (Jean). J.-B. **Oudry,** peintre de la famille de Noailles. *B,* 1921, 166-171.

[J. G.]. Pierre **Outrequin,** directeur des projets et plans pour la décoration de la ville de Paris (1761). *RAF,* VIII, 1892, 124-126.

Oyault (Germain), voir : **Lefèvre** (Nicolas).

P

Grandmaison (Charles de). Véritable nom de la femme de Jérôme **Pacherot,** [sc.]. *NA,* 1880-81, 25-26.

Montaiglon (Anatole de). Note sur le tombeau de Charles VIII, par Guido **Paganino,** [sc.]. *A A, Doc.,* I, 123-132.

[A. M.]. Sur deux statues de Louis XII, par Guido **Paganino.** *A A,* 2e s., II, 219-228.

[A. M.]. Guido **Paganino** à l'hôtel de Nesle (1511-15). *NA,* 1878, 238-239.

Boislisle (A. de). Lettres de noblesse pour Guido Mazzoni **Paganino,** 1496. *NA,* 1879, 210-217.

[H. J.]. **Paillot de Montabert,** [p. ; pétition de la Société libre des Beaux-Arts ; 1843]. *RAF,* II, 1886, 329-334.

Paix (la), statue, voir : **Chaudet.**

Fournier (Charles). Augustin **Pajou,** [sc. ; statues de Duquesne et de Colbert ; 1784]. *NA*, 1872, 387-391.

Lot (H.) ; [A. M.]. Augustin **Pajou,** [statues de la salle des Antiques du Louvre]. *NA*, 1874-75, 365-367.

Stein (Henri). La participation de **Pajou** à la fontaine des Innocents. *B*, 1910, 332-334.

Pajou, voir : **Caffléri** (J.-J.) ; **Callion ; Roland.**

Fillon (Benjamin). Bernard **Palissy,** [cér. ; acte de vente]. *AA, Doc.,* II, 193-195.

Montaiglon (Anatole de). Bernard **Palissy.** [Grotte des Tuileries ; 1571.] *AA, Doc.,* V, 13-29.

[A. M.]. Bernard **Palissy.** [Biens pillés par les Ligueurs dans la maison de Bourgthéroulde ; 1590.] *NA*, 1879, 218-220.

Pallu (J.), voir : **Briguet.**

Panckoucke, voir : **Gaucher** (Ét.).

Guiffrey (Jules). Acquisition par le roi d'un tableau de **Panini** (1785). *RAF*, V, 1889, 77.

Ginoux (Charles). Achat d'une place de maison [à Toulon] par Jean **Panon,** [sc.] (1670). *RAF*, V, 1889, 134-135.

[J.-J. G.]. Lettres de filiation accordées par les religieux Augustins de Paris à **Paolo de Mattei,** [p.] (1703). *NA*, 1880-81, 372-377.

Duplessis (Georges). **Papillon,** graveur en bois, [pièce de vers envoyée à Papillon par le chevalier de Curel ; 1775]. *AA, Doc.,* III, 94-96.

Pâris (Pierre-Adrien), [a.], voir : **Percier.**

Paris, Académies, voir : **Académies.**

Paris. Arc de triomphe.

Jouin (Henry). De l'emplacement le plus propre à l'érection de l'arc de triomphe de l'Étoile (1806). *RAF*, V, 1889, 150-160.

Jouin (Henry). L'arc de triomphe de l'Étoile en 1828. *RAF*, V, 1889, 161-164.

Voir aussi : **Blouet** (A.) ; **Chardigny ; Huyot** (J.-N.).

Paris, Archives, voir : **Archives nationales.**

Paris, Arsenal, voir : **Laboureur** (Jacques).

Paris. Artistes.

CHARAVAY (Étienne) ; [J. G.]. L'assemblée des artistes de Paris en 1792. *NA*, 1882, 324-325.

MONTAIGLON (Anatole DE). Artistes taxés pendant la Fronde de Paris (1649). *RAF*, I *bis*, 1885, 138-139.

GUIFFREY (J.). La communauté des maîtres fondeurs de Paris, [scellés ; 1776]. *NA*, 1879, 418-423.

GINOUX (Charles). Les orfèvres de Paris officiers municipaux (1557-1735). *RAF*, I *bis*, 1885, 21-23, 38-40.

Paris, Orfèvres (communauté des), voir : **Paris,** Église Notre-Dame ; Palais du Louvre, galeries.

DARCEL (Alfred). Orfèvres parisiens et blésois du XVIe siècle, *RAF*, I, 1884, 49-52.

GUIFFREY (J.-J.). Les maîtres peintres et tailleurs d'images parisiens en 1561. *RAF*, II, 1886, 306-311.

Voir aussi : **Dupont** (Jean).

GUIFFREY (J.-J.). Maîtres sculpteurs parisiens en 1641. *RAF*, I, 1884, 98-99.

GUIFFREY (Jules). Artistes et tombiers parisiens du commencement du XVIe siècle. *RAF*, XII, 1896, 5-23.

Paris. Bastille, voir : **Artistes.**

Paris. Bâtiments, voir : **Beausire.**

Paris. Bibliothèques.

VIELCASTEL (comte Horace DE). Le Cabinet des Médailles en 1793. *AA, Doc.*, III, 75-78.

[G. D.]. Vol d'estampes commis à la Bibliothèque du roi en 1736. *NA*, 1873, 365-372.

[J.-J. G.] ; DELISLE (Léopold). Inventaire général et méthodique des manuscrits français de la Bibliothèque nationale. *B*, 1876-78, 105-106.

GUIBERT (Joseph). Inventaire des curiositez trouvées en différens endroits de la Bibliothèque du Roy (1684). *A*, I, 1907, 330-356.

AUBERT (Marcel). La bannière des lépreux au Cabinet des Estampes. *A*, VIII, 1914, 17-24.

Courboin (François). Catalogue de la série Y, [ouvrages relatifs aux Beaux-Arts], du Cabinet des Estampes. *A*, XI, 1919-20, XII-372.

Cabinet des Estampes, voir : **Giraud (Eugène)** ; **Moreau-Nélaton** ; **Paris**, Expositions.

Cabinet des Médailles, voir : **Benoist (Ant.)** ; **Boucher de Villiers** ; **Cochin (C.-N.)**.

Bibliothèque nationale : galerie Mazarine, voir : **Nanteuil.**

Bibliothèque de l'École des Beaux-Arts, voir : **École des Beaux-Arts.**

Bibliothèque Sainte-Geneviève, voir : **Courtanvaux.**

Bibliothèque de l'Université, voir : **Mansart.**

> **Paris**, Cabinet du Roi, voir : **Paris**, Bibliothèque nationale, Cabinet des Médailles.

> **Paris. Canal.**

Lemonnier (Henri). Un projet de canal autour de Paris au XVIIe siècle. *B*, 1921, 70-73.

> **Paris. Cimetières.**

Jouin (Henry). Épitaphes de peintres relevées dans les cimetières de Paris. *RAF*, I, 1884, 155-157, 171-174, 188-191 ; I *bis*, 1885, 9-13, 28-31, 46-47, 63-64, 78-80, 93-96, 110-111, 124-125, 143, 159-160, 176, 190 ; II, 1886, 14-15, 43-46, 108-111, 141-143, 174-176, 191-192, 207-208, 240, 272, 287, 304, 336, 365-366, 317-320.

Jouin (Henry). La sculpture dans les cimetières de Paris, et appendice, peintures, verrières, mosaïques, etc., additions et corrections. *RAF*, XIII, 1897, 97-348.

Cimetière Montparnasse, voir : **Schoenewerk.**

> **Paris. Couvents.**

Augustins, voir : **Paolo de Mattei** ; **Prieur (Pierre).**

Cousin (Jules) ; [A. M.]. Extraits du nécrologe manuscrit des Filles de l'Ave-Maria de **Paris**. *AA*, *Doc.*, V, 268-269.

Cousin (Victor). Inventaire des objets d'art qui étaient au grand couvent des Carmélites de la rue Saint-Jacques avant la destruction de ce couvent en 1793. *A A*, *Doc.*, III, 81-93.

Cloître des Célestins, voir : **Hanon** (Pierre).

[A. M.]. Inventaire des tableaux qui restaient encore aux Chartreux de Paris en 1790. *A A*, *Doc.*, IV, 215-224.

Guiffrey (J.-J.). Inventaire des peintures et sculptures du couvent des Cordeliers de Paris (1790). *N A*, 1880-81, 265-293.

[A. M.]. Joyaux et pierreries donnés au couvent des Grands-Carmes par la reine Jeanne d'Évreux en 1349 et 1361. *A A*, 2ᵉ s., I, 448-453.

Mathurins, voir : **Vignon** (Claude).

Vauthier (Gabriel). Tableaux peints pour l'Oratoire en 1687. *B*, 1918-19, 25-29.

Legrand (Léon) ; Stein (Henri) ; [A. de M.]. Tableaux de l'église des Quinze-Vingts (1780). *R A F*, II, 1886, 163-167.

[A. M.]. Dépenses du Val-de-Grâce. *A A*, *Doc.*, V, 76-79.

Vauthier (Gabriel). Anne d'Autriche et l'église du Val-de-Grâce. *A*, VIII, 1914, 146-169.

Brière (Gaston). Note sur des tableaux conservés au Musée du Val-de-Grâce. *B*, 1918-19, 34-48.

Paris. Divers.

Vauthier (Gabriel). Autour du Paris de la Révolution et de l'Empire. *B*, 1912, 178-206.

Décoration, voir : **Outrequin** (Pierre).

Description de Piganiol de la Force, illustrée, voir : **Saint-Aubin** (G. de).

Une expertise d'immeubles en 1388, voir : **Raymond du Temple.**

Jean de **Paris**, voir : **Perréal** (Jean).

Paris. Écoles.

École nationale des Arts décoratifs, voir : **Van Loo** (Carle).

Adresse d'un maître tailleur au Comité de constitution pour demander l'établissement d'une École des arts et métiers (1790). *R A F*, VI, 1890, 189-190.

Duvivier (A.). [Liste des grands prix de l'ancienne École académique et de l'École des Beaux-Arts de 1663 à 1857.] *A A, Doc.*, V, 273-333.

Lavallée (Pierre). Le catalogue de la bibliothèque de l'École nationale des Beaux-Arts. *B*, 1913, 134-137.

Lavallée (P.). Au sujet de deux marques relevées sur des dessins de la bibliothèque de l'École des Beaux-Arts. *B*, 1923, 310-311.

École des Beaux-Arts, voir : **Art francais ; Barye ; Debret (F.) ; Gillot ; Largillière ; Paris,** École académique ; **Renoir ; Rigaud (H.).**

École de droit, voir : **Napoléon I**er.

École royale des élèves protégés, voir : **Lépicié** (Bernard) ; **Rome,** Académie de France.

École de mosaïque, voir : **Molinos.**

Paris. Églises.

Rosenthal (Léon). La conservation des peintures dans les églises parisiennes. *B*, 1907, 111-112.

Église des Invalides, voir : **Hôtel des Invalides.**

Jouin (Henry). L'église de la Madeleine en 1816. *RAF*, III, 1887, 250-275.

Jouin (Henry). L'église de la Madeleine de 1828 à 1830. *RAF*, III, 1887, 345-356.

L'église de la Madeleine, voir : **Vignon** (Pierre).

Courajod (Louis). Lettre de cachet relative à l'exécution du vœu de Louis XIII à Notre-Dame de Paris (1713). *NA*, 1873, 356-358.

Vaillant (V.-J.). Les mays de Notre-Dame de Paris, la confrérie royale de Sainte-Anne et Saint-Marcel et la corporation des orfèvres de Paris. *NA*, 1880-81, 390-450.

Grassoreille (G.) ; [J. G.]. Le trésor de Notre-Dame de Paris de 1421 à 1436. *NA*, 1882, 61-71.

Coyecque (E.). Notre-Dame de Paris (1396-1526). *RAF*, III, 1887, 88-94.

Vaillant (V.-J.). La confrérie du May de Notre-Dame de Paris, *RAF*, VI, 1890, 301-308.

Aubert (Marcel). Une vue du chœur gothique de Notre-Dame de Paris à la fin du xviiᵉ siècle. *B*, 1926, 160-164.

Notre-Dame, voir : **Delafosse** (Ch.) ; **Dubois** (Claude) ; **Paris,** Musée des monuments français.

Notre-Dame-des-Victoires, voir : **Lully.**

Vauthier (Gabriel). Note sur le Panthéon. *B*, 1926, 18-19.

Panthéon, voir : **Baudry** (Paul) ; **Voltaire.**

Saint-Étienne-du-Mont, voir : **Biard ; Largillière.**

Guiffrey (J.-J.). La maîtrise des peintres de Saint-Germain-des-Prés (1548-1644). *NA*, 1876, 93-123.

Lavigne (Hubert) ; [J.-J. G.]. Explication des mays de l'église Saint-Germain-des-Prés (1716-19). *NA*, 1882, 273-293.

Vauthier (Gabriel). L'église Saint-Germain-des-Prés (1791-1821). *B*, 1913, 174-183.

Saint-Germain-des-Prés, voir : **Derbais** (J.) ; **Flamande** (Nation) ; **Girardon ; Lebel** (Frémin) ; **Magnier** (Laurent).

Cahen (Léon). La destruction du jubé de l'église Saint-Germain-l'Auxerrois. *B*, 1910, 66-71.

Rey (Auguste). Compte de ce que a cousté à faire la chappelle de monseigneur maistre Loys de Ponchier, tressorier de France, séant en l'esglise monseigneur Sainct Germain l'Auxerrois à Paris. *B*, 1913, 85-96.

Saint-Germain-l'Auxerrois, voir : **Gayon** (Jean) ; **Mottez ; Solas** (Jehan) ; **Van Clève** (Corneille).

Saint-Hippolyte, voir : **Flamande** (Nation).

Saint-Leu-Saint-Gilles, voir : **Justinar.**

Saint-Louis des Invalides, voir : **Paris,** Hôtel des Invalides.

[A. M.]. La châsse de Saint-Martin-des-Champs (1385). *AA*, 2ᵉ s., II, 212-213.

Saint-Médéric, voir : **Boullongne** (Louis).

Saint-Nicolas-des-Champs, voir : **Vouet** (Simon).

Lemonnier (Henry). Le retable de l'église Saint-Nicolas-du-Chardonnet. *B*, 1910, 257.

Saint-Nicolas-du-Chardonnet, voir : **Lebrun** (Charles).

Saint-Roch (tombeau du maréchal d'Asfeld), voir : **Martin** (Jacques-Charles) ; tombeau de Mme La Live de Jully, voir : **Falconet.**

Saint-Sépulcre, voir : **Girart d'Orléans.**

Saint-Séverin, voir : **Antoine** de Compiègne.

MALBOIS (Émile). Les anciens tableaux de l'église Saint-Sulpice. *B*, 1926, 113-133.

MIROT (Léon). Note sur un tableau de la Sainte-Chapelle. *B*, 1913, 271-278.

Sainte-Geneviève, voir : **Paris**, Panthéon ; **Soufflot** (J.-G.).

Sainte-Marguerite, voir : **Goy** (Jean-Baptiste).

Val-de-Grâce, voir : **Paris**, Couvents.

    Paris. Entrées, voir : **Grenoble** (G.) ; **Mariette** (P.).

    Paris. Expositions.

Signatures et inscriptions des sculptures de l'exposition de l'art au XVIIIe siècle (1883-84), voir : **Sculptures.**

COURBOIN (François). A propos de l'exposition des portraits dessinés du XVIe siècle, à la Bibliothèque nationale. *B*, 1907, 26-28.

GUIFFREY (Jules). Observations à l'occasion de l'exposition des portraits au crayon à la Bibliothèque nationale. *B*, 1907, 45-46.

LEMONNIER (Henry). L'exposition des portraits à la Bibliothèque nationale. *B*, 1907, 53-54.

Notes critiques sur les œuvres de peinture et de sculpture réunies à l'exposition des Cent pastels du XVIIIe siècle (mai-juin 1908). *B*, 1908, 158-182, 227-234.

Note sur le catalogue de l'exposition de portraits d'hommes et de femmes célèbres (1830-1900). *B*, 1908, 183-190.

VAILLAT (Léandre) ; RATOUIS DE LIMAY (Paul). Quelques rectifications aux notes critiques sur les œuvres de peinture et de sculpture réunies à l'exposition des Cent pastels du XVIIIe siècle, ouverte en mai-juin 1908. *B*, 1909, 58-60.

Catalogue critique des œuvres d'artistes français réunies

à l'exposition de Cent portraits de femmes du xviii⁰ siècle (avril-juillet 1909). *B*, 1909, 118-153.

LARAN (Jean). L'exposition des tableaux du roi au Luxembourg en 1750. Description inédite de l'abbé Gougenot. *B*, 1909, 154-202.

Note sur l'exposition d'œuvres d'art de l'époque impériale au Musée des Arts décoratifs. *B*, 1909, 248-250.

PARAF (Louis). Observations à propos des notes sur le catalogue de l'exposition de Bagatelle. *B*, 1909, 292-293.

VITRY (Paul). Réponse aux observations à propos des notes sur le catalogue de l'exposition de Bagatelle. *B*, 1909, 293-294.

BRIÈRE (Gaston). L'exposition du Luxembourg au profit des blessés de juillet 1830. *B*, 1918-19, 246-250.

Exposition du Champ-de-Mars, voir : **Paris,** Garde-meuble.

Exposition David et ses élèves, voir : **David** (J.-L.).

Exposition Delacroix, voir : **Delacroix.**

Exposition Ingres, voir : **Ingres.**

Exposition des Maréchaux, voir : **Delvaux** (Laurent).

Exposition du paysage français, voir : **Poussin** (Nic.).

Paris. Faubourgs.

Faubourg Saint-Marcel, voir : **Guyot** (Laurent).

Paris. Fontaines.

LEMONNIER (Henry). La fontaine des Innocents. *B*, 1907, 37-42.

Fontaine des Innocents, voir : **Pajou** (Augustin).

Paris. Garde-meuble.

[J.-J. G.]. Catalogue des tapisseries du Garde-meuble exposées en 1789 sur le passage de la Fête-Dieu. *B*, 1876-78, 121-125.

GUIFFREY (J.). Vol de tapisseries du Garde-meuble, exposées au Champ-de-Mars pour l'anniversaire du 10 août. *RAF*, VI, 1890, 232-233.

Paris. Halle au blé, voir : **Robert** (Hubert).

Paris. Hôpitaux.

La Salpêtrière, voir : **Mosnier** (Pierre).

Paris. Hôtels.

Coyecque (E.). Médaillons pour l'Hôtel-de-Ville de Paris (1653). *RAF*, III, 1887, 136-137.

Hôtel-de-Ville, voir : **Boullongne (Louis de) ; Dieu ; Dumesnil ; Largillière.**

Hôtel Bullion, voir : **Pérugin.**

Guiffrey (Jules). Inventaire des meubles précieux de l'hôtel de Guise en 1644 et en 1688 et de l'hôtel de Soubise en 1787. *RAF*, XII, 1896, 156-246.

Deshairs (Léon). A propos des sculptures des Invalides. *B*, 1907, 71-72.

Furcy-Raynaud (Marc). Identification de deux statues de l'église des Invalides. *B*, 1908, 43-45.

Dimier (Louis). Notes sur deux statues conservées dans l'église des Invalides. *B*, 1908, 63-66.

Dreyfus (Carle). Les statues du dôme des Invalides au xviiie siècle. *B*, 1908, 108-109.

Dreyfus (Carle). Les statues du dôme des Invalides au xviiie siècle. *A*, II, 1908, 260-318.

Voir aussi : **Paris,** Musée du Louvre, Notes sur quelques sculptures.

Raugel (Félix). Le grand orgue de l'église Saint-Louis des Invalides. *B*, 1922, 300-312.

Hôtel des Invalides, voir : **Blondel (Fr.) ; Coustou (G.).**

Dacier (Émile). Une deuxième et une troisième peinture de l'hôtel de la Ferté retrouvées. *B*, 1922, 111-126.

Hôtel de la Ferté, voir : **Gaignat.**

Dimier (Louis). Une erreur corrigée touchant l'hôtel Lambert. *B*, 1927, 30-36.

Hôtel de Nesle, voir : **Paganino (Guido).**

Hôtel d'O, voir : **Paris,** Palais du Louvre, salle des Cariatides.

Hôtel Séguier, voir : **Vouet (Simon).**

Hôtel de Soubise, voir : **Blanchard ; Paris,** Hôtel de Guise.

Martin (Henri) ; Schneider (René). Décoration de l'hôtel de Sully à Paris. *B*, 1907, 63-64.

Schneider (René). Devis pour les peintures des singes ; [projet de Sully pour son hôtel]. *A*, II, 1907, 216-220.

Paris. Jardins.

Jardins de Monceau (Naumachie des), voir : **Saint-Aubin (G. de).**

Paris. Manufactures.

Manufacture des Gobelins, voir : **Gobelins.**

Manufacture de la Savonnerie, voir : **Bellengé ; Savonnerie.**

Paris. Monnaie, voir : **Danfrie.**

Paris. Monuments.

Stein (Henri). État des objets d'art placés dans les monuments religieux et civils de Paris au début de la Révolution française. *RAF*, VI, 1890, 1-131.

Paris. Musées.

Musée de l'armée, voir : **Pigalle.**

Gélis (Édouard). A propos d'un tableau mécanique du Musée des Arts décoratifs. *B*, 1924, 254-272.

Musée des Arts décoratifs, voir : **Moreau-Nélaton.**

Marquet de Vasselot (J. J.). Un émail du Musée de Cluny. *B*, 1921, 124.

Marquet de Vasselot (J. J.). A propos d'une assiette, [xviiie s. ; de Strasbourg?], du Musée de Cluny. *B*, 1927, 116-117.

Musée de Cluny, voir : **Gaillon.**

Gerspach. Budget du Musée du Louvre en 1814. *RAF*, IV, 1888, 192.

Furcy-Raynaud (Marc). Identification de trois vases anonymes du Musée du Louvre. *B*, 1908, 33-35.

Demonts (Louis). Nouvelles attributions et rectifications du catalogue sommaire [des peintures] du Musée du Louvre. *B*, 1908, 235-249.

Furcy-Raynaud (Marc). Notes sur quelques sculptures du Musée du Louvre et sur les statues des Invalides. *B*, 1912, 112-116.

Tuetey (A.). Les vicissitudes d'un tableau du Louvre [le triptyque du Palais de Justice]. *B*, 1912, 160-165.

Egger (Max). Sur deux tableaux du Musée du Louvre et de l'église de Villeneuve-sur-Yonne. *B*, 1912, 356-389.

Vitry (Paul). Le réalisme funéraire au xive siècle. A propos d'un masque récemment entré au Musée du Louvre. *B*, 1913, 106.

Demonts (Louis). Note sur la galerie Campana [au Musée du Louvre]. *B*, 1913, 192-196.

Communaux (E.). Emplacements actuels des tableaux du Musée du Louvre catalogués par Frédéric Villot. *B*, 1914, 65-154, 208-287.

Demonts (Louis). Note sur les tableaux italiens et espagnols du Musée du Louvre. *B*, 1914, 155-164.

Brière (Gaston). Nouveaux tableaux de l'École française au Musée du Louvre. *B*, 1918-19, 77-93.

Vitry (Paul). Note sur quelques sculptures du xviie siècle au Musée du Louvre. *B*, 1920, 211-213.

Brière (Gaston) et Marquet de Vasselot (J. J.). Vues de la Grande Galerie du Musée du Louvre, par Hubert Robert. *B*, 1920, 241-255.

Brière (Gaston). Vue de la Grande Galerie du Musée Napoléon, [Louvre], par Benjamin Zix, [dess.]. *B*, 1920, 256-263.

Brière (Gaston). Musée du Louvre. Emplacements actuels des peintures de l'École française, antérieurement cataloguées et retirées des galeries. *B*, 1924, 273-352.

Rectifications aux emplacements actuels des peintures du Musée du Louvre cataloguées par Villot. *B*, 1924, 356-357.

Musée du Louvre, voir : **Académie de peinture et de sculpture ; Anet ; Artistes ; Biard ; Blanchard ; Caffiéri (J.-J.) ; Champagne (Ph. de) ; Clodion ; Cousin (J.) ; Dumont (Henry) ; Émigrés** (saisies) ; **Germain (Th.) ; Hennequin (Ph.) ; Henri II ; Houdon ; Jules Romain ; Lange ; Largillière ; Lefebvre (Claude) ; Moreau-Nélaton ; Pajou (Augustin) ; Paris, Muséum ; Poussin ; Rigaud (H.) ; Robert (Hubert) ; Rome ; Scipion.**

TUETEY (Alexandre). Un projet de transfert du Musée des Monuments français à Notre-Dame. *B*, 1915-17, 128-139.

BOUVET (Charles). Notes sur quelques dessins de la bibliothèque et du Musée de l'Opéra. *B*, 1926, 91-95.

Musée de l'Opéra, voir : **Isabey.**

BRIÈRE (Gaston). Le Musée de sculpture comparée [du Trocadéro]. Notes et observations. *B*, 1911, 16-25.

TUETEY (Alexandre) ; GUIFFREY (Jean). La commission du Muséum et la création du Musée du Louvre (1792-93). *A*, III, 1909, [IV]-VIII-481-[I].

FURCY-RAYNAUD (Marc). Les tableaux et objets d'art saisis chez les émigrés et condamnés, et envoyés au Muséum central. *A*, VI, 1912, 245-343.

Paris. Palais.

Palais de Justice, voir : **Gerbier ; Paris,** Musée du Louvre.

Brevets de logements sous la Grande Galerie du [palais du] Louvre accordés à des artistes et à des artisans. *A A, Doc.*, I, 193-255.

LALANNE (Ludovic). Inventaire des tableaux et autres curiosités qui se trouvaient au Louvre en 1603. *A A, Doc.*, III, 49-60.

MICHEL (Francisque). Inventaire des tableaux transportés du château de Pau au Louvre en 1620. *A A, Doc.*, III, 60-64.

MONTAIGLON (Anatole DE). Lettres du roi Henri IV au Parlement pour l'enregistrement des lettres patentes relatives aux logements de la Galerie du Louvre. *A A, Doc.*, III, 312-314.

GUIFFREY (J.-J.). Logements d'artistes au Louvre, [1608-1791]. *N A*, 1873, 1-221.

CHARAVAY (Étienne) ; [J. G.]. Le palais du Louvre en 1800. *N A*, 1882, 326-327.

ROMAN (J.). Vol de tableaux au Louvre (1732). *R A F*, I *bis*, 1885, 108.

GUIFFREY (Jules). Lettre de Lucien Bonaparte sur les désordres qui se produisirent dans la cour du Louvre, [6 thermidor an VIII]. *R A F*, VI, 1890, 192.

GUIFFREY (Jules). Mémoire présenté par la communauté des orfèvres de Paris contre les abus des Galeries du Louvre (1750). *RAF*, VII, 1892, 142-156.

MAREUSE (Edgar). Le Vieux Louvre et la tour de Nesle. *B*, 1910, 23.

MARQUET DE VASSELOT (J. J.). Le salon des Audiences de Louis XIV au Louvre. *B*, 1922, 29-38.

MARQUET DE VASSELOT (J. J.). L'appartement de Colbert au Louvre. *B*, 1923, 13-14.

DIMIER (Louis). Fragments de l'ancien hôtel d'O dans la décoration de la salle des Caryatides au Louvre. *B*, 1924, 20-23.

HAUTECŒUR (Louis). Le Louvre de Pierre Lescot. *B*, 1926, 165-166.

Palais du Louvre, voir : **Anguier** (Michel) ; **Bernin** ; **Colbert** ; **Delorme** (Ph.) ; **Fouquet** ; **Julien** (P.).

[J.-J. G.]. Lettre de Marie de Médicis au cardinal Spada au sujet de la Galerie du Luxembourg (1629). *NA*, 1876, 252-254.

ROMAN (J.). Lettre de Maugis, abbé de Saint-Ambroise, sur les décorations intérieures du palais du Luxembourg (1621). *RAF*, I *bis*, 1885, 113-115.

HUSTIN (L.-A.). La création du jardin du Luxembourg par Marie de Médicis. *A*, VIII, 1914, 86-109.

Palais du Luxembourg, voir : **Errard** ; **Paris**, expositions.

Mémoire pour la décoration intérieure du palais des Tuileries, [1744]. *AA*, *Doc.*, I, 256-259.

FURCY-RAYNAUD (Marc). Les termes du jardin des Tuileries. *B*, 1908, 200-202.

MARMOTTAN (Paul). Tableaux pour la galerie de Diane aux Tuileries (1805-09). *B*, 1915-17, 162-169.

Palais des Tuileries, voir : **Bullant** ; **Julien** (P.) ; **Palissy** (Bernard).

Paris. Parlement, voir : **Colart**.

Paris. Places.

JOUIN (Henry). La colonne de la place Vendôme (1800-1804). *RAF*, II, 1886, 132-140.

Tuetey (Alexandre). Les visites du monument de la place des Victoires (1687-1788). *A*, VII, 1913, 404-421.

Place des Victoires, voir : **Bosio (J.)**.

Paris. Ponts.

Boucher (François). Les architectes du Pont-Neuf. *B*, 1925, 211-222.

Pont-Neuf, voir : **Desilles (P.)**.

Paris. Portes.

Guiffrey (J.-J.). Les statues de la porte Saint-Antoine. *NA*, 1882, 261-264.

J. C. Addition à l'article sur les statues de la porte Saint-Antoine. *NA*, 1882, 371-372.

Paris. Prisons.

Saint-Lazare, voir : **Belanger.**

Paris. Rues.

Schéfer (Gaston). La rue de Rennes et les embellissements de Paris au xviiie siècle. *A*, VIII, 1914, 215-219.

Rue Sainte-Avoye, voir : **Clouet ; Jolivet (François)**.

Paris. Salons.

Guiffrey (Jules). Le nombre des Salons de la Société des artistes français. *B*, 1907, 45.

Guiffrey (Jules). Table des portraits exposés aux Salons du xviiie siècle, jusqu'en 1800. *RAF*, V, 1889, 1-47.

Guiffrey (Jules). Table des tableaux, sculptures et gravures des Salons du xviiie siècle. *A*, IV, 1910, 1-148.

Brière (Gaston). Lettre de Dupont de Nemours sur les Salons de 1773, 1777 et 1779. *B*, 1908, 92-93.

Obser (Dr Karl). Lettres sur les Salons de 1773, 1777 et 1779, adressées par Dupont de Nemours à la margrave Caroline-Louise de Bade. *A*, II, 1908, 1-123.

Le supplément de Marlborough au Salon du Louvre [de 1783]. *A*, II, 1908, 124-128.

Guiffrey (Jules). Les artistes au Salon de 1791. *RAF*, VII, 1892, 123-127.

Salon de 1798, voir : **Girodet-Trioson.**

Montaiglon (Anatole de). Salon de 1800. *RAF*, IV, 1888, 9-10.

Tourneux (Maurice). Lettres inédites sur le Salon de l'an X. *B*, 1908, 76-77.

Tourneux (Maurice). Lettre de Mme de Vandeuil, née Diderot, sur le Salon de l'an X. *B*, 1912, 124-140.

Salon de 1822, voir : **Lethière** (G. Guillon).

Vauthier (Gabriel). Rapport du comte de Forbin sur le Salon de 1824. *B*, 1915-17, 172-185.

Salon de 1827, voir : **Vernet** (Horace).

Salon de 1845, voir : **Fromentin.**

Salons de l'Académie de Saint-Luc, voir : **Académie.**

Laran (Jean). Le Salon des Indépendants en 1912. *B*, 1912, 94-III.

Paris. Statues.
Voir : **Bouchardon ; Paris,** porte Saint-Antoine.

Paris. Théâtres.
Comédie-Française, voir : **Debay.**

Paris. Tours.
Tour de Nesle, voir : **Paris,** palais.

Paris. Ville.
Guiffrey (J.-J.). Commandes de tableaux d'orfèvrerie, etc., par la ville, [1764-66]. *RAF*, III, 1887, 208-211.

Bureau de la ville, voir : **Artistes.**

Commandes de tableaux, voir : **Van Loo** (Michel).

Dons de la ville, voir : **Aliénor ; Catherine de Médicis.**

Paris. Vues, voir : **Robert** (Hubert).

Parker (Virginie-Cécile), voir : **Vernet** (Joseph).

Parme, voir : **Boudard.**

Parquet, voir : **Oppenordt** (Jean).

Taillandier (A.). Les derniers des **Parrocel,** [p.]. *AA*, *Doc.,* VI, 56-61.

Cochin (Charles-Nicolas). Charles **Parrocel,** *MI*, II, 404-427.

Stein (Henri). Le tableau de la bataille de Lawfeld, par Charles **Parrocel.** *RAF*, X, 1894, 191-192.

Müntz (Eugène) ; [A. M.]. Jacques **Parrocel,** [supplique de sa femme ; 1712]. *NA*, 1874-75, 262-264.

Joseph **Parrocel.** *MI*, II, 40-45.

Parrocel (Étienne). Joseph **Parrocel.** Extrait des registres des Bâtiments du Roi (1685-87). *RAF*, I, 1884, 87-88.

Guiffrey (J.-J.). Quittance d'un tableau de Pierre **Parrocel** pour l'église de Cavaillon (1709-94?). *NA*, 1880-81, 156-162.

Richard (Jules-Marie) ; [A. M.]. Noms d'artistes extraits des archives du **Pas-de-Calais.** *NA*, 1878, 221-222.

Pasquier (Étienne), voir : **Hoey.**

[J.-J. G.]. Arrêt du Conseil d'État permettant à François Pasquié [**Pasquier,** sc.], de tenir boutique ouverte à Paris (1603). *NA*, 1872, 180-182.

Grouchy (vicomte de). François **Pasquier** (mariage, 1645). *RAF*, VIII, 1892, 229.

Passion (Histoire de la), tenture, voir : **Tours,** église de Saint-Saturnin.

Pastels, voir : **Paris,** expositions.

Pastoret (marquis de), voir : **Delaroche** (P.).

G. M. Trois quittances de Jacques **Patin,** [p.] (1564). *A*, II, 1908, 258-259.

[J. G.]. Correspondance au sujet d'une suite de portraits conservés au château de **Pau** (1764-66). *NA*, 1879, 158-164.

Pau, château, voir : **Paris,** Palais du Louvre, tableaux.

Pau, place Royale, voir : **Girardon.**

Huillard-Bréholles. **Paul,** peintre du duc de Berry, [don fait par Charles VII au duc de Bourbon d'une maison à Bourges]. *AA, Doc.,* VI, 216-218.

Soulié (Eudore). Jean **Paul,** [p. ; acte de naissance de sa fille ; 1676]. *AA,* 2e s., I, 412.

Pauvert (P.), [p.], voir : **La Ronse** (P. de).

Pavillon, [p.], voir : **Bérain ; Menus-Plaisirs.**

Tamizey de Larroque ; [J.-J. G.]. Marché passé par Pierre **Pavillon,** [sc.], pour l'exécution de trois statues (1645-46). *NA*, 1879, 95-101.

Paysages français, voir : **Paris,** expositions.

Jouin (Henry). Maîtres **peintres** du xviiie siècle (1714-53). *RAF*, I *bis*, 1885, 141-142.

Jouin (Henry). **Peintres** oubliés (1559-98). *RAF*, III, 1887, 94-96 et 116-118.

Furcy-Raynaud (Marc). Les premiers-**peintres** du roi. *A*, VIII, 1914, 207-214.

Dimier (Louis). Opinions anglaises sur nos **peintres.** *B*, 1923, 102-107.

Peintres, voir : **Artistes ; Paris,** cimetières ; **Perspective.**

Guiffrey (J.-J.). Les **peintres décorateurs** du xviiie siècle. Servandoni, Brunetti, Tramblin, etc., etc. Notes inédites de Favart. *RAF*, III, 1887, 119-128.

Peintres du xve siècle, voir : **Niçoise** (région).

Peintres français, voir : **Florence ; Heudon.**

Dimier (Louis). **Peintres-selliers** et peintres-imagiers au moyen âge. *B*, 1926, 138-148.

Peintures, voir : **Paris,** cimetières, couvent des Cordeliers ; **Tableaux; Ventes; Versailles.**

Peiresc, voir : **Lagouz ; Poussin** (Nic.) ; **Rubens.**

Rousselet (Albin). Claude **Pélissier,** peintre et comédien (1659-66). *RAF*, I *bis*, 183-184.

Monval. Claude **Pélissier.** *RAF*, I *bis*, 1885, 184.

Ginoux (Charles). Joseph-Marie **Pélissier** et Louis Vottier, [a.] (1767-85). *RAF*, XII, 1896, 148-150.

Herluison (H.). Jean **Pellerin,** verrier, [1448]. *RAF*, VI, 1890, 193.

Dessin à la plume par le sieur **Pelletier** (1777). *RAF*, IV, 1888, 295-296.

Marmottan (Paul). **Percier,** [a.], à son collègue Pâris (1804). *B*, 1922, 327-330.

Percier, voir : **Leclère** (Achille).

Périer, voir : **Perrier.**

PUIGGARI (P.) ; [E. DE FRÉVILLE]. Tableau (*la Trinité;* 1489) à **Perpignan.** *A A, Doc.,* III, 374-375.

Perpignan, Musée, voir : **Saint-Aubin** (G. de).

LEMONNIER (Henri). Quelques idées de Claude **Perrault,** [a.], sur l'architecture. *B,* 1910, 322-328.

ROLLE (F.) ; [A. M.]. Jean de Paris, [Jean **Perréal,** p. ; travaux pour la ville de Lyon, 1483-1528]. *A A,* 2e s., I, 15-142.

GRANDMAISON (Charles DE) ; [A. M.]. Jean de Paris, [Jean **Perréal?**] (1466). *NA,* 1872, 139-141.

FILLON (Benjamin) ; [A. M.]. Jean **Perréal,** [p.]. Lettre à Marguerite d'Autriche (1511). *NA,* 1872, 142-145.

GUIFFREY (J.-J.). Jean **Perréal** et François Clouet ; obsèques de Louis XII, de François Ier et de Henri II (1515-69). *NA,* 1879, 11-32.

MAULDE (R. DE). Jean **Perréal** et Pierre de Fénin, à propos d'une lettre de Louis XII (1507). *RAF,* II, 1886, 1-9.

GUIFFREY (J.-J.). Jean **Perréal** ou de Paris, poète. *B,* 1921, 175-176.

VAESEN ; [A. M.]. Les deux Guillaume Périer, [**Perrier**], de Lyon et leur oncle, François Périer, [p.] (1656-57). *NA,* 1877, 164-166.

GUILLET DE SAINT-GEORGES. François **Perrier,** [p.]. *MI,* I, 127-136.

LARAN (Jean). Une vie inédite de François **Perrier** par le comte de Caylus et Mariette. *A,* VII, 1913, 186-200.

FILLON (Benjamin) ; [J. C.]. Jean-Rodolphe **Perronet,** [a. ; deux lettres ; 1778-91]. *NA,* 1872, 371-377.

VAILLAT (Léandre). Quelques documents sur **Perronneau,** [p.]. *B,* 1908, 212-217.

LOCQUIN (Jean). Identification d'un pastel attribué à **Perronneau.** *B,* 1909, 243-247.

PARAF (Louis). Sur trois pastels de **Perronneau** de la collection Groult. *B,* 1910, 251-252.

SAUNIER (Charles). Un portrait inconnu de J.-B. **Perronneau** : *Lenormant du Coudray,* en 1747. *B,* 1921, 49-52.

Ratouis de Limay (Paul). Quelques œuvres inédites de J.-B. **Perronneau.** *B*, 1923, 323-326.

Perrot, [p.], voir : **Menus-Plaisirs.**

[J.-J. G.]. Bernard **Perrot,** maître de la verrerie d'Orléans (1668). *NA*, 1880-81, 364-371.

Bournon (Fernand). Jacques de **Persigny,** [a.] (1502-03). *NA*, 1882, 72-75.

Dimier (Louis). La **perspective** des peintres et les amusements d'optique dans l'ancienne école de peinture. *B*, 1925, 7-22.

[G. D.]. Vol d'un **Pérugin** à l'hôtel Bullion (1783). *NA*, 1873, 405-407.

Hochschild (baron de) ; [P. C.]. Antoine **Pesne,** [p. ; pièces relatives à]. *AA, Doc.*, IV, 42-43.

[A. M.]. Antoine **Pesne,** [lettre]. *AA*, 2ᵉ s., II, 234-236.

Peste de Jaffa (la), voir : **Gros.**

Peste de Marseille, voir : **Serre** (Michel).

Le peintre bordelais Antoine **Petit** (xvᵉ siècle). *RAF*, I *bis*, 1885, 146-147.

Petit (Louis-François), [sc.], voir : **Adam** (N.-S.).

Grouchy (vicomte de). Les graveurs-fourbisseurs du roi, Vincent **Petit** et Jean Revoir. *RAF*, VIII, 1892, 266-267.

[A. M.]. Jean **Petitot,** peintre en émail (1607-91). *AA*, 2ᵉ s., I, 336-338.

[J. G.]. Acquisition pour le roi de la collection des portraits de **Petitot** du cabinet de M. d'Ennery (1786). *NA*, 1879, 183-185.

[J. G.]. La petite-fille du peintre **Petitot,** [1686]. *RAF*, V, 1889, 47.

Clouzot (Henry). Documents inédits sur Jean **Petitot.** *B*, 1914, 187-199.

Robaut (Alfred). Un peintre oublié. Alexis **Peyrotte,** peintre du roi (1699-1769). *RAF*, IV, 1888, 200-204.

Philippe-Auguste, voir : **Inventaires.**

Philippe V, roi d'Espagne, voir : **Largillière.**

Philosophie (la), voir : **Houdon.**

Physionotrace, voir : **Chrétien ; Quénedey.**

Brunold (Paul). Instruments anciens : le **piano-forte.** *B,* 1927, 94-101.

Grésy (Eugène). Bertrand **Picard,** [sc. ; acte de paiement ; 1559]. *A A, Doc.,* IV, 80.

Demay (G.). Quelques artistes et artisans **picards** et artésiens (1312-1536). *NA,* 1878, 223-232.

Picault, [restaur.], voir : **Raphaël.**

Montaiglon (A. de). **Picot** et Delaroche, [p.]. *RAF,* I, 1884, 182-184.

Girardot (baron de). François-Édouard **Picot,** [p. ; lettre de Louis-Philippe ; 1819]. *NA,* 1872, 459.

Picou (Jacques), [p.], voir : **Jolivet** (François).

Marcel (Henry). La peinture dans la Haute-Toscane et les Marches. **Piero della Francesca** et Melozzo da Forli. *A,* VII, 1913, 39-51.

Pierre (saint). Résurrection de Tabithe, voir : **Lesueur** (E.).

Vèze (baron Ch. de) ; Fossé-Darcosse ; [P. M.]. J.-B.-M. **Pierre,** [p. ; deux lettres ; 1784-88]. *A A, Doc.,* II, 214-221.

Fillon (Benjamin). Jean-Baptiste-Marie **Pierre,** [lettre au marquis de La Coudraye ; 1781]. *NA,* 1872, 384.

[J.-J. G.]. Lettres de **Pierre** au directeur des Bâtiments et autres documents inédits sur l'administration des Beaux-Arts (1770-89). *A,* I, 1907, 107-183.

Pierre (J.-B.-M.), voir : **Angiviller** (d') ; **Van Loo** (Michel).

Pierre de Compiègne, enlumineur, [travaux pour l'église de Troyes]. *A A, Doc.,* VI, 215.

Rondot (Natalis). **Pierre de Paix,** dit d'Aubenas, peintre et verrier à Lyon (1485-1503). *NA,* 1879, 204-209.

[A. M.]. **Pierre** de Raimbeaucourt, [miniat. ; souscription d'un missel ; 1323]. *A A, Doc.,* IV, 311.

Pierreries, voir : **Marie de Médicis; Paris,** couvent des Grands-Carmes.

Pierres gravées, voir : **Voltaire.**

Guiffrey (J.-J.). Pigalle, peintre copiste. *RAF*, I, 1884, 103-104.

[A. M.]. Jean-Baptiste Pigalle, [sc. ; actes d'état civil]. *AA, Doc.*, VI, 104-111.

Guiffrey (J.-J.). Mémoire et lettre de Pigalle sur la décoration de la place du Peyrou à Montpellier (1773). *NA*, 1882, 252-260.

Montaiglon (Anatole de). Pigalle. La statue de Voltaire (1770). *RAF*, II, 1886, 265-266.

Guiffrey (Jules). Le tombeau du maréchal de Saxe, par Jean-Baptiste Pigalle, [correspondance ; 1752-83]. *RAF*, VII, 1891, 161-234.

[C. G.]. Découverte de deux statues de Jean-Baptiste Pigalle au château de Millemont. *RAF*, VIII, 1892, 331-334.

Pélissier (Georges). Une lettre autographe de Pigalle, [1769]. *A*, II, 1908, 134-136.

Brière (Gaston). Une maquette attribuée à Pigalle au Musée de l'armée. *B*, 1910, 196-198.

Cahen (Léon). Documents inédits concernant Pigalle. *B*, 1911, 203-208.

Rocheblave (S.). Le mariage de Jean-Baptiste Pigalle. *A*, VIII, 1914, 243-250.

Wildenstein (Georges). Un chef-d'œuvre retrouvé : le buste de la marquise de Pompadour, par J.-B. Pigalle. *B*, 1915-17, 65-81.

Réau (Louis). La *Moissonneuse* de Pigalle. *B*, 1920, 106-108.

Réau (Louis). Un buste inédit de Pigalle. *B*, 1923, 25-26.

Réau (Louis). Nouveaux compléments à l'œuvre de Pigalle. *B*, 1923, 317-320.

Pigalle (J.-Bapt.), voir : Caffiéri (J.-J.).

Fillon (Benjamin) ; [A. M.]. Pierre Pigalle, [p. ; tableaux pour M. Portail ; vers 1752]. *NA*, 1872, 335-338.

Piganiol de la Force, voir : Saint-Aubin (G. de).

Pilaty (Pierre), voir : Senelat (Jehan).

GUIFFREY (J.-J.). Jean **Pillement,** [p.]. Invention d'une nouvelle fabrique de soie peinte dans le goût des Indes. *RAF*, IV, 1888, 135-140.

Pillon (Claude), [p.], voir : **Leblond** (Nicolas).

MONTAIGLON (Anatole DE). Germain **Pilon,** [sc. ; deux quittances ; 1573]. *AA*, *Doc.*, I, 327-328.

[A. M.]. La famille de Germain Pillon, **[Pilon]** (1620). *NA*, 1872, 212-216.

HAVARD (Henry). Germain **Pilon.** Le tombeau de Joseph Foulon (1587). *RAF*, II, 1886, 312-315.

DELISLE (L.) ; [J. G.]. Buste de Henri IV attribué à Germain **Pilon.** *RAF*, I *bis*, 1885, 3-4.

VITRY (Paul). Une imitation d'un bas-relief de Germain **Pilon** dans l'atelier de Jacques du Brœucq à Mons. *B*, 1911, 354-358.

VITRY (Paul). Une réplique du buste de Charles IX par Germain **Pilon** au Metropolitan Museum de New-York. *A*, VIII, 1914, 51-60.

STEIN (Henri). Germain **Pilon,** maître menuisier à Paris (1661). *RAF*, III, 1887, 49.

GUIFFREY (J.-J.). Alexandre **Pinchart.** Nécrologie. *RAF*, I, 1884, 127-128.

ADVIELLE (Victor). Jean-Antoine **Pinchon,** [p. ; 1790-1830). *RAF*, I *bis*, 1885, 109-110.

Pinédé (Benoît), [sc.], voir : **Boze** (R.).

DARCEL (Alfred). Artisan français [?] à **Pise,** [Tibanteus ; 1600]. *RAF*, I, 1884, 7.

Pitau, [orf.], voir : **Courtet.**

JOUIN (Henry). Claude-Jean **Pitoin,** doreur (1777-81). *RAF*, VI, 1890, 349-352.

DUPLESSIS (Georges). Mémoire concernant le portrait du P. **Placide.** *NA*, 1873, 359-364.

Plafond, voir : **Fontainebleau ; Poussin** (N.).

Plain-chant en peinture, voir : **Saint-Quentin.**

Nicolas de **Plate-Montagne,** [p.]. *MI*, I, 350-352.

Plessis-Bertrand, voir : **Dumonstier** (Daniel).

Dussieux (Louis). **Plumeau de Petit,** [p. verr. ; extrait du compte-rendu de la séance de l'Académie de peinture ; 8 novembre 1777]. *AA, Doc.,* IV, 199.

Fossé-Darcosse ; [E. S.]. Charles-François **Poerson,** [p.], directeur de l'École de France à Rome, [lettre ; 1709]. *AA, Doc.,* II, 150-152.

François de **Poilly,** [gr. ; acte de baptême de sa fille ; 1660]. *AA, Doc.,* V, 341.

Marquet de Vasselot (J. J.). Une **poire à poudre** [en ivoire] du xvie siècle. *B,* 1925, 114-116.

Stein (Henri). Le sculpteur Thibaut **Poissant** (1668). *RAF,* II, 1886, 320-322.

Guillet de Saint-Georges. Thibaut **Poissant.** *MI,* I, 318-329.

Poitevins, artistes, voir : **Merevache.**

Poitiers, église Saint-Étienne, voir : **Yvonnet.**

Polignac (cardinal de), voir : **Inventaires.**

Pologne, voir : **Auguste III.**

Polyphème, statue, voir : **Puget** (Pierre).

Polytipe, voir : **Hoffmann.**

Pompadour (marquise de), voir : **Pigalle.**

Brière (Gaston). Un buste de Voltaire par **Poncet,** [sc.], au Musée de Dunkerque. *B,* 1911, 199-202.

Ponchier (Loys de), voir : **Paris,** église de Saint-Germain-l'Auxerrois.

Canel (A.). Architectes et verriers de **Pont-Audemer.** *AA,* 2e s., I, 441-442.

Pontchartrain (M. de), voir : **Warin** (François).

Boislisle (A. de). François **Porbus,** [p.] ; portrait de Marie de Médicis (1617). *NA,* 1879, 94.

[A. M.]. Le peintre François **Porbus** et le sculpteur lorrain Nicolas Cordier. *B,* 1876-78, 142-143.

Porbus (François), voir : **La Hire** (Laurent de).

Porcelaine, voir : **Fayence ; Révérend** (Claude).

Porcelaine (peintre sur), voir : **Jaquotot** (Mme).

JAMOT (Paul). Sur quelques tableaux de **Poussin** à propos de l'exposition du Paysage français. *B*, 1925, 166-167.

VALLERY-RADOT (Jean). Note sur un tableau de **Poussin**. Le *Satyre buvant* du Musée de l'Ermitage. *B*, 1926, 31-33.

ALFASSA (Paul). Quelques dessins de **Poussin** du recueil Massimi. *B*, 1927, 73.

HOURTICQ (Louis). Sur un tableau inconnu de la jeunesse de **Poussin**. *B*, 1927, 93.

HOURTICQ (Louis). Sur un tableau perdu de la jeunesse de **Poussin**. *B*, 1927, 162-164 et 167-169.

DACIER (É). Un document probant sur la *Mort de la Vierge* de **Poussin**. *B*, 1927, 165-167.

Poussin (Nic.), voir : **Bouzonnet Stella.**

Pozzo (commandeur del), voir : **Poussin** (Nic.).

LECHEVALLIER-CHEVIGNARD. Jacques **Prévost**, peintre et graveur sous François Ier et Henri II. *NA*, 1879, 80-87.

RONDOT (Natalis). Jean **Prévost**, peintre et verrier à Lyon (1470-1503). *NA*, 1882, 53-60.

GONSE (L.). Addition à l'article de Barthélemy **Prieur.** *NA*, 1877, 401-402.

Prieur (Barth.), voir : **Grenoble** (Germain).

GUIFFREY (J.-J.). Contrat d'apprentissage de Paul **Prieur** (1698). *NA*, 1877, 151-155.

Prieur (Pierre), [sc.], voir : **Guilermain** (Jacques).

BOILLY (Jules). Le **Primatice** et Louis Lerambert. [Travaux pour le tombeau de Henri II.] *AA, Doc.*, II, 196-198.

BAPST (Germain). Voyage de **Primatice,** [p.], en Italie pour le compte de François Ier (1540). *RAF*, IV, 1888, 1-2.

DIMIER (Louis). Deux tableaux du **Primatice.** *B*, 1926, 148-149.

Princes du sang (Maison des), voir : **Artistes.**

BEAUREPAIRE (Ch. DE) ; [A. M.]. Thomas **Privé** et Robert Loisel, sculpteurs de Paris. Geoffroy des Vignes, Jean

Le Conte et Pierre Lesvignière, sculpteurs normands. Monuments de Duguesclin à Saint-Denis et à Longueville (1397 et 1467). *A A, Doc.*, III, 129-136.

Propriétés des choses (Livre des), voir : **Sanderat.**

Protestants, voir : **Artistes.**

GUILLET DE SAINT-GEORGES. Jacques **Prou,** [sc.]. *MI*, II, 80-85.

DET. Jacques **Prou,** sculpteur des Bâtiments du Roi, [quittance ; 1688]. *RAF*, III, 1887, 203-204.

GINOUX (Charles). Actes d'état civil d'artistes **provençaux** (1647-1761). *RAF*, IV, 1888, 257-262.

GINOUX (Charles). Actes d'état civil d'artistes **provençaux** (1670-1722). *RAF*, VI, 1890, 152-156.

GINOUX (Charles). Actes d'état civil d'artistes **provençaux** (1682-1778). *RAF*, VI, 1890, 216-220.

GINOUX (Charles). Actes d'état civil d'artistes **provençaux** (1688-1716). *RAF*, VII, 1891, 251-253.

GINOUX (Charles). Actes d'état civil d'artistes **provençaux** (1671-1783). *RAF*, VIII, 1892, 284-289.

GINOUX (Charles). Actes d'état civil d'artistes **provençaux** (1684-1785). *RAF*, X, 1894, 31-35.

Provençaux, artistes, voir : **Toulon.**

Provence (comte de), voir : **Versailles.**

Province, églises, voir : **Églises** de province.

Province, Musées, voir : **Musées** de province.

Province (œuvres d'art du Musée du Louvre envoyées en), voir : **Hennequin.**

GRAND (A.-L.). P.-P. **Prudhon,** [p. ; lettre sur ses premiers ouvrages]. *A A, Doc.*, II, 313-320.

P.-P. **Prudhon.** Lettre à M. Denon, [an XII]. *A A, Doc.*, IV, 127-128.

VILLOT (Frédéric) ; JOLIET ; SAINT-PÈRE ; PELÉE ; [A. M.]. Lettres écrites par Pierre-Paul **Prudhon** pendant son voyage en Italie. *A A, Doc.*, V, 97-170.

BÉRARD ; [A. M.]. Pierre **Prudhon,** [colonne à la gloire des armées françaises ; 1801]. *A A, Doc.*, VI, 340-350.

Fillon (Benjamin) ; [A. M.]. Lettre de P.-P. **Prudhon** (1819). *NA*, 1873, 440-441.

Le Blant (Edmond-Frédéric). **Prudhon** et le portrait du prince de Bénévent (1807). *RAF*, II, 1886, 239-240.

Marmottan (Paul). Deux portraits du prince de Talley-rand par **Prudhon** (1815). *RAF*, VI, 1890, 231-232.

Stein (Henri). La perte de la correspondance de **Prudhon**. *B*, 1907, 16.

Richer (Jean). A propos d'un dessin attribué à **Prudhon**. *B*, 1913, 21-28.

Guiffrey (Jean). L'œuvre de Pierre-Paul **Prudhon**. *A*, XIII, 1923-24 (xxii-546 p.).

Prusse, voir : **Michel** (Sigisbert).

Petit-Delchet (Max). L'illustration décorative du mythe de **Psyché** à l'époque de Raphaël. *B*, 1910, 24-43.

Petit-Delchet (Maxime). L'illustration décorative du mythe de **Psyché** au xviie et au xviiie siècle. *B*, 1911, 137-148.

Lagrange (Léon). Pierre et François **Puget**, [sc. ; lettre de M. de Villeneuve ; 1688]. *AA, Doc.*, VI, 88-93.

Dussieux (Louis). Fr. **Puget**. Copie de la lettre de Pierre-Paul Puget au R. P. Bougerel, [1753]. *AA, Doc.*, I, 331-332.

Ginoux (Charles). Gaspard **Puget** et Nicolas Levray (1649-55). *RAF*, V, 1889, 66-72.

Puget (Gaspard), voir : **Toulon**.

Boilly (Jules) ; Chambry. Pierre **Puget**. [Diogène, An-dromède, Milon, saint Charles.] *AA, Doc.*, II, 236-241.

Margry (Pierre) ; [L. D.] ; [A. M.]. Documents sur **Puget** et sur les sculpteurs et les peintres employés à l'arsenal de Toulon (1662-82). *AA, Doc.*, IV, 225-310.

Ginoux (Charles). Les cariatides de **Puget**. *RAF*, I *bis*, 1885, 186.

Ginoux (Charles) ; [H. J.]. Pierre **Puget**. Ses travaux à la cathédrale de Toulon (1659-82). *RAF*, II, 1886, 22-25.

Ginoux (Charles) ; [H. J.]. Pierre **Puget** et les échevins de Marseille (1671). *RAF*, II, 1886, 63-64.

Ginoux (Charles). Pierre **Puget,** [hôtel de ville de Toulon ; 1656-59]. *RAF*, II, 1886, 113-117.

Ginoux (Charles). Pierre **Puget,** [documents ; 1658-86]. *RAF*, II, 1886, 315-320.

Ginoux (Charles). Pierre **Puget,** [sommation ; 1656]. *RAF*, V, 1889, 49-50.

Pierre **Puget,** [imposte en fer repoussé ; 1656]. *RAF*, V, 1889, 50-52.

Ginoux (Charles). La poissonnerie de **Toulon** construite, en 1690, d'après les plans de P. Puget, [sc.]. *RAF*, V, 1889, 216-221.

Pierre **Puget,** [lettre aux échevins de Marseille au sujet d'une statue équestre de Louis XIV ; 1688]. *RAF*, V, 1889, 324-325.

Ginoux (Charles). Achat d'une place de maison par Pierre **Puget** (1659). *RAF*, VII, 1891, 106-108.

Ginoux (Charles). Assignation faite à Pierre **Puget** (1661). *RAF*, VII, 1891, 247-249.

Ratouis de Limay (Paul). Une statue de Polyphème attribuable à **Puget.** *B*, 1922, 337-338.

Puget (Pierre), voir : **Toulon ; Veyrier** (Pierre).

Pygmalion, voir : **Falconet.**

Q

Quichotte (Don), voir : **Coypel** (C.).

Lemonnier (Henri). Une lettre de **Quatremère de Quincy,** [1828]. *A*, I, 1907, 189-192.

Chennevières (Henry de). Tableaux français à **Québec.** *RAF*, III, 1887, 309-310.

Courboin (François). Le physionotrace de **Quénédey.** *B*, 1908, 38-42.

Acte de décès de François **Quesnel,** [p.]. *AA*, *Doc.*, V, 264.

François **Quesnel,** Fréminet et de Monstier, [Dumonstier]. *B*, 1876-78, 11-12.

Menu (Henri) ; [J.-J. G.]. François **Quesnel,** [compte ; 1604]. *NA*, 1877, 150.

Grouchy (vicomte de). Inventaire des tableaux de François **Quesnel** (1697). *RAF*, VIII, 1892, 90-94.

Stein (Henri). Jacques **Questel**, peintre et ingénieur sous Henri IV. *B*, 1913, 265-270.

Grouchy (vicomte de). Noël **Quillerier**, [p.], et Laurent Guyot (1642-44). *RAF*, VIII, 1892, 227-228.

Quimper, voir : **Watteau.**

Quinson (de), voir : **Subleyras.**

Quthe (Pierre), voir : **Clouet** (Fr.).

R

Clouzot (Henri). A propos de portraits de **Rabelais.** *B*, 1908, 36-38.

Radeau de la Méduse (le), voir : **Géricault.**

Guiffrey (J.-J.). Lettre de J.-B. **Radet,** [p.]. *NA*, 1879, 438-443.

Ginoux (Charles). **Raetz,** Volaire et Dubosc, auteurs de travaux de peinture pour l'église de La Valette (1665-1738). *RAF*, VI, 1890, 277-280.

Cl. **Ramey,** sculpteur, [lettre du baron de Joursanvault au graveur J.-G. Wille]. *AA, Doc.*, V, 171-172.

Ranc (Antoine), voir : **Bourdon.**

[H. J.]. Contrat de mariage de Jean **Ranc,** [p.] (1715). *RAF*, III, 1887, 140-143.

Clouzot (Henri). Documents inédits sur les **Ranson,** peintres et tapissiers aux Gobelins. *B*, 1915-17, 140-161.

Fillon (Benjamin) ; [A. M.]. **Raon** et Desjardins, [sc.] (1674). *NA*, 1874-75, 208.

[J.-J. G.]. Restauration des tableaux de **Raphaël** [Sanzio] représentant *Saint Michel* et *Saint Jean*, par Picault (1751-81). *NA*, 1879, 407-417.

Reiset (Frédéric). Le *Saint Jean l'Évangéliste* de **Raphaël.** *NA*, 1880-81, 42-44.

Raphaël, voir : **Canonville ; Gobelins ; Psyché.**

Bapst (Germain). **Raphaël,** peintre miniaturiste du xviiie siècle. *RAF*, VII, 1891, 278.

Rattier (legs), voir : **Scipion.**

Stein (Henri). Une expertise [d'immeubles à Paris par l'architecte **Raymond du Temple**] en 1388. *B*, 1908, 110.

Rebuffat, voir : **Josserand.**

Récamier (Mme), voir : **Chinard.**

Réception (morceaux de), voir : **Académie** royale de peinture et de sculpture.

[B. F.]. Antoine de **Recouvrance,** [p.] (1609). *NA*, 1874-75, 189-190.

Marmottan (Paul). Accord intervenu entre **Redouté** et Étienne Dubois, [p. ; travaux à la Malmaison et à Compiègne ; 1816]. *RAF*, IV, 1888, 322-323.

[H. J.]. Nicolas **Regal,** [orf. ; créance ; 1783]. *RAF*, VII, 1891, 394.

Régions libérées, voir : **Musées** de province.

Girardot (baron de). Lettre du sculpteur **Règle,** [1793]. *AA*, 2e s., II, 176.

Guiffrey (Jules). Thomas **Regnaudin,** sculpteur du roi (1695). *RAF*, V, 1889, 126.

Regnaudin (Thomas), voir : **Anguier** (Michel).

J.-B. **Regnault,** [p. ; tableau équestre du général Kléber]. *AA*, *Doc.*, IV, 137.

[H. J.]. Le peintre **Regnier** (1829). Autobiographie. *RAF*, V, 1889, 62-63.

Rehn (J.-E.), [a.], voir : **Lebas** (J.-P.).

[A. M.]. Artistes employés par l'archevêque de **Reims** (1645). *NA*, 1872, 236-237.

Henry (Charles) ; [J.-J. G.]. L'école de dessin de **Reims** et le comte de Caylus (1752). *NA*, 1882, 238-244.

Marcel (Henri). Renseignements sur l'état des principaux édifices de la ville de **Reims.** *B*, 1915-17, 24.

Tuetey (Alexandre). Les restaurations de la cathédrale de **Reims** sous le Premier Empire. *B*, 1918-19, 13-17.

Reims, Sculpteurs, voir : **Laon.**

Reliquaires, voir : **Anne d'Autriche.**

Remords d'Oreste, voir : **Hennequin.**

Renaud et Armide (amours de), voir : **Vouet (Simon).**

Renaud de Montgeron, [a.], voir : **Bartolus.**

Guiffrey (Jules). Tableau de l'*Enfant prodigue* par **Rembrandt** (1765). *RAF*, VI, 1890, 178-179.

Fillon (Benjamin) ; [Ph. DE Ch.]. Un tableau du roi **René**, [lettre des Frères Mineurs de Laval]. *AA, Doc.,* I, 321-326.

Fillon (Benjamin). *Notre-Dame-de-Pitié,* tableau peint par le roi **René** (1456). *NA,* 1879, 227-232.

René (le roi), voir : **Jehannot.**

Rennes, voir : **Lemoyne (J.-B.).**

Rey (Robert). **Renoir,** [p.], à l'École des Beaux-Arts. *B,* 1926, 33-37.

Renommée (la), statue, voir : **Biard (P.).**

Furcy-Raynaud (Marc). [Lettre de **Renou,** [p.], à Vergniaud ; 1791.] *B,* 1907, 24.

Restaurateurs, voir : **Lange ; Picault.**

Restauration (époque de la), voir : **Sculpteurs.**

Restauration (objets d'art concédés par le gouvernement de la), voir : **Objets d'art.**

Restauration (objets d'art restitués par le gouvernement de la), voir : **Condé** (prince de).

Restauration de figures antiques, voir : **Mazarin.**

Guiffrey (Jules). Question d'archéologie pratique, [restauration des monuments]. *RAF,* I, 1884, 161-163.
   Voir aussi : **Reims.**

Restauration de tableaux, voir : **Raphaël.**

Restout (Jean et Jean-Bernard), [p.], voir : **La Hire (Laurent de).**

Chennevières (Philippe DE). Eustache **Restout,** [p.]. *RAF,* V, 1889, 87-119.

Borromée (comte DE) ; [J.-J. G.]. Mémoire d'un tableau

fait par Jean **Restout** pour la manufacture des Gobelins (1751). *NA*, 1880-81, 87-90.

Chennevières (Henry de) ; [H. J.]. Jean-Bernard **Restout** et la fabrication des dalles de verre. *RAF*, I *bis*, 1885, 89.

Restout (J.-Bernard), voir : **Soufflot** (Jacques-Germain).

Résurrection de Lazare, voir : **Guerchin** (Le).

Résurrection de Tabithe, voir : **Lesueur** (E.).

Retables, voir : **La Flamengrie** (Aisne) ; **Paris,** église de Saint-Nicolas-du-Chardonnet ; **Van Ghelunen** (Jos.) ; **Vouet** (S.).

Jacquemart (André) ; Riocreux. Claude **Révérend,** [lettres patentes pour l'établissement d'une fabrique de porcelaine ; 1664]. *A A, Doc.,* VI, 360-364.

Revoir (Jean), [grav.-fourb.], voir : **Petit** (Vincent).

Valabrègue (Antony). Jean de **Reyn,** [p.] (1610-78). *RAF*, I *bis*, 1885, 147-149.

Richelet, voir : **Champagne** (Ph. de).

Richelieu (card. de), voir : **Champagne** (Ph. de) ; **Girardon.**

Grandmaison (Charles de). Description du château de **Richelieu** par un anonyme du milieu du xviiie siècle. *NA*, 1882, 211-237.

[J.-J. G.]. Les tableaux du château de **Richelieu** (1801). *NA*, 1882, 367-370.

Tourneux (Maurice). De Paris à **Richelieu** en 1800. *B*, 1909, 88-89.

Richelieu, château, voir : **Dufourny.**

Laffillée (H.). Lettre pour la sauvegarde de nos **richesses artistiques** [en temps de guerre]. *B*, 1915-17, 8-9.

Riesener, [éb.], voir : **Oeben.**

Grandmaison (Charles de). Hyacinthe **Rigaud,** [p. ; lettres à M. de Gaignières]. *A A, Doc.,* I, 159-160.

Niel ; [P. M.]. Testament d'Hyacinthe **Rigaud.** *A A, Doc.,* IV, 25-32.

Hyacinthe **Rigaud.** *MI*, II, 114-200.

Müntz (Eugène) ; [A. M.]. Lettres de **Rigaud** au grand-duc de Toscane (1706-17). *NA*, 1874-75, 227-232.

Roman (J.) ; [J.-J. G.]. Copies par Cavin du portrait de Louis XV par **Rigaud,** [1732]. *RAF*, I *bis*, 1885, 150-151.

Grandmaison (Charles de). Une lettre de **Rigaud** à Gaignières. *RAF*, III, 1887, 359.

Grouchy (vicomte de) ; [J. G.]. Contrat de mariage et testament du peintre Hyacinthe **Rigaud** (1703-15). *RAF*, VII, 1891, 50-74.

Brière (Gaston). Un portrait de Chauvelin par **Rigaud** au Musée de Toulouse. *B*, 1907, 55.

Brière (Gaston). Observation sur un portrait par **Rigaud** au Musée de Toulouse. *B*, 1907, 80-87.

Furcy-Raynaud (Marc). Deux tableaux de **Rigaud** au Musée du Louvre. *B*, 1913, 54-57.

Lavallée (P.). Dessins d'Hyacinthe **Rigaud** à la bibliothèque de l'École des Beaux-Arts. *B*, 1923, 311-317.

Grésy (Eugène). Frère Jean **Rigot,** [p. miniat. ; missel de Saint-Aspais de Melun ; 1489]. *AA*, *Doc.*, V, 56-58.

Riquier (Jean), [p.], voir : **L'Heureux** (Pierre).

Buisson (J.). Antoine **Rivalz,** de Toulouse, [p. ; acte de baptême ; 1687]. *AA*, *Doc.*, I, 269.

Robbé de Beauveset, voir : **Lemoyne** (J.-B.).

Robeday, [orf.], voir : **Aublet.**

Robert (les dames), voir : **Girodet.**

Hubert **Robert,** [p. ; lettre à la Société des Amis des Arts]. *AA*, *Doc.*, V, 75.

Laperlier. Hubert **Robert,** [lettre à M. d'Angiviller ; 1785]. *AA*, *Doc.*, VI, 30-31.

Montaiglon (Anatole de). Hubert **Robert.** Extraits de la correspondance d'Antoine Roucher. *RAF*, XI, 1895, 28-35.

[H. J.]. Hubert **Robert,** [coupole de la Halle au blé à Paris]. *RAF*, XIII, 1897, 81-82.

Lemonnier (Henri). Sur une aquarelle d'Hubert **Robert.** *B*, 1912, 255.

Réau (Louis). Catalogue de l'œuvre d'Hubert **Robert** en Russie. *B*, 1913, 295-308.

Brière (Gaston) et Marquet de Vasselot (J. J.). Vues de la Grande Galerie du Musée du Louvre, par Hubert **Robert**. *B*, 1920, 241-255.

Nolhac (Pierre de). Le dernier album d'Hubert **Robert**. *B*, 1921, 174.

Marquet de Vasselot (J. J.). A propos de croquis d'Hubert **Robert**. *B*, 1924, 56-58.

Réau (Louis). Hubert **Robert**, peintre de Paris. *B*, 1927, 207-227.

Vitry (Paul). Un projet de monument à Malesherbes, par Hubert **Robert**. *B*, 1927, 227-228.

Boilly (Jules). Léopold **Robert**, [p. ; lettre à M. le comte de Forbin ; 1824]. *A A, Doc.*, II, 222-224.

Mély (Fernand de) ; [A. de M.]. **Robertus**, vitrearius. [charte ; xiie s.]. *R A F*, II, 1886, 305-306.

Vauthier (Gabriel). Le peintre **Robin** (1734-1818). *B*, 1926, 8-18.

Grandmaison (Louis de). Lettre de Pierre de **Rochefort**, [gr.], à Clairambault (1728). *R A F*, VIII, 1892, 94-95.

Rocher (Louis), [a.], voir : **Tulié.**

Rochette (Raoul), voir : **Houdon.**

Valentini ; [E. de Fréville]. Tableaux des églises de **Rodez**. *A A, Doc.*, III, 383-384.

Mazerolle (F.). La famille des **Roettiers**, [gr. méd.]. *R A F*, X, 1894, 158-184.

Vaillant (V.-J.). Joseph **Roettiers**, graveur en médailles et en monnaies. *R A F*, I, 1884, 66-68.

Joseph **Roettiers**, graveur en médailles et en monnaies. Erratum. *R A F*, I, 1884, 89.

Jouin (Henry). Joseph-Charles **Roettiers**. *R A F*, X, 1894, 66-89.

Mazerolle (F.). Joseph-Charles **Roettiers**, [procès entre ses héritiers]. *R A F*, X, 1894, 117-157.

Vaillant (V.-J.). Norbert **Roettiers**. *R A F*, I *bis*, 1885, 6-9.

ADVIELLE (Victor). Norbert **Roettiers**. *RAF*, IV, 1888, 187-188.

LE ROUX DE LINCY. Christophe **Roger** et Jean Mathias, [sc. ; quittances de rentes ; 1683-84]. *AA, Doc.*, VI, 302-303.

[A. M.]. Roger de **Rogeri**, [p. ; reçu de Denis Macaire ; 1587]. *AA*, 2ᵉ s., II, 370-371.

GUIFFREY (J.). Offre d'une suite de représentations de tous les **rois de France** sculptés en agate (1783). *RAF*, V, 1889, 72-73.

MAUMENÉ (lieutenant-colonel Ch.) et comte Louis D'HARCOURT. Iconographie des **rois de France** ; première partie : de Louis IX à Louis XIII. *A*, XV, 1928 (VIII-302-[1] p.).

Rois de France, voir : **Houel** (Nicolas).

COTTENET (Émile) ; [J.-J. G.]. Philippe-Laurent **Roland**, [sc.] (1793-1808). *NA*, 1882, 328-331.

BRIÈRE (Gaston). Le buste de Pajou, par **Roland**. *B*, 1921, 202-206.

MAREUSE (Edgar) ; ROCHEBLAVE (S.). Un voyage de M. **Roland de la Platière** (1769-70), publié par M. Perroud. *B*, 1913, 152-154.

LAVIGNE (Hubert) ; [J.-J. G.]. Brevet de maître peintre et sculpteur de l'Académie de Saint-Luc, accordé à **Romagnesi** (1766). *NA*, 1873, 373-375.

GINOUX (Charles). Le peintre Jérôme **Romain** (1649-1717). *RAF*, VI, 1890, 215-216.

Romance (Adèle de), voir : **Romany**.

PRUNIÈRES (Henry). Une lettre de Giulio **Romanelli**, [p.], au cardinal Antonio Barberini. *B*, 1913, 97-102.

GUIFFREY (J.-J.). Le graveur Antoine-Louis **Romanet** et le portrait de Mᵐᵉ de Saint-Vincent (1776). *RAF*, IV, 1888, 121-127.

JEANNERAT (Carlo). L'auteur du portrait de Vestris II, Adèle de Romance, et son mari, le miniaturiste François-Antoine **Romany**. *B*, 1923, 52-63.

Rome. Académies.

Guiffrey (J.-J.). Brevets des pensionnaires à l'Académie de Rome et à l'École des élèves protégés de Paris, [1712-92]. *NA*, 1879, 350-392.

Montaiglon (Anatole de) ; Guiffrey (Jules). Correspondance des directeurs de l'Académie de France à Rome avec les surintendants des Bâtiments, 1666-1793, publiée d'après les manuscrits des Archives nationales. 1887-1912, 18 vol. in-8°, dont un de Table générale par Paul Cornu.

Tuetey (Alexandre). Contribution à la correspondance des directeurs de l'Académie de France à Rome. *B*, 1907, 64-65.

Jouin (Henry). Notes pour servir à l'histoire de l'Académie de France à Rome (1790-1830). *RAF*, VI, 1890, 220-227.

Guiffrey (Jules). Les pensionnaires de l'Académie de France à Rome au xviiie siècle. *B*, 1907, 58-60.

Marcheix (Lucien). Quels furent les douze premiers pensionnaires de l'Académie de France à Rome? *B*, 1908, 23-25.

Tuetey (Alexandre). Les pensionnaires de l'Académie de France à Rome en 1792. *B*, 1915-17, 121-123.

Grand prix, voir : **Angiviller** (d') ; **Hubert** (Aug. Cheval, dit).

Académie de France, voir : **Barbault ; Cochin** (C.-N.) ; **David ; Duvivier ; Ménageot ; Poërson ; Poussin** (Nic.) ; **Schnetz ; Vernet** (Horace).

Locquin (Jean). Quelques artistes et amateurs français à l'Académie romaine de Saint-Luc au xviiie siècle. *B*, 1909, 98-100.

Rome. Divers.

Voir : **David ; Montmorency** (connétable de).

Rome. Églises.

Müntz (Eugène). Artistes employés à la décoration de l'église Saint-Louis-des-Français à Rome (1746-61). *NA*, 1876, 376-383.

Église Saint-Louis-des-Français, voir : **Artistes** (état civil d') ; **Jean.**

Rome. Objets d'art.

Liste de tableaux et de statues expédiés de Rome par les commissaires de la République française. *B*, 1876-78, 144-145.

BERTOLOTTI (A.) ; [P. N.]. Objets d'art transportés de Rome en France (1541-1864) ; trad. et ann. par M. Pol Nicard. *NA*, 1880-81, 57-82.

Rome. Villas.

JOUIN (Henry). Inventaire sommaire des œuvres d'artistes français conservées à la villa Médicis. *RAF*, I, 1884, 184-188.

Voir aussi : **Artistes,** portraits.

Villa Ludovisi, voir : **Inventaires.**

GUIFFREY (J.-J.). Jean **Rondet,** [p. ; acte de paiement ; 1563]. *RAF*, III, 1887, 136.

Ronsard, voir : **Lecomte.**

Rosaspina, voir : **Bervic.**

Rosée et Beringazo, peintres de Bordeaux, [certificat ; 1765]. *RAF*, V, 1889, 78.

LESPINASSE (P.). Le portraitiste **Roslin** et les artistes suédois en France pendant la seconde moitié du xviiie siècle. *B*, 1926, 182-213.

LESPINASSE (P.). Le portraitiste **Roslin** et les artistes suédois en France pendant la seconde moitié du xviiie siècle (*suite*). *B*, 1927, 234-363 (avec Appendices relatifs à Sergell, [sc.], Hall, Lawreince, Lafrensen, Cogell, [p.]).

Roslin (Alex.), [p.], voir : **Florence ; Van Loo** (Michel).

FRÉVILLE (Ernest DE). Lettres patentes de François Ier en faveur du **Rosso,** [p.] (1532). *AA, Doc.*, III, 113-117.

ROY (Maurice). La mort du **Rosso.** *B*, 1920, 82-93.

Roto (Dominique de), voir : **Dominique.**

Rotterdam, Société Batave, voir : **Houdon.**

Roucher (Antoine), voir : **Robert** (Hubert).

Montaiglon (Anatole de). Statuts de la corporation des peintres de la ville de **Rouen**. *A A, Doc.*, VI, 179-212.

Rouen, château et geôle, voir : **Guiot** (Étienne).

Chennevières (Henry de). L'école de dessin de **Rouen** de 1837 à 1857. *RAF*, IV, 1888, 216-220.

Rouen, Musée, voir : **Lemonnier** (Gabriel) ; **Le Nain ; Poussin** (Nic.).

Rouennais (collectionneur), voir : **Saint-Victor** (R. de).

Vitry (Paul). Les projets de monuments à la mémoire de J.-J. **Rousseau.** *B*, 1912, 250-251.

Rousseau (Jean-Jacques), voir : **Valaperta ; Voltaire.**

Brière (Gaston). Documents sur Jules-Antoine **Rousseau** et ses fils, sculpteurs décorateurs. *B*, 1924, 180-188.

Robert **Roussel,** [p. ; reçu ; 1559]. *A A*, 2ᵉ s., II, 372.

[H. J.]. Alexandre de **Roussy,** [orf.] ; Jacques Lequin, [orf.] ; Guillaume Jacob, [orf.] ; Simon-Bernard Lenoir, [p.] (1772). *RAF*, VIII, 1892, 160.

Roux (Marc), [sc.], voir : **Chardigny.**

Roy (Joseph), [p.], voir : **Bordeaux.**

Jouin (Henry). François-Marie-Joseph **Royer,** Pierre-Alexandre Royer, François-Henri Royer, Charles-Raymond Royer, [p. et sc. ; jugement ; 1792]. *RAF*, III, 1887, 342-344.

Guiffrey (J.-J.). Anne **Rubens,** [lettre de naturalité ; 1668]. *RAF*, I *bis*, 1885, 5-6.

Lalanne (Ludovic). Deux lettres inédites de **Rubens,** [p.]. *A A, Doc.*, I, 82-93.

[J. G.]. Tableaux et esquisses de Pierre-Paul **Rubens** (en 1777). *RAF*, IV, 1888, 296-298.

Tamizey de Larroque (Ph.). Pierre-Paul **Rubens.** Note autographe de Peiresc. *RAF*, XI, 1895, 129-130.

Tuetey (Alexandre). Un procès de **Rubens** à Paris contre le graveur allemand Jacques Hovervogt. *B*, 1915-17, 30-41.

Jouin (Henry). Histoire anecdotique d'une statue. Le monument du maréchal Ney, par François **Rude,** [sc.] (1850-53). *RAF*, V, 1889, 277-288.

Vitry (Paul). Une étude de **Rude** pour son *Hébé*. B, 1923, 25.

Rude, voir : **Chapu.**

Le Roux de Lincy. **Rugiero** de Rugieri, [p. ; quittance de rentes ; 1587]. *A A, Doc.,* V, 173. Voir aussi : **Rogeri.**

Fillon (Benjamin). Rugiero de **Rugieri ;** jardins de Fontainebleau (1595). *NA,* 1872, 177.

Russie, voir : **Catherine II ; Houdon ; Robert** (Hubert) ; **Tocqué.**

S

Sabines (les), voir : **David** (L.).

Sacre (le), voir : **David** (L.).

Saint-Aubin, [gr. ; reçu ; 1797]. *A A,* 2e s., II, 375.

Fillon (Benjamin). Augustin de **Saint-Aubin,** [lettre, 1792, et quittance]. *NA,* 1872, 412-413.

Schéfer (Gaston). Deux portraits d'Augustin de **Saint-Aubin.** *La baronne d'Andlau ; la marquise de Montesson.* B, 1907, 95-100.

Dacier (Émile). Une *Description de Paris* de Piganiol de la Force, illustrée par G. de **Saint-Aubin.** B, 1908, 13-15.

Dacier (Émile). Une nouvelle peinture de Gabriel de **Saint-Aubin** : *La naumachie des jardins de Monceau en 1778.* B, 1909, 14-17.

Lebel (Gustave). Un tableau de Gabriel de **Saint-Aubin** au Musée de Perpignan. B, 1925, 113-114.

Dacier (Émile). Un recueil inédit de dessins de G. de **Saint-Aubin.** B, 1926, 78-82.

Saint-Aubin (G. de), voir : **Chantilly ; Isabey.**

Cornu (Paul). Le château de la Brosse dans le parc de **Saint-Cloud.** *A,* VIII, 1914, 220-229.

Guiffrey (J.-J.). Tapisseries pour l'abbaye de **Saint-Denis** (1552). *NA,* 1874-75, 164-168.

Chennevières (Henry de). Bout de l'an de Louis XIII à **Saint-Denis** (1716). *RAF,* I *bis,* 1885, 69-70.

Saint-Denis, voir : **Boudin** (Th.) ; **Delorme** (Ph.) ; **Privé** (Thomas).

MARQUET DE VASSELOT (J. J.). La vaisselle d'argent de l'ordre du **Saint-Esprit.** *B*, 1911, 338-347.

VAILLANT (V.-J.). La galerie de Jacques II à **Saint-Germain-en-Laye.** *RAF*, I *bis*, 1885, 54-55.

Les tapisseries des « Maisons royales » de l'hôtel de ville de **Saint-Germain-en-Laye.** *B*, 1910, 271-275.

Saint-Germain-en-Laye, voir : **Jean** d'Orléans.

Saint-Hélier (Jersey), voir : **David** (J.-L.).

Saint-Igny (J. de), voir : **Warin** (Quentin).

GUIFFREY (J.). Lettres de noblesse et décorations de l'ordre de **Saint-Michel** conférées aux artistes au XVIIe et au XVIIIe siècle. *RAF*, V, 1889, 225-245.

Saint-Omer (le camp de), voir : **Swebach-Desfontaine.**

Saint-Pétersbourg, Académie des Beaux-Arts, voir : **Boucher** (Fr.) ; **Greuze.**

Les orfèvres français à **Saint-Pétersbourg** de 1714 à 1814. *B*, 1908, 47-61.

Saint-Pétersbourg, Musée de l'Ermitage, voir : **Poussin** (Nic.).

Saint-Pétersbourg, voir : **Clérisseau ; Gronoff.**

TESSIER (André). Deux peintures murales de plain-chant découvertes au cours des travaux de restauration de l'ancienne collégiale de **Saint-Quentin.** *B*, 1923, 326-330.

Saint-Simon (duc de), voir : **Cavin.**

RATOUIS DE LIMAY (Paul). Un collectionneur rouennais au XVIIIe siècle : le président Robert de **Saint-Victor.** *A*, VII, 1913, 422-439.

Saint-Vincent (Mme de), voir : **Romanet** (Louis).

ROUX (Alphonse). Les idées artistiques de **Sainte-Beuve.** *A*, VII, 1913, 518-532.

Sainte-Savine-les-Troyes, voir : **Barry** (Nicolas de).

Saisies, voir : **Collier ; Estampes ; Modes.**

Saisies révolutionnaires, voir : **Paris,** Muséum central.

Salerne (prince de), voir : **Chantilly,** Musée Condé.

Salle de spectacle, voir : **Potain** (N.-M.).

Salm (prince de), voir : **Léger.**

Rolle (F.). Bernard **Salomon,** [p. et gr. ; entrée à Lyon du cardinal d'Este et de Henri II ; 1540-48]. *A A*, 2ᵉ s., I, 413-436.

Salons, voir : **Montpellier ; Paris.**

Jouin (Henry). Jacques **Saly,** [sc.]. L'homme et l'œuvre. *RAF*, XI, 1895, 171-361.

Marquet de Vasselot (J. J.). Une œuvre inédite de Jacques **Saly** au Musée de Versailles. *RAF*, XII, 1896, 247-251.

Réau (Louis). Le *Faune au chevreau* de **Saly.** *B*, 1924, 6-15.

Vitry (Paul). Quelques œuvres de **Saly,** [sc.], au Danemark. *B*, 1927, 7.

Réau (Louis). L'*Hébé* de **Saly,** [sc.]. *B*, 1927, 8-11.

Sambre-et-Meuse, armée, voir : **David.**

Grandmaison (Charles de). Marché fait avec Jehan **Samson** de Tours, [p.] (1519). *NA*, 1878, 240-243.

Étienne **Sanderat** et Jean de Langres, [m. et ém. ; livre des Propriétés des choses de Barthelémy de Glanville ; xvᵉ siècle]. *A A*, 2ᵉ s., II, 393-398.

Locquin (Jean). Notice sur le peintre Jean-François **Sané** (1732?-79). *B*, 1910, 48-60.

Fossa (lieutenant-colonel de). Identification de deux portraits de J.-B. **Santerre,** [p.], au Musée de Dunkerque. *B*, 1927, 60-63.

Sanzio (R.), voir : **Raphaël.**

Saragosse, voir : **Bachelier (Dominique).**

Roman ; [H. J.]. Les **Sarazin,** [p.], Michel Corneille, [p.], et Jean Sevestre, [sc.] (1657-77). *RAF*, II, 1886, 19-22.

Lagrange (Léon). Bénigne **Sarrazin,** [p. ; rectification]. *A A*, *Doc.*, V, 80.

Guillet de Saint-Georges. Jacques **Sarrazin,** [sc.]. *MI*, I, 115-126.

Bapst (Germain). Le tombeau des Condé (par Jacques **Sarrazin**). *B*, 1921, 163-164.

Sarrazin (Jacques), voir : **Bullion.**

LAGRANGE (Léon). Pierre **Sarrazin**, [sc. ; peintures de l'hôtel de ville de Toulon ; 1674]. *A A, Doc.*, V, 54.

Saturnin (saint). Tenture de son histoire, voir : **Tours.**

Satyre buvant (le), voir : **Poussin** (Nic.).

MACON (Gustave). Une lettre inédite du peintre Piat-Joseph **Sauvage** au prince de Condé (1814). *B*, 1925, 194-197.

Savoie (Albert-Pie de), voir : **Carpi** (comte de).

GUIFFREY (J.-J.). La manufacture de la **Savonnerie** en l'an V. *RAF*, VI, 1890, 190-192.

MARMOTTAN (Paul). Documents sur la **Savonnerie** (1795-97). *B*, 1918-19, 57-65.

Savonnerie, manufacture de la, voir : **Bellengé.**

Saxe (maréchal de), voir : **Delvaux** (L.) ; **Mouchy** (Louis-Philippe) ; **Pigalle.**

GUIFFREY (J.-J.). Roger **Scabrol** et François Aubry, [sc. ; débat à propos de la statue équestre de Louis XIV ; 1692]. *NA*, 1882, 111-122.

BRIÈRE (Gaston). Le pavillon de l'Aurore au château de **Sceaux.** *A*, VIII, 1914, 193-206.

GIRARDOT (baron DE). Deux paysagistes anglais prisonniers de guerre (**Schmith,** [*sic*], et T. R. Underwood ; 1803-13). *A A*, 2ᵉ s., II, 9-11.

FROMAGEOT (Paul). Victor **Schnetz,** [p.], directeur de l'École de Rome. L'insubordination de son pensionnaire Carpeaux. *A*, VIII, 1914, 329-341.

Schnetz (Victor), voir : Horace **Vernet.**

EUDE (Adolphe). Alexandre **Schœnewerk,** [sc.]. *RAF*, II, 1886, 293-301.

THOMAS (Jules-Gabriel). Alexandre **Schœnewerk ;** le monument de l'artiste au cimetière Montparnasse. *RAF*, II, 1886, 301-304.

BONNASSIEUX. Alexandre **Schœnewerk** (1883). *RAF*, II, 1886, 334-336.

BOURNON (Fernand). Présent fait par la ville de Paris à la

reine Catherine de Médicis d'une tapisserie de l'Histoire de **Scipion.** *NA*, 1880-81, 309-310.

GUIFFREY (Jules). Un livre sur « la belle tapysserie du Roy » et les tentures de **Scipion** l'Africain. *B*, 1908, 19-20.

BERTAUX (Émile). Le secret de **Scipion.** Essai sur les effigies de profil dans la sculpture italienne de la Renaissance. *A*, VII, 1913, 71-92.

VITRY (Paul). Le « **Scipion** » du legs Rattier [au Musée du Louvre]. *B*, 1921, 31, 115-116.

Scipion (tenture de), voir : **Jules Romain.**

Scotin, [grav.], voir : **Bérain.**

Scudéry (Mlle de), voir : **Faudran** (J.-Bapt.).

GUIFFREY (Jules). Les **sculpteurs** de la Restauration (1815-23). *RAF*, I *bis*, 1885, 24-26, 42-44.

JOUIN (Henry). Autographes de **sculpteurs,** [1815-48]. *RAF*, III, 1887, 184-189.

JOUIN (Henry). Autographes de **sculpteurs,** [1813-44]. *RAF*, III, 1887, 212-223.

JOUIN (Henry). Autographes de **sculpteurs.** Commandes, contrats, quittances, anecdotes, notes biographiques. *RAF*, III, 1887, 311-316.

MARMOTTAN (Paul). Encouragements officiels aux **sculpteurs** (1811). *B*, 1918-19, 105-115.

Sculpteurs, voir : **Artistes.**

Sculpture en bois (1679), voir : **Fontainebleau ; Signature.**

MONTAIGLON (A. DE). Signatures et inscriptions des **sculptures** de l'exposition de l'art au XVIIIe siècle (1883-84). *RAF*, I, 1884, 38-41.

GUIFFREY (Jules). Liste des **sculptures** faites pour le roi de 1716 à 1729. *RAF*, VIII, 1892, 118-124.

Sculptures (XVIIIe s.), voir : **Bâtiments du Roi ; Paris,** couvent des Cordeliers ; Exposition des cent pastels.

PRUNIÈRES (Henry). Un portrait de Hobrecht et de Verdelot par **Sebastiano** [Luciano] **del Piombo,** [p.]. *B*, 1922, 74-81.

Erratum à la communication de M. H. Prunières sur « Un

portrait de Hobrecht et de Verdelot par **Sebastiano del Piombo** ». *B*, 1922, 285.

Sébastien (saint), voir : **Delacroix.**

Sedaine, voir : **Chantilly,** Musée Condé.

Séguier (hôtel), voir : **Vouet** (Simon).

Grouchy (vicomte de). Marché passé par Mathieu **Selle,** [tap.], pour la réparation de tapisseries (1656). *R A F*, VIII, 1892, 65-66.

Ginoux (Charles). Pellegrino et Joseph **Selmy,** père et fils, [sc. ; autel et chapelle de Notre-Seigneur, Toulon ; 1740-41]. *R A F*, VIII, 1892, 273-274.

Jouin (Henry). Jehan **Senclat** ou Seuclat, [p.], et Pierre Pilaty (1507-29). *R A F*, II, 1886, 152-153.

Sépulcre, voir : **Solas** (Jehan).

Sergell, [sc.], voir : **Roslin.**

Serment du Jeu de Paume (le), voir : **David** (L.).

Seroux d'Agincourt, voir : **Agincourt** (Seroux d').

Serrant, voir : **Coysevox.**

Montaiglon (Anatole de). Michel **Serre ;** son brevet de peintre des galères du roi, [1693]. *A A, Doc.*, I, 333-337.

Moulinneuf (de). Michel **Serre.** *MI*, II, 243-249.

Jouin (Henry). Lettre d'Auguste Couder faisant mention d'un tableau de Michel **Serre** : *La peste de Marseille* (1863). *R A F*, VIII, 1892, 367-369.

Guiffrey (J.-J.). Jean-Nicolas **Servandoni,** [a. et p.], et son fils Jean-Adrien-Claude, [1731-68 ; a. et p.]. *R A F*, IV, 1888, 262-267.

Servandoni, voir : **Peintres** décorateurs.

Service, voir : **Thomire.**

Seuclat (J.), voir : **Senclat.**

Rey (Robert). A propos de **Seurat,** [p.]. *B*, 1927, 117.

Jamot (Paul). Sur la famille des peintres Gilbert et Pierre de **Sève.** *B*, 1922, 290-292.

Grassoreille (Georges). Acte de naissance de Gilbert **Sève** ou de Sève (1618). *R A F*, II, 1886, 10-11.

Seveste (Jean), [sc.], voir : **Sarazin** (les).

Guigue (C.). Pierre-Paul **Sévin**, [p. ; grande salle du palais à Trévoux ; 1698]. *NA*, 1874-75, 219-222.

[A. de M.]. Pierre **Sévin** (1689), [article de M. Guigue dans « Lyon-Revue » ; mai 1885]. *RAF*, I *bis*, 1885, 149-150.

Sévin, voir : **Marie-Thérèse.**

Fillon (Benjamin) ; [A. M.]. Lettre de Marmontel (1780), [garniture de cheminée de la manufacture de **Sèvres**]. *NA*, 1873, 382-387.

Lechevallier-Chevignard (Georges). Le rachat de la manufacture de porcelaine de **Sèvres** aux alliés en 1815. *A*, I, 1907, 246-279.

Lechevallier-Chevignard (Georges). Le rachat de la manufacture de **Sèvres** aux armées alliées en 1815 et la destruction des effigies de Napoléon. *B*, 1907, 114-120.

Brière (Gaston). Le vase de **Sèvres** du « Mariage de l'Empereur ». *B*, 1920, 264-269.

Sèvres, voir : **Gobelins ; Jaquotot** (Mme Victoire).

Bosc (Ernest). Xavier **Sigalon**, [p.]. Notes biographiques. *NA*, 1876, 420-454.

Montaiglon (Anatole de). Une **signature** à expliquer, [sculpture en bois, signée : C. D. S., 1679]. *RAF*, I *bis*, 1885, 92-93.

Faure ; [H. J.]. Israël **Silvestre**, [gr.]. Ses ascendants et son fils Louis de Silvestre le jeune. *RAF*, II, 1886, 154-159.

Fanon. Nicolas-Charles **Silvestre,** [gr.] (1752). *RAF*, II, 1886, 195-200.

Silvestre, [p.], voir : **Bérain.**

Jouin (Henry). Antoine **Silvin** ou Sylvin, peintre du roi (1684-86). *RAF*, I *bis*, 1885, 51-52.

Simiane (Mme de), voir : **Aix.**

Guiffrey (J.). Jean-Henri et Mayer **Simon**, graveurs sur pierres fines. *NA*, 1880-81, 345-348.

Simon, [p.], voir : **Bérain ; Marie-Thérèse.**

REQUIN (abbé) ; [J. G.]. Testament de **Simon** de Châlons, [p. ; 1561]. *RAF*, VII, 1892, 135-140.

GROUCHY (vicomte DE) ; [J. G.]. Marché conclu entre Charles **Simonneau** et Louvois, [gr. ; Grande Galerie de Versailles ; 1688]. *RAF*, VIII, 1892, 67-68.

Singes (peintures décoratives), voir : **Paris,** hôtel Sully.

GUIFFREY (J.-J.) ; JOUIN (Henry). Adolphe **Siret.** Nécrologie. *RAF*, IV, 1888, 10-13.

MÜNTZ (Eugène). Lettres de Louis **Siriès** le jeune (1773-86). *NA*, 1874-75, 324-329.

GINOUX (Charles). Travaux exécutés pour les églises de **Six-Fours** (1623-71). *RAF*, VII, 1891,28 -29.

CHENNEVIÈRES (Henry DE). Sébastien-René, Paul-Ambroise et René-Michel **Slodtz,** [sc.] ; Dumont le Romain et François Boucher, [p.] (1751-54). *RAF*, II, 1886, 25-29.

Slodtz (les), voir : **Bérain ; Cochin** (C.-N.) ; **Menus-Plaisirs.**

MONTAIGLON (Anatole DE). Michel-Ange **Slodtz,** [deux lettres ; 1741 et 1742]. *AA, Doc.,* IV, 100-104.

[A. M.]. **Slodtz.** Cadre du portrait de Mlle Clairon (1759). *NA*, 1872, 339.

Société des Amis des Arts, voir : **Boucher-Desnoyers ; Cartellier ; Robert** (Hubert) ; **Taillasson.**

Société libre des Beaux-Arts, voir : **Paillot de Montabert.**

[J. G.]. Réunion des **Sociétés savantes** des départements à la Sorbonne en 1877. *B*, 1876-78, 174.

Soie peinte (fabrique de), voir : **Pillement** (Jean).

Soieries, voir : **Lasalle** (Phil. de).

BOUVENNE (Aglaüs). Épitaphes de Mathieu **Soin,** [p.], et Ambroise Dubois (1613-15). *RAF*, XI, 1895, 170.

Soirées du Louvre, aquarelles, voir : **Giraud** (Eugène).

Soiron, [p.], voir : **Kugler** (L.).

VAILLANT (V.-J.). A propos d'une statue de la cathédrale de **Soissons** (1694?). *RAF*, III, 1887, 247-249.

Soisy-sous-Étiolles, voir : **Beauvarlet ; Bertrand.**

LE ROUX DE LINCY. Jehan **Solas,** [sc. ; marché passé le 3 octobre 1505 pour un sépulcre dans l'église Saint-Germain-l'Auxerrois]. *A A*, *Doc.*, I, 133-135.

MERLET (Lucien) ; BELLIER DE LA CHAVIGNERIE (Émile) ; [A. M.]. Jehan **Solas,** [sc. ; marché de quatre bas-reliefs pour la cathédrale de Chartres ; 1519]. *A A*, *Doc.*, IV, 194-199.

[A. M.]. Lettres du comte **Sommariva** (1814-25). *NA*, 1879, 297-320.

JOUIN (Henry). Pierre-Nicolas **Sommé,** [orf. ; arrêt de la Cour des aides ; 1775-77]. *RAF*, VI, 1890, 268-272.

GUIFFREY (Jules). Note sur un sculpteur du XVIe siècle, [G. **Sotan**], né à Courtenay. *B*, 1907, 65-66.

[J. G.]. Dessins et estampes, [vente des livres du prince de **Soubise**]. *RAF*, VIII, 1892, 279-282.

Soubise (hôtel de), voir : **Blanchard (L.-G.) ; Paris,** hôtel de Guise.

Contrat de mariage de François **Soufflot,** [a.] (1789). *RAF*, VIII, 1892, 127-128.

LUCAS (Charles). François **Soufflot** le Romain. *RAF*, VIII, 1892, 275-279.

[J.-J. G.]. Jacques-Germain **Soufflot,** [a.], et Restout fils, [p.] ; extraits des registres du chapitre de Sainte-Geneviève (1780-81). *NA*, 1880-81, 244-246.

Southerell, voir : **Mariette.**

Spada (cardinal), voir : **Paris,** Palais du Luxembourg.

Statues, voir : **Bolbec ; Écouen ; La Muette ; Ménars** (marquis de) ; **Paris,** Invalides, Musée du Louvre, Porte Saint-Antoine ; **Soissons ; Versailles,** château.

MARMOTTAN (Paul). **Stendhal,** élève à l'École des Beaux-Arts en 1800. *B*, 1921, 130-132.

MARMOTTAN (Paul). **Stendhal,** rapporteur de l'administration des biens de la Couronne (1812). *B*, 1921, 132-139.

MARIONNEAU (Charles). Nécrologie. C.-H. **Stock,** [p.]. *RAF*, I *bis*, 1885, 111-112.

[J.-J. G.]. Statue de saint Vincent de Paul par Jean-Baptiste **Stouf** (1790). *NA*, 1880-81, 294-95.

Strasbourg, voir : **Paris,** Musée de Cluny ; **Versailles,** Musée.

DARCEL (Alfred) et Jules GUIFFREY. La **Stromatourgie** de Pierre Dupont ; documents relatifs à la fabrication des tapis de Turquie en France au XVIIe siècle. Paris, 1882, in-8º ([IV]-XLVII-148 p.).

Stucateur, voir : **Mensiaux.**

MONTLAUR (comte E. DE). Pierre **Subleyras,** [p. ; lettre à M. de Quinson ; 1739]. *AA, Doc.,* V, 93-96.

RÉAU (Louis). Une biographie italienne de Pierre **Subleyras.** *B*, 1924, 189-201.

Succession, voir : **Poussin** (N.).

SOULANGE-BODIN (H.). Le château de **Sucy-en-Brie.** *B*, 1925, 32-36.

LESPINASSE (Pierre). L'art français et la **Suède,** de 1688 à 1816. *B*, 1911, 54-133, 293-337 ; 1912, 207-245, 290-338.

Suède, voir : **La Vallée** (Simon et Jean de) ; **Roslin.**

LESPINASSE (Paul). Les artistes **suédois** en France au XVIIIe siècle (1695-1804). *B*, 1925, 119-161, 236-261.

Suédois, artistes, voir : **Roslin.**

Sully (duc de), voir : **Boudin.**

Sully (hôtel de), voir : **Paris,** hôtels.

CHENNEVIÈRES (Henry DE). Joseph-Benoît **Suvée** et son tableau : *La mort de Cléopâtre* (1785). *RAF*, II, 1886, 200-202.

GUIFFREY (Jules). **Suvée.** *B*, 1910, 19-21.

[J. G.]. Joseph-Benoît **Suvée.** Correspondance inédite (1773, 1807). *A*, IV, 1910, 290-350.

LACROCQ (Louis). Un tableau de J.-B. **Suvée** à l'évêché de Limoges. *B*, 1915-17, 111-114.

Suzanne (statue), voir : **Beauvallet.**

LACOMBE (Paul). Note sur les quatrains inscrits dans la tapisserie de la *Chaste* **Susanne.** *B*, 1909, 42-48.

Montaiglon (Anatole de). **Swebach,** [p. ; lettre]. *A A, Doc.*, III, 96.

[J.-J. G.]. Jacques **Swebach,** dit Fontaines, [lettre de M. Barthe ; 1818]. *N A*, 1880-81, 296-297.

Vallery-Radot (Jean). L'identification d'un tableau attribué à **Swebach-Desfontaine** : *Le camp de Saint-Omer en 1788. B*, 1922, 126-133.

Sylvin, voir : **Silvin.**

Symbolisme, voir : **Miniatures.**

T

Port (Célestin). Image d'argent de Notre-Dame enfermée dans un **tabernacle** à volets émaillés (1359). *N A*, 1879, 1-2.

Tabithe (Résurrection de), voir : **Lesueur** (E.).

Table, voir : **Versailles,** Cabinet de curiosités.

Tableau mécanique, voir : **Paris,** Musée des Arts décoratifs.

Stein (Henri). L'art tarifé au xviiie siècle, [paiement des **tableaux** d'après leurs dimensions ; projet présenté à M. de Marigny ; vers 1760]. *R A F*, IV, 1888, 269-271.

Marmottan (Paul). Achat de **tableaux** [de divers artistes contemporains] par le gouvernement (1815). *R A F*, V, 1889, 60-61.

Stryienski (Casimir). **Tableaux** de l'École française à identifier, [de l'ancienne Galerie du Palais-Royal]. *B*, 1912, 117-119.

Tableaux, voir : **Caen ; Commerce ; Duroc ; École française ; Églises de province ; Estimation ; La Muette ; Lille ; Lyon ; Musées de province ; Niçoise** (région) ; **Oiron ; Paris,** couvent des Chartreux de l'Oratoire, des Quinze-Vingts, du Val-de-Grâce, église Saint-Sulpice, Sainte-Chapelle, Musée du Louvre, palais des Tuileries ; **Québec ; Richelieu** (château de) ; **Rodez ; Valenciennes ; Villeneuve-sur-Yonne.**

[J.-J. G.]. Jean-Joseph **Taillasson,** [p. ; lettre à la Société des Amis des Arts ; 1798]. *N A*, 1872, 429.

CHENNEVIÈRES (Henry DE). Jean-Joseph Taillasson, [lettres ; 1772]. *RAF*, II, 1886, 291-292.

Taillasson (Joseph), voir : **Vignon** (Claude).

Talleyrand, voir : **Jeuffroy ; Prudhon.**

Tapis de Turquie, voir : **Stromatourgie.**

Tapisserie (manufactures de), voir : **Aubusson ; Exeter ; Felletin ; Fulham ; Gobelins ; Maincy.**

Tapisserie (portrait en), voir : **Vavoq.**

GUIFFREY (J.). Documents inédits sur les **tapisseries** de haute lisse sous Henri IV et sous ses successeurs. *NA*, 1879, 233-246.

GUIFFREY (J.-J.). Documents sur les **tapisseries** et les broderies au XVIIe et au XVIIIe siècle. *NA*, 1880-81, 141-147.

BRÉBISSON (DE) ; [J. G.]. Exposition des **tapisseries** de la Couronne en 1755, le jour de la Fête-Dieu. *RAF*, VI, 1890, 174-177.

GUIFFREY (Jules). Les **tapisseries** du mobilier de la Couronne autrefois et aujourd'hui. *RAF*, VIII, 1892, 1-55.

GROUCHY (vicomte DE). Note sur les **tapisseries** aux XVIIe et XVIIIe siècles. *RAF*, VIII, 1892, 61-64.

GROUCHY (vicomte DE) ; GUIFFREY (J.). **Tapisseries** mentionnées dans les inventaires du XVIIIe siècle. *RAF*, VIII, 1892, 257-260.

ENGERAND (Fernand). Modèles et bordures de **tapisseries** des XVIIe et XVIIIe siècles. *RAF*, XII, 1896, 137-148.

CORDEY (Jean). Un manuscrit à miniatures du XVIIe siècle. « Devises pour les **tapisseries** du Roy ». *B*, 1926, 84-90.

Tapisseries, voir : **Blois ; Bretagne** (États de) ; **Broderies ; Colbert ; Comblat ; Copenhague ; Coypel** (Ch.) ; **David** (L.) ; **Du Moulin** (Pierre) ; **Épernon** (duc d') ; **Holbein ; Ingres ; Jules Romain ; Laisné** (Louis) ; **Le Tellier** (Michel) ; **Lyon ; Matteo** del Nassaro ; **Maximilien ; Oudry ; Paris,** Garde-meuble ; **Raphaël ; Saint-Denis ; Saint-Germain-en-Laye; Tours; Troyes; Versailles.**

Tapisseries (réparation des), voir : **Selle** (Mathieu).

Tapisseries, tentures, voir : **Arthémise ; Belle tapisserie du Roi,** voir· : **Scipion ; Don Quichotte** (Histoire de), voir : **Coypel** (Ch.) ; **Esther,** voir : **Aubusson ; Henri III** (Histoire de) ; **Indes,** voir : **Desportes ; Marc-Antoine** (Histoire de), voir : **Versailles,** Chambre du Roi ; **Maximilien** (Chasses de) ; **La Passion et Saint Saturnin** (Histoire de), voir : **Tours,** église de Saint-Saturnin ; **Scipion ; Suzanne** (La chaste).

Tapissiers, voir : **Lefèvre ; Lyon ; Ranson ; Selle** (Mathieu) ; **Troyes ; Vavoq.**

Tardieu (Alexandre). Notice sur les **Tardieu,** les Cochin et les Belle, [p.-gr.]. *A A, Doc.,* IV, 49-68.

Tardif (Ch.), voir : **Inventaires.**

Bapst (Germain). Note sur le sculpteur **Taveau.** *B,* 1921, 31-32.

François **Tavernier,** [p.]. *MI,* II, 236-237.

Tentures, voir : **Tapisseries.**

Terburg, [p.], voir : **Audouin.**

Terray (abbé), voir : **Lecomte** (Félix).

Terre cuite, voir : **Baschet** (Nic.).

Terre sigillée, voir : **Cléricy** (Antoine).

Tessier, [p.], voir : **Gobelins.**

Tessin (comte de), [a.], voir : **Boucher** (Fr.) ; **Harleman.**

Guillet de Saint-Georges. Henri **Testelin,** [p.]. *MI,* I, 229-238.

Jouin (Henri). Lettres de Henri **Testelin** à Charles Errard (1677-78). *NA,* 1878, 276-285.

Guillet de Saint-Georges. Louis **Testelin,** [p.]. *MI,* I 216-228.

Cahen (Léon). La vente du « Musée » de Mgr de **Thémines.** *B,* 1912, 171-177.

Pouy. Les graveurs parisiens **Thevenon** et Guyon (xviiie s.) [contrats ; 1785-89]. *RAF,* I *bis,* 1885, 9.

[A. M.]. Jean **Thierry,** [sc.], reçu académicien ; 1717. *NA,* 1872, 312-313.

Vauthier (Gabriel). Lettres d'artistes à **Thiers.** *B,* 1918-19, 253-266.

[A. M.]. Froment Meurice, [orf. ; service de **Thomire**]. *NA*,
1874-75, 478-484.

Thomon (Th. de), [a.], voir : **Clérisseau.**

Thorvaldsen, [sc], voir : **David** d'Angers.

Tibanteus (Alexander), voir : **Pise.**

Fillon (Benjamin). La statue de Necker de **Tieck**, [sc.]
(1816). *NA*, 1872, 458.

Focillon (Henri). Jean-Dominique **Tiépolo,** graveur. *A*,
VII, 1913, 327-343.

Vaillant (V.-J.). Jean **Tijou,** ferronnerie d'art (1700).
RAF, VIII, 1892, 116-118.

Roman (J.). Achat par Henri III de trois tableaux de
Tintoret. *RAF*, IV, 1888, 116.

[J. G.]. Tableau du **Titien** présenté au roi (1791). *RAF*,
IV, 1888, 319-320.

Roche (Denis). L'arrivée et le séjour de **Tocqué,** [p.], en
Russie. *B*, 1910, 299-312.

Doria (comte Arnauld). Quelques œuvres de **Tocqué,**
[p.], identifiées. *B*, 1927, 105-116.

Toison d'or, voir : **Limoges.**

Tombeaux : Asfeld (maréchal d'), voir : **Martin** (Jacques-
Charles) ; **Bedford** (Anne de Bourgogne, duchesse de) ;
Billy (Marie de) ; **Bouillon** (Maison de) ; **Bourbon**
(Charles de), voir : **Morel ; Bourbon** (Isabelle de), voir :
Loisel ; Bourbon (Marguerite de), voir : **Huy** (J. de) ;
Bretagne (Blanche de) ; **Bretagne** (François II de), voir :
Colombe (Michel) ; **Carpi** (Albert-Pie de Savoie, comte
de) ; **Castellan** (les), voir : **Girardon ; Césaire** (saint) ;
Charles VIII, voir : **Paganino** (G.) ; **Charpentier** (Victor),
voir : **Houdon ; Colbert,** voir : **Coysevox ; Condé** (les),
voir : **Sarrazin** (J.) ; **Conti** (princesse de), voir : **Girardon ; Diane de Poitiers ; Du Bellay ; Du Mont** (H.) ; **Estrées** (d'), voir : **Coustou ; Fénelon,** voir : **Le Moyne ;
Fleury** (cardinal de), voir : **Le Moyne ; Foulon,** voir : **Pilon** (G.) ; **Gouffier** (Mme de), voir : **Juste** (J. de) ; **La Live
de Jully,** voir : **Falconet ; Leclerc** (général), voir : **Moitte ;
Le Gras,** voir : **Bourdin ; Lorraine** (Henry de), voir :
Coysevox ; Lully, voir : **Coton** (P.) ; **Mansart ; Marie-**

Thérèse ; Mazarin, voir : **Coysevox ; Richelieu,** voir : **Girardon ; Saxe** (maréchal de), voir : **Pigalle ; Schœnwerk** (A.-P.) ; **Sully,** voir : **Boudin ; Terray** (abbé), voir : **Lecomte** (F.) ; **Tresmes** (de), voir : **Biard** (P.) ; **Turenne,** voir : **Tuby ; Vaubrun,** voir : **Coysevox ; Voltaire et Rousseau.**

Fillon (Benjamin) ; [J. G.]. **Topino-Lebrun,** [p. ; souscription et lettres ; 1798-1800]. *NA*, 1882, 351-354.

Pons (docteur). J.-Bernard **Toro,** [sc.]. *AA*, *Doc.*, VI, 273-301.

Toro, voir : **La Rose.**

Tortebat (François), voir : **Vouet** (Simon).

Toscane (grand-duc de), voir : **Médicis** (Cosme III de).

Toscane, voir : **Jaquotot ; Piero** della Francesca.

Ginoux (Charles). L'architecte **Toscat** et le sculpteur Chastel. Fontaine des Trois-Dauphins [à Toulon] (1779-82). *RAF*, V, 1889, 269-275.

Toulon, arsenal, voir : **Puget** (Pierre).

Toulon. Artistes.

Ginoux (Charles). Artistes provençaux propriétaires à Toulon. *RAF*, VIII, 1892, 97-100, 156-160.

Ginoux (Charles). Artistes de Toulon. *RAF*, X, 1894, 193-358 ; XI, 1895, 1-18.

Ginoux (Charles). Peintres et sculpteurs nés à Toulon ou ayant travaillé dans cette ville (1518-1800). *RAF*, IV, 1888, 145-182.

Ginoux (Charles). Peintres et sculpteurs officiels de la ville de Toulon (1639-1786). *RAF*, V, 1889, 303-320.

Ginoux (Charles). Un atelier de sculpture sur bois deux fois centenaire, [Duthoit et Cuisin, à Toulon]. *RAF*, V, 1889, 81-84.

Toulon. Divers.

Ginoux (Charles) ; [H. J.]. Lettre de Louis XIII aux consuls de Toulon (1629). *RAF*, I *bis*, 1885, 65-66.

Ginoux (Charles). Inventaire des biens des Jésuites de Toulon (1762). *RAF*, XII, 1896, 97-103.

Ginoux (Charles). Les armoiries des morts à Toulon
(1786). *RAF*, III, 1887, 53-54.

Voir aussi : **Aycard; Barnouin; Barbaroux; Bonnet;
Bounet; Chardigny; Fouquières; Jean-Jacques; La Cha-
pelle** (Georges de) ; **Laure** (Honoré) ; **Levray; Panon**
(Jean) ; **Volaire.**

Toulon. Églises.

Ginoux (Charles). Albert Duparc, Antoine Fleury, [tra-
vaux à la cathédrale Sainte-Marie de Toulon ; 1696].
RAF, III, 1887, 49-51.

Ginoux (Charles). Veirier, [sc.], et Dubreuil, [sc.], Achard
et Volaire, [p.], [chapelle du Corpus Domini à la cathédrale de Toulon ; 1682-1755]. *RAF*, III, 1887, 324-327.

Ginoux (Charles). Construction et décoration de la façade
de la cathédrale de Toulon, par Albert Du Parc et Antoine Fleury (1696-1702). *RAF*, V, 1889, 124-125.

Ginoux (Charles). La cathédrale de Toulon (1737). *RAF*,
X, 1894, 46-51.

Ginoux (Charles). [Façade de la cathédrale de Toulon.]
RAF, XII, 1896, 81-88.

Voir aussi : **Curet** (Jean) ; **Dubreuil** (Claude) ; **Puget**
(Pierre) ; **Selmy ; Veyrier.**

Ginoux (Charles). L'église Saint-Louis de Toulon. *RAF*,
X, 1894, 35-46.

Voir aussi : **Chastel** (J.-P.) ; **Jullien** (Simon) ; **Verdiguier** (Jean-Michel).

Toulon. Fontaines.

Ginoux (Charles). Les fontaines de Toulon. Gaspard
Puget, Pierre Puget, Nicolas Levray, [sc.] (1649-50).
RAF, II, 1886, 191-192.

Fontaine de Saint-Éloy, voir : **Levray** (Nicolas).

Fontaine des Trois-Dauphins, voir : **Toscat.**

Fontaine Saint-Michel, voir : **Caris** (J.).

Toulon. Hôpital.

Hôpital du Saint-Esprit, voir : **Maucord** (Jean-Lange).

Toulon. Hôtel de ville.

Ginoux (Charles). Réparation du portique et des caria-

tides de l'hôtel de ville de Toulon, par Claude Dubreuil
et son fils, [sc.] (1709). *RAF*, V, 1889, 192.

Voir aussi : **Puget** (Pierre) ; **Sarrazin** (Pierre).

Toulon. Poissonnerie, voir : **Puget** (Pierre).

[J.-J. G.]. Placet de l'Académie de peinture de **Toulouse**
(1763). *NA*, 1880-81, 220-228.

Toulouse, artistes, voir : **Rivalz** (Antoine).

Toulouse, Augustins, voir : **Arcis** (Marc).

Toulouse, Musée, voir : **Gros** ; **Rigaud** (H.).

Chennevières (Henry de). Une lettre de M. de **Tournehem** (1746). *RAF*, III, 1887, 361-362.

Furcy-Raynaud (Marc). Correspondance de Lenormant
de **Tournehem** avec Coypel et N.-B. Lépicié. *RAF*,
XXII, 1906, 323-359.

Tourneur, voir : **Compignie**.

Tourneux (M.), voir : **Delacroix** (E.).

Trébutien. Robert **Tournières.** (Extrait des registres de
la paroisse de Saint-Pierre de Caen.) *AA, Doc.*, I, 70.

Engerand (Fernand). Robert **Tournières,** [p. ; séparation ;
1702]. *RAF*, XII, 1896, 104-113.

Salmon (A.). Documents sur quelques architectes et artistes de l'église cathédrale de **Tours.** *AA, Doc.*, II, 321-
330.

Tours, cathédrale, voir : **Étienne de Moretegne.**

Tours, Saint-Julien (autel de), voir : **La Barre** l'aîné (de).

Grandmaison (Charles de). Estimation des anciennes tapisseries de Saint-Saturnin de **Tours**, [Histoire de Saint-
Saturnin et de la Passion] (1793). *RAF*, V, 1889, 330-
331.

Tours, Musée, voir : **Caffiéri** (J.-J.).

Voir **Tours** : **Bosse** (A.) ; **Bourdichon** (J.) ; **Breffect** ;
Chaperon ; **Étienne de Moretegne** ; **Étienne Pot-à-Feu** ;
Ferrand (Arnould) ; **Fouquet** (Jehan) ; **Juste** ; **Samson.**

Tourville, voir : **Houdon.**

Clouzot (Henri). Acte de mariage de Henry **Toutin,** [orf.].
B, 1909, 97.

Clouzot (Henri). Documents inédits concernant Jean **Toutin** et les premiers peintres sur émail (1593-1686). *B*, 1908, 198-199.

Clouzot (Henri). Documents inédits concernant Jean **Toutin** et les premiers peintres sur émail français (1593-1686). *A*, II, 1908, 221-252.

[A. M.]. Barthélemy **Tremblay**, [sc. ; reconnaissance de dette ; 1619]. *AA*, 2e s., II, 369.

Fillon (Benjamin). Reconnaissance d'un prêt fait à Barthélemy Tremblay (1619). *NA*, 1876, 248.

Guiffrey (J.-J.). Charles-André **Tremblin** et Joseph Labbé, [p. ; requête ; 1745]. *RAF*, III, 1887, 360-361.

Tremblin, voir : **Peintres décorateurs.**

Caylus (comte de). Pierre-Charles **Trémollière**, [p.]. *MI*, II, 442-448.

Tresmes (duc de), voir : **Biard.**

Trévoux, voir : **Sévin** (Pierre-Paul).

Trezel, voir : **Brienne.**

Trianon, voir : **Versailles.**

Trinité (la), voir : **Breulx; Perpignan.**

Jouin (Henry). Le sculpteur **Troel.** Substitution d'enfants (1727). *RAF*, III, 1887, 337-339.

Jouin (Henry). Les peintres **Tronquet,** Bery, Freslon, Fegretin et Maciet, [actes de baptême ; 1545-77]. *RAF*, II, 1886, 9-10.

[A. M.]. Architectes **troyens,** [de 1395 à 1515 ; note du XVIIe s.]. *NA*, 1872, 128-130.

Rondot (Natalis). Les potiers de terre de **Troyes** aux XIVe, XVe et XVIe siècles. *NA*, 1879, 321-327.

Rondot (Natalis). Les tapissiers de haute lisse à **Troyes** au XVe et au XVIe siècle. *NA*, 1879, 328-333.

Rondot (Natalis). Les peintres de **Troyes** aux XIIIe, XIVe et XVe siècles. *NA*, 1882, 34-41.

Rondot (Natalis). Les enlumineurs de **Troyes** aux XIIIe, XIVe et XVe siècles. *NA*, 1882, 42-52.

Rondot (Natalis). Les graveurs de la monnaie de **Troyes** du XIVe au XVIIIe siècle. *RAF*, I, 1884, 20-25.

13

RONDOT (Natalis). Les sculpteurs de **Troyes** au XIVe et au XVe siècle. *RAF*, III, 1887, 65-87.

RONDOT (Natalis). Les peintres de **Troyes** du XIIIe au XVe siècle. *RAF*, III, 1887, 97-114.

RONDOT (Natalis). Les peintres de **Troyes** dans la première partie du XVIe siècle. *RAF.*, III, 1887, 147-171.

RONDOT (Natalis). Les peintres verriers de Troyes du XIVe et du XVe siècle. *RAF*, III, 1887, 225-246.

RONDOT (Natalis). Les orfèvres de Troyes du XIIe au XVIIIe siècle. *RAF*, VII, 1891, 279-393.

Troyes, voir : **Gentil** (François) ; **Mignard** (Pierre) ; **Pierre de Compiègne** ; **Pothier**.

GROUCHY (vicomte DE). Projet de monument destiné à recevoir le cœur de Turenne, par Jean-Baptiste Tuby, [sc.] (1699). *RAF*, X, 1894, 19-24.

SAINTE-BEUVE (Mlle). A propos du marché pour le tombeau de Turenne, [par J.-B. **Tuby** et G. Marsy]. *B*, 1924, 99-113.

Tuby, voir : **Coysevox**.

COYECQUE (E.). **Tulié**, [sc.] ; Chenu, [sc.] ; Baillet, [sc.] ; Julien de Hongrie, [p.] ; J.-B. de Champagne, [p.] ; Louis Rocher, [a.], [documents ; 1666-89]. *RAF*, III, 1887, 322-324.

Turenne, voir : **Bouillon** (Maison de) ; **Martin** (Denis) ; **Tuby** (J.-B.).

Turquie (tapis de), voir : **Stromatourgie**.

U

Underwood (T. R.), [p.], voir : **Schmith**.

V

Vaisseaux (décoration des), voir : **Caffiéri** (C.) ; **Colbert; Doumet; Marine; Serre; Van Loo** (Abr.-Louis).

Vaisselle d'argent et d'or, voir : **Babou de la Bourdaisière et Duprat ; Germain; Orléans** (Ch. d') ; **Saint-Esprit** (ordre du) ; **Thomire**.

Montaiglon (Anatole de). **Valaperta.** Un portrait de Jean-Jacques Rousseau. *RAF*, I *bis*, 1885, 4.

Gaston (abbé Jean). Deux tableaux du Musée de **Valenciennes.** *B*, 1915-17, 12-13.

Valentin (Moïse), [p.], voir : **Finsonius.**

Valentinois (duc de), voir : **Defernex.**

Guillaume **Vallet,** [gr.]. *MI*, I, 406-407.

Vallet (Pierre), voir : **Warin** (Jean).

Valois (médaillons en bronze des), voir : **Boquet.**

Bapst (Germain). Les **Van Blarenberghe,** [p.]. *B*, 1920, 81-82.

Marmottan (Paul). Paiement de pension au peintre **Vanblarenberghe** (1792). *RAF*, V, 1889, 329.

Marmottan (Paul). Lettres inédites de Louis-Nicolas **Van Blarenberghe** (1775-76). *RAF*, V, 1889, 250-251.

Van Clève (Martin et Charles), [orf.], voir : **Aublet.**

[A. M.]. Corneille **Van Clève,** [sc. ; legs à l'église Saint-Germain-l'Auxerrois ; 1728]. *AA*, 2e s., II, 375-377.

Caylus (comte de). Corneille **Van Clève.** *MI*, II, 73-79.

Charavay (Étienne). Notes biographiques sur le sculpteur Corneille **Van Clève** (1731). *RAF*, VI, 1890, 170-172.

Guiffrey (Jules). L'autel de Saint-Germain-l'Auxerrois, par Corneille **Van Clève** (1728). *RAF*, IX, 1893, 106-109.

Van Clève, voir : **Caffiéri** (J.-J.).

Van den Bogaert, voir : **Desjardins.**

Hochschild (baron de) ; [P. C.]. Ant.-Fr. **Vandermeulen,** [reçu ; 1687]. *AA*, *Doc.*, IV, 32.

Guiffrey (J.). **Van der Meulen,** [p. ; travaux pour le roi et inventaire ; 1691]. *NA*, 1879, 119-145.

Vandeuil (Mme de), voir : **Salon de l'an X.**

Montaiglon (Anatole de) ; Guiffrey (J.-J.). **Van Dyck,** [p.], en France. *RAF*, 1884, 5-7.

Fillon (Benjamin) ; [A. M.]. Joseph **Van Ghelunen,** [sc. ; marché pour le retable de l'église de Fontenay-le-Comte ; 1681]. *NA*, 1872, 282-285.

GINOUX (Charles). Liste chronologique des peintres du nom de **Van Loo** (1585-1785). *RAF*, VI, 1890, 257-258.

LAGRANGE (Léon). Abraham-Louis **Vanloo,** Jean Vanloo, Louis-Michel Vanloo, [peintures des vaisseaux ; 1684-90 ; acte de naissance]. *AA, Doc.*, VI, 162-178.

VITRY (Paul). Le portrait de la famille de Carle **Van Loo** à l'École nationale des arts décoratifs. *B*, 1920, 21-24.

CHENNEVIÈRES (Henry DE). Histoire d'un tableau de Carle **Vanloo** : *Les Grâces enchaînées par l'Amour*, [lettres de Hennin et de Carle Vanloo ; 1761-62]. *RAF*, II, 1886, 101-105, 122-125.

VAILLANT (V.-J.). Deux portraits de Carle **Vanloo** à Calcutta. *RAF*, II, 1886, 362.

READ (Charles) ; [A. M.]. Jacques **Van Loo,** [p. ; actes d'inhumation ; 1669-70]. *AA*, 2e s., I, 443-444.

[J.-J. G.]. Un portrait de J.-B. **Van Loo,** [p.], dans l'église de Houdan (S.-et-O.). *B*, 1875, 68.

GUIFFREY (J.-J.). Tableaux commandés par la ville de Paris à Michel **Van Loo,** Dumont le Romain, Pierre et Roslin (1758). *NA*, 1882, 247-251.

[J.-J. G.]. Louis-Michel **Van Loo.** Plainte au sujet du vol d'une montre, [1768]. *RAF*, IV, 1888, 276-277.

CHARLIER (R.). Un tableau de Louis-Michel **Vanloo** provenant de la collection Gromoff à Saint-Pétersbourg. *B*, 1911, 43-44.

GUILLET DE SAINT-GEORGES. Gérard **Van Obstal.** *MI*, I, 174-183.

DURIEUX (A.). Les **Van Pulaere** (1464-1528), [sc.]. *RAF*, I *bis*, 1885, 129-138.

GRANDMAISON (Charles DE). Portrait du duc de Bourgogne par Jacques **Van Schuppen** (1695). *RAF*, VI, 1890, 161-162.

Varignon (Jacques), voir : **Clérion.**

Varin (Q.), voir : **Warin.**

Vase du « Mariage de l'Empereur », voir : **Sèvres.**

Vases anonymes, voir : **Paris,** Musée du Louvre.

Guiffrey (J.). Antoine **Vassé** et Louis-Claude Vassé, [sc. ; mémoires de travaux pour Versailles et requête à M. de Marigny ; 1731-72]. *NA*, 1879, 149-157.

Ginoux (Charles). Enquête relative au mariage d'Antoine **Vassé** (1679). *RAF*, II, 1886, 119-122.

Laperlier ; [A. M.]. Louis-Claude **Vassé**, [statues de Minerve et de Vénus]. *AA, Doc.*, VI, 269-272.

Vaubrun, voir : **Coysevox.**

Vaudetart, [orf.], voir : **Courtet.**

Vaudreuil (château de), voir : **Coste (J.).**

Grésy (Eugène) ; [A. M.]. Documents, [artistes qui ont travaillé au château de **Vaux-le-Vicomte**]. *AA, Doc.*, VI, 1-22.

Cordey (Jean). Les sculpteurs de **Vaux-le-Vicomte.** *B*, 1924, 29-30.

Guiffrey (Jules). Portrait en tapisserie signé **Vavoq.** *B*, 1911, 286-287.

Veirier, [sc.], voir : **Veyrier.**

Montaiglon (Anatole de). **Veniat** ou Venjat, [men. ; 1659]. *RAF*, I, 1884, 102.

Montaiglon (Anatole de). **Veniat.** *RAF*, I, 1884, 137-139.

Mantz (Paul). Guillaume **Veniat.** *RAF*, I, 1884, 146-147.

Guillaume **Veniat,** [épitaphe]. *RAF*, V, 1889, 267-268.

Venise, voir : **Denon.**

Jouin (Henry). Dessins et peintures passés aux enchères dans des **ventes** de livres ou d'autographes. *RAF*, VIII, 1892, 219-225.

Ventes, voir : **Autographes ; Collections de la Couronne ; Commerce ; Dessins ; Tableaux.**

Lagrange (Léon). Dumont d'Urville et la **Vénus** de Milo, [1820]. *AA*, 2e s., II, 202-211.

Vénus, statue, voir : **Francois Ier ; Vassé (Louis-Claude).**

Verdelet, voir : **Laure (Honoré).**

Verdelot, voir : **Sebastiano del Piombo.**

Verdier (Henri), voir : **Mimerel (Jacques).**

Ginoux (Charles). Jean-Michel **Verdiguier,** [sc. ; acte de mariage ; 1743]. *RAF*, I *bis*, 1885, 163, 164.

Ginoux (Charles). Modèles d'ornements pour la paroisse Saint-Louis [à Toulon], par Jean-Michel **Verdiguier** (1745). *RAF*, V, 1889, 138-139.

Ginoux (Charles). Jean-Michel **Verdiguier,** sculpteur de la Marine (1745). *RAF*, X, 1894, 51-53.

Verdun, cathédrale, voir : **Houdon.**

Vergniaud, voir : **Renou.**

Vernansal, [sc.], voir : **Menus-Plaisirs.**

Saint-Vincent-Duvivier ; [L. L.] ; [A. M.]. Actes de l'état civil relatifs à la famille des **Vernet,** [p.]. *AA*, 2e s., I, 163-170.

Saint-Vincent-Duvivier ; [L. L.]. Nouveaux actes de l'état civil relatifs à la famille des **Vernet.** *AA*, 2e s., II, 25-30.

Fillon (Banjamin). Carle **Vernet,** [p.]. Lettre au maréchal Berthier (1806). *NA*, 1872, 451-452.

Vernet (Carle), voir : **Dubrunfaut.**

Le Breton (Gaston) ; [H. J.]. Lettre d'Horace **Vernet** à Victor Schnetz, [p.], sur le Salon de 1827. *RAF*, I *bis*, 1885, 72-74.

Marmottan (Paul). Requête d'Horace **Vernet,** [p.], directeur de l'École française à Rome, vers 1829. *RAF*, V, 1889, 187-188.

Marmottan (Paul). Tableaux d'Horace **Vernet** achetés par le roi Louis-Philippe (1833). *RAF*, VI, 1890, 227-228.

Un document sur Horace **Vernet.** *B*, 1913, 279.

Mantz (Paul). Joseph **Vernet.** Lettre à M***, [p. ; 1755]. *AA*, *Doc.*, I, 304-306.

Lagrange (Léon) ; [P. C.]. Papiers de Joseph **Vernet,** *AA*, *Doc.*, III, 333-364.

Lagrange (Léon) ; Montaiglon (Anatole de) ; [P. C.]. Joseph **Vernet,** pièces et notes pour servir à l'histoire de ses travaux des *Ports de France. AA*, *Doc.*, IV, 139-167.

Fossé-Darcosse ; [A. M.]. Joseph **Vernet.** Lettre à M. de Marigny, [1773]. *AA*, *Doc.*, V, 200-202.

Laperlier ; [L. L.]. Joseph **Vernet,** [lettres ; 1758 et 1779], *AA, Doc.,* VI, 50-56.

[G. D.]. Avis de Joseph **Vernet** dans une expertise (1788). *NA,* 1872, 402-404.

Parrocel (Étienne). Joseph **Vernet,** [lettre ; 1761]. *RAF,* I, 1884, 165-166.

Guiffrey (Jules). Correspondance de Joseph **Vernet.** *RAF,* IX, 1893, 1-99.

[J. G.]. Acte de mariage de Joseph **Vernet** et de Virginie-Cécile Parker (1745). *A,* I, 1907, 244-245.

Duportal (Mlle). Sur un don fait à un Musée de province. Un « Joseph **Vernet** » inconnu. *B,* 1925, 38-40.

Vernou, voir : **Poucin** (Jehan).

Vérone, voir : **Matteo del Nassaro.**

Réau (Louis). La peinture sur **verre** au xviiie siècle. *B,* 1926, 96-107.

Verre (dalles de), voir : **Restout** (Jean-Bernard).

Verre (moulures en pâte de), voir : **Bicheux.**

Verrerie, voir : **Perrot** (Bernard).

Verrières, voir : **Paris,** cimetières.

Mâle (Émile). Quelques imitations de la gravure italienne par les peintres verriers français du xvie siècle. *A,* VII, 1913, 142-150.

Verriers (peintres), voir : **Engrand ; Gontier** (Linard) ; **Jehan de Senlis ; Jouin ; Lebrun** (Michel) ; **Le Prince** (Jehan) ; **Marcillat** (Frère Guillaume de) ; **Murano ; Pellerin** (J.) ; **Pierre de Paix ; Plumeau de Petit ; Pont-Audemer ; Prevost** (Jean) ; **Robertus ; Troyes.**

Versailles. Château.

Roman (J.). Tenture de la Chambre du Roi, [Histoire de Marc-Antoine, huit pièces tissées en Flandre], en 1624. *RAF,* I *bis,* 1885, 33.

Fromageot (P.). Les statues de la cour du château de Versailles, que faut-il en faire ? *A,* VII, 1913, 496-508.

Nolhac (Pierre de). Les peintures du château de Versailles en 1788. *A,* VIII, 1914, 271-280.

Alazard (Jean). Sur quelques copies d'objets d'art des collections florentines envoyées à Versailles de 1684 à 1687. *B*, 1925, 22-26.

Dimier (Louis). Une table du Cabinet des curiosités à Versailles. *B*, 1925, 200.

Marché pour l'exécution des groupes d'enfants en bronze de l'Allée d'eau à Versailles (1684). *RAF*, VIII, 1892, 60.

Travaux, voir : **Duval** (Ambroise) ; **Oppenordt** (Jean) ; **Simonneau** (Charles) ; **Vassé** (Antoine et L.-Charles).

Versailles. Divers.

Robiquet (Jacques). La propriété de la comtesse de Balbi et du comte de Provence à Versailles. *B*, 1920, 219-221.

Surintendance, Cabinet des tableaux, voir : **Garat.**

Voir aussi : **Audran** (Gérard) ; **Cochin** (C.-N.) ; **Girardon ; Lancret.**

Versailles. Église.

Église Notre-Dame, voir : **Académie royale de peinture et de sculpture.**

Versailles. Musée.

Brière (Gaston). Rectifications et additions au catalogue du Musée de Versailles, par E. Soulié. *B*, 1911, 361-435.

Nolhac (Pierre de). Les nouvelles acquisitions du Musée de Versailles. *B*, 1920, 194-195.

Vallery-Radot (Jean). Identification d'un tableau conservé au Musée de Versailles, [*Une revue à Strasbourg*, vers 1780 ; auteur inconnu]. *B*, 1922, 336-337.

Brière (Gaston). Sculptures françaises des xviie et xviiie siècles nouvellement exposées au Musée de Versailles. *B*, 1923, 64-72..

Voir aussi : **Dugoure ; Gros ; Nattier ; Saly** (Jacques).

Versailles. Trianon.

Guiffrey (Jules). Peintures commandées sous Louis XIV pour Trianon-sous-Bois (1689). *RAF*, VIII, 1892, 77-89.

Danis (Robert). La première maison royale de Trianon. *B*, 1924, 206-216.

Mauricheau-Beaupré. Documents sur le Trianon de marbre. *B*, 1924, 217.

Vespré (Antoine), [p.], voir : **La Ronse** (P. de).

Vestris II, voir : **Romany.**

Ginoux (Charles). Christophe **Veyrier,** sculpteur provençal, [réparation de la chapelle de Notre-Seigneur à la cathédrale de Toulon ; 1682]. *RAF*, V, 1889, 120-123.

Ginoux (Charles). Christophe **Veyrier,** élève et collaborateur de Puget, [sc. ; acte de mariage ; 1674]. *RAF*, II, 1886, 264-265.

Ginoux (Charles). Cession de pension à Christophe **Veyrier** (1683). *RAF*, V, 1889, 137-138.

Veyrier (Chr.), voir : **Toulon,** cathédrale.

Fillon (Benjamin) ; [A. M.]. Joseph-Marie **Vien,** [p. ; lettre à M. d'Angiviller ; 1779, et épître]. *NA*, 1872, 378-381.

Dimier (Louis). Tableaux de **Vien** au château de Vincennes. *B*, 1909, 209-210.

J.-M. **Vien,** [billet au Comité de l'Instruction publique ; 1794]. *AA, Doc.*, I, 191-192.

Furcy-Raynaud (Marc). Une lettre de **Vien** adressée à la Commission d'exécution de l'Instruction publique. *B*, 1907, 35-36.

Vauthier (Gabriel). Lettre et mémoire de **Vien.** *B*, 1915-17, 124-127.

Vien, voir : **Bourdon.**

Vierge à l'hostie (la), voir : **Ingres.**

Vierge de pitié, voir : **Houdon.**

Rostand (André). Documents inédits concernant le peintre Louis **Vigée.** *B*, 1915-17, 108-110.

Campardon (Émile) ; Fillon (Benjamin). Mme **Vigée-Lebrun** (1776-1811). *NA*, 1872, 342-345.

Lambert-Lassus ; [J.-J. G.]. Quittance et lettre de Mme **Lebrun** (1776-1825). *NA*, 1873, 376-381.

Müntz (Eugène). Lettres de Mme **Le Brun** (1791). *NA*, 1874-75, 449-452.

Tripier Le Franc (J.). Actes de mariage et de divorce de Mme **Vigée Le Brun** (1776-94). *NA*, 1876, 396-399.

CHARAVAY (Étienne) ; [J.-J. G.]. Réception de Mmes **Vigée-Lebrun** et Guiard à l'Académie de peinture (1783). *RAF*, VI, 1890, 181-182.

TUETEY (Alexandre). L'émigration de Mme **Vigée-Lebrun**, [p.]. *B*, 1911, 169-182.

VIGÉE (Mlle), [**Vigée-Lebrun** (Mme)], voir : **Caen.**

BADIN (Jules). Tarif des portraits peints par Pierre-Roch **Vigneron.** *NA*, 1880-81, 349-352.

GUILLET DE ST-GEORGES. Claude **Vignon**, [p.]. *MI*, I, 269-279.

DELISLE (L,) ; [A. M.]. Cl. **Vignon ;** quittance d'un tableau pour les Mathurins (1646-47). *NA*, 1880-81, 190-191.

GRANDMAISON (Charles DE) ; MARIONNEAU (Charles). Actes d'état civil d'artistes français. [Claude **Vignon**, Joseph Taillasson.] *RAF*, I, 1884, 55-56.

VAUTHIER (Gabriel). Pierre **Vignon**, [a.], et l'église de la Madeleine. *B*, 1910, 380-422.

Villacerf (marquis de), voir : **Bedau.**

Villefranche (Rhône), fresques, voir : **Borbonio.**

Villeneuve (M. de), voir : **Puget** (Pierre).

Villeneuve-le-Roi, église, voir : **Chéreau** (J.).

Villeneuve-sur-Yonne, voir : **Paris,** Musée du Louvre.

BELLIER DE LA CHAVIGNERIE ; [A. M.]. Actes de naissance et de décès d'Étienne **Villequin**, [p.] ; Pierre Legros, [sc.] ; Jean-Fr. Hue, [p.], et Simon-Mathurin Lantara, [p.]. *AA*, *Doc.*, V, 190-192.

LÉPICIÉ (B.). Étienne **Villequin.** *MI*, I, 353.

GUIFFREY (J.-J.). Les sculpteurs **Vinache** et Gillet (1755-89). *NA*, 1880-81, 204-209.

GROUCHY (vicomte DE). Marché passé par Joseph **Vinache** pour la fonte à cire perdue des statues du roi (1688). *RAF*, VIII, 1892, 143-144.

Vincennes, château, voir : **Vien** (J.-M.).

Vincent de Paul (saint), statue de, voir : **Stouf** (J.-B.).

[H. J.]. F.-A. **Vincent,** [lettre à David ; 1813]. *RAF*, V, 1889, 251-253.

[H. J.] ; A.-J.-B. Thomas. Le peintre **Vincent** à son lit de mort (1827). *RAF*, V, 1889, 253-255.

Stryienski (Casimir). Un mémoire inédit de **Vincent de Montpetit.** *B*, 1910, 43-46.

Vinci (Léonard de), voir : **Poussin** (Nic.).

Bruel (François-L.). Catalogue de l'œuvre peint, dessiné et gravé de Pierre-Noël **Violet.** *A*, I, 1907, 367-408.

Virgile, *Bucoliques*, voir : **Broderie.**

Virgile, *Énéide*, voir : **Limoges.**

Niel (J.). **Visconti,** [a. ; lettre ; 1853]. *AA, Doc.*, III, 80.

Visconti, voir : **Dufourny.**

Viset (Jean), [gr.], voir : **Garnier** (Noël).

Vitruve, [a.], voir : **Architecture** (livres d').

Herluison (H.). **Vivier,** [sc.] ; Coudret, [sc.] ; Bonneville, [sc.] ; Delachapelle, [cisel.] ; Bosse, [a.], et Aubert, [gr.], [actes d'état civil ; 1777-78]. *RAF*, III, 1887, 52-53.

Vitry (Paul). Acte de baptême du peintre Jean-Louis **Voille,** communiqué au nom de M. Denis Roche. *B*, 1909, 114-116.

Ginoux (Charles). La dynastie des peintres du nom de **Volaire,** de Toulon. *RAF*, VII, 1891, 254.

Ginoux (Charles). Le peintre Jacques **Volaire** (1745), *RAF*, V, 1889, 325-327.

Volaire (Jacques), voir : **Maucord** (Jean-Lange) ; **Raetz** ; **Toulon.**

Jouin (Henry). Le chevalier **Volaire** ou Vollaire, [deux lettres ; 1786]. *RAF*, VI, 1890, 273-274.

[J.-J. G.]. Pierres gravées représentant **Voltaire** et Franklin. *NA*, 1879, 433-437.

Vitry (Paul). A propos des tombeaux de **Voltaire** et de Rousseau au Panthéon. *B*, 1911, 352-353.

Voltaire, voir : **Corbet ; Mouchy** (Louis-Philippe) ; **Pigalle ; Poncet.**

Voltigeant (Josse de), [p.], voir : **Dhoey** (Nic.).

Vottier (Louis), voir : **Pélissier** (Joseph-Marie).

[A. M.]. Actes de décès d'Aubin et de Simon **Vouet,** [p.]. *AA, Doc.*, V, 215-216.

GUIFFREY (J.-J.). Simon **Vouet** et ses gendres, François Tortebat et Michel Dorigny (1641-50). *NA*, 1874-75. 204-207.

FILLON (Benjamin). Deux tableaux de Simon **Vouet** (1664). *NA*, 1876, 306.

MONTAIGLON (Anatole DE). Simon **Vouet,** [hôtel du chancelier Séguier ; 1636]. *RAF*, I *bis*, 1885, 115-116.

GROUCHY (vicomte DE). Les héritiers de Simon **Vouet** (1674). *RAF*, VIII, 1892, 107-108.

LEMONNIER (Henry). Le retable de Simon **Vouet** à Saint-Nicolas-des-Champs. *B*, 1908, 25-27.

DEMONTS (Louis). Les amours de Renaud et d'Armide. Décoration peinte par Simon **Vouet** pour Claude Bullion. *B*, 1913, 58-78.

DEMONTS (Louis). Essai sur la formation de Simon **Vouet** en Italie (1612-27). *B*, 1913, 309-348.

DIMIER (Louis). Un tableau de **Vouet** présumé de la galerie de Chilly. *B*, 1924, 15-19.

Vouet (Simon), voir : **Bullion ; Lasne** (Michel).

DOUET D'ARCQ ; [A. M.]. Conrart et Henry de **Vulcop,** peintres de Charles VII et de Marie d'Anjou, ann. par M. A. de Montaiglon, [mentions ; 1454-55]. *AA*, *Doc.*, III, 369-372.

W

ROLLE (F.). Claude **Warin,** [sc. ; façade de l'hôtel de ville de Lyon ; 1650]. *AA*, 2e s., I, 299-304.

RICHARD (Paulin). Jean **Warin,** [gr. méd. ; édit royal ; 1660]. *AA*, *Doc.*, VI, 221-224.

SOULIÉ (Eudore). Jean **Warin,** de Liége, [son testament]. *AA*, *Doc.*, I, 287-300.

RICHARD (Paulin) ; [A. M.]. Jean **Warin,** [mémoire de Pierre Vallet ; 1645]. *AA*, 2e s., I, 171-183.

BOISLISLE (A. DE). Lettre de François, fils de Jean **Warin,** à M. de Pontchartrain (1693). *NA*, 1880-81, 29-32.

Porée. Les tableaux de Quintin Varin, [**Warin,** p.], aux Andelys. *RAF*, I, 1884, 177-179.

Chennevières (Henry de). Quentin **Warin,** L. Finsonius, J. Daret, R. Levieux, J. de Saint-Igny, Letellier, [p.]. *RAF*, III, 1887, 1-47.

Stein (Henri). Le contrat de mariage de Quentin **Warin** (1607). *RAF*, V, 1889, 129-134.

Stein (Henri). Le lieu de naissance de Quentin **Warin.** *RAF*, X, 1894, 189-190.

Vèze (baron Ch. de). Antoine **Watteau,** [p. ; quatre lettres], *AA, Doc.*, II, 208-214.

Hochschild (baron de). Antoine **Watteau,** [quittance ; 1719]. *AA, Doc.*, IV, 112.

Alfassa (Paul). L'enseigne de Gersaint [par **Watteau**]. *B*, 1910, 126-172.

Deshairs (Léon). Les arabesques de **Watteau.** *A*, VII, 1913, 287-300.

Alfassa (Paul). A propos d'un livre récent sur l'enseigne de Gersaint. *B*, 1913, 349-381.

Maurel (André). A propos de l' « Enseigne de Gersaint » et réponse de M. Paul Alfassa. *B*, 1914, 54-64.

Gillet (Louis). Un dessin inédit de **Watteau.** *B*, 1921, 145.

Dacier (Émile). En étudiant l'œuvre gravé de **Watteau :** faits nouveaux et documents inédits. *B*, 1923, 86-93.

Lavallée (Paul). Un dessin de **Watteau** au Musée de Quimper. *B*, 1924, 117-118.

Dacier (Émile). Une légende : **Watteau** et le concert Crozat du 30 septembre 1720. *B*, 1924, 353-355.

Messal (le commandant). Un **Watteau** inconnu. *B*, 1926, 166-167.

Weimar, voir : **Carvelle** (J.-B.).

Wallace (collection), voir : **Largillière.**

Lettre de Bonaparte à **Wicar,** [p.] (1796). *AA, Doc.*, V, 40.

Marmottan (Paul). Une lettre de **Wicar** (1806). *RAF*, V, 1889, 222-223.

Wicar, voir : **Florence.**

[A. M.]. Jean-Georges **Wille,** [lettre ; 1782]. *A A*, 2ᵉ s., II, 31-33.

GUIFFREY (J.-J.). Les graveurs **Wille** et Baléchou, [certificat ; 1752]. *RAF*, I, 1884, 25.

Wille (J.-G.), voir : **Boissieu ; Ramey** (Cl.).

HAUTECŒUR (Louis). Pierre-Alexandre **Wille** le fils, [p. ; 1748-1821?]. *A*, VII, 1913, 440-466.

WLEUGHELS (Nicolas). Philippe **Wleughels,** [p.]. *MI*, I, 354-362.

Y

MARTIN (Henry). Les d'**Ypres,** peintres des xvᵉ et xvıᵉ siècles. *A*, VIII, 1914, 1-16.

VAILLANT (V.-J.). Baudrain **Yvart,** [p. ; acte de naissance ; 1611]. *RAF*, I *bis*, 1885, 67-68.

[A. M.]. **Yvonnet,** sculpteur poitevin, [église Saint-Étienne de Poitiers ; 1444]. *NA*, 1874-75, 161-162.

Z

Zirio, [p.], voir : **Cundier.**

BRIÈRE (Gaston). Vue de la Grande Galerie du Musée Napoléon par Benjamin **Zix,** [dess.]. *B*, 1920, 256-263.

Zœgger (F.-A.), [sc.], voir : **Idrac.**

Zurich, voir : **Houdon.**

TABLE DES NOMS D'AUTEURS[1]

ACHARD (P.), 14.

ACHART, 15.

ADVIELLE (Victor), 14, 54, 59, 100, 158, 172.

ALARET, 29.

ALAZARD (Jean), 200.

ALFASSA (Paul), 123, 162, 205.

ANGIVILLER (C.-C. de la Billarderie, comte D'), XIX.

ARBOIS DE JUBAINVILLE (H. D'), 125.

ARDANT (M.), 113.

ARNAULDET (Thomas), 55, 76.

ASTIER DE LA VIGERIE (colonel D'), 58.

AUBERT (Marcel), 87, 138, 142.

AUTORDE (F.), 45.

BADIN (J.), 77, 202.

BALLOT (Mlle Marie-Juliette), XX 50.

BALLOT DE SOVOT, XXVIII.

BAPST (Germain), 73, 120, 162, 167, 178, 188, 195.

BARTHÉLEMY (Ed.), 34.

BEAUREPAIRE (Ch. DE), 162.

BELLEUDY (Jules), 16, 63, 110.

BELLIER DE LA CHAVIGNERIE (Émile), 26, 38, 60, 83, 103, 184, 202.

BENOÎT (François), 27, 109.

BÉRARD, 163.

BERTAUX (Émile), 180.

BERTOLOTTI (A.), 174.

BLANC, 28.

1. Cette liste d'*auteurs* comprend surtout des savants modernes, souvent éditeurs de textes anciens ; les noms des auteurs de ces anciens textes figurent dans le Répertoire lui-même. — Elle comprend également les auteurs des ouvrages publiés « sous le patronage » de la Société.

BLUM (André), 82, 115.
BOILLY (Jules), 34, 37, 62, 77, 83, 103, 122, 123, 162, 164, 171.
BOINET (Amédée), 29, 32.
BOISLISLE (Arthur DE), 21, 26, 55, 97, 111, 136, 159, 204.
BONNAFFÉ (Edmond), 65.
BONNARDOT (François), 60.
BONNASSIEUX, 121, 179.
BONNIN (T.), 23, 160.
BORDEAUX (Raymond), 61.
BORDIER (Henri), 104.
BORROMÉE (comte DE), voir : BORROMEO (comte).
BORROMEO (comte), 43, 168.
BOSC (Ernest), 182.
BOUCHER (François), 78, 82, 150.
BOURGEOIS (Maximilien), 12.
BOURIAT, 75.
BOURIN (H.), 53.
BOURNON (Fernand), 22, 155, 179.
BOUVENNE (Aglaüs), 183.
BOUVET (Charles), 47, 93, 148.
BRÉBION (Edmond), 18, 54, 59, 67, 70, 86, 108.
BRÉBISSON (René DE), 187.
BRIÈRE (Gaston), XX, 14, 16, 22, 25, 46, 48, 49, 50, 51, 53, 58, 61, 68, 77, 88, 89, 91, 92, 102, 107, 108, 109, 110, 111, 130, 140, 144, 147, 148, 150, 157, 159, 170, 171, 172, 175, 179, 182, 200, 206.
BRUEL (François-L.), 74, 80, 120, 203.
BRUNET (Gustave), 24.
BRUNOLD (Paul), 41, 94, 156.
BRUYERRE, 106.
BUFFENOIR (Hippolyte), 109.
BUISSON (J.), 170.
BUTTIN (capitaine Pierre), 21.

CAFFARÉNA (Louis), 31, 44.
CAHEN (Léon), 142, 157, 188.
CAMPARDON (Émile), 8, 18, 46, 102, 127, 201.
CANEL (A.), 159.
CARON (Pierre), 7.
CASTAN (Auguste), 23.
CASTELNAU (marquis DE), 101.
CASTELNAU D'ESSENAULT (comte DE), 66, 114.
CAYLUS (comte A.-C.-P. DE), 6, 193, 195.
CHABOUILLET (Anatole), 18, 19, 49, 63, 64, 99, 135.

CHAMBRY, 160, 164.
CHAMPFLEURY (Jules-François-Félix HUSSON, dit), 109.
CHAMPION (H.), 66.
CHARAGEAT (Mlle), 31.
CHARAVAY (Étienne), 5, 13, 18, 59, 67, 96, 97, 105, 108, 110, 116, 138, 148, 195, 202.
CHARLIER (R.), 196.
CHARVET (E.-L.-G.), 56.
CHASSANT (A.), 161.
CHATEAUGIRON (marquis Hippolyte DE), 25.
CHENNEVIÈRES (Henry DE), 18, 20, 35, 43, 46, 63, 98, 104, 115, 118, 120, 124, 133, 165, 169, 175, 176, 183, 185, 187, 192, 195, 205.
CHENNEVIÈRES (Philippe DE), XV, XVI, 1, 2, 11, 14, 28, 31, 61, 79, 93, 111, 121, 125, 155, 160, 168, 195, 198.
CHÉRON (Paul), 6.
CLOUZOT (Henri), 30, 32, 38, 98, 124, 134, 155, 166, 192, 193.
COCHIN (Charles-Nicolas), XXIII, 43, 151.
COMMUNAUX (E.), 147.
COMMUNAY (Arnaud), 85, 123, 130.
CORDEY (Jean), 72, 117, 136, 187, 197.
CORNU (P.), XXIII, XXV, 2, 176.
COTTENET (Émile), 4, 33, 35, 46, 116, 126, 172.
COURAJOD (Louis), 48, 75, 88, 121, 124, 134, 141.
COURBOIN (François), XX, 53, 139, 143, 165.
COURTEAULT (Paul), XX, 24.
COUSIN (Jules), 34, 70, 80, 111, 139, 150, 154.
COUSIN (Victor), 139, 161.
COYECQUE (E.), 18, 127, 141, 145, 194.
CURMER (Albert), XXVIII.

DACIER (Émile), 75, 76, 78, 132, 145, 162, 176, 205.
DANIS (R.), 98, 200.
DARCEL (Alfred), XXIV, 37, 80, 113, 134, 138, 158, 185.
DAUDET (Eugène), 1, 136.
DAUPELEY (Gustave), 123.
DAVID (Jules), 52.
DELISLE (Léopold), 138, 158, 161, 202.
DEMARSY (Arthur), voir : MARSY (A. DE).
DEMAY (G.), 156
DEMONTS (Louis), 3, 4, 84, 109, 146, 147, 204.
DESHAIRS (Léon), 4, 145, 205.
DESMAZE (Charles), 103.

Desportes (Claude-François), 57.
Destailleur (Hippolyte), 95.
Det (A.-S.), 163.
Dimier (Louis), 30, 37, 42, 45, 58, 67, 68, 71, 77, 81, 91, 111, 130, 145, 149, 153, 155, 162, 200, 201, 204.
Dobrée (Th.), 95.
Doria (comte Arnauld), 189.
Douet d'Arcq (L.), 27, 204.
Dreyfus (Carle), 48, 145.
Dreyfus (Philippe-Gaston), 110.
Drouyn (Léo), 24.
Duchesne aîné, 132.
Dugast-Matifeux (Charles), 112.
Duhamel, 83.
Dumont (A.), 49.
Duplessis (Georges), 18, 76, 82, 90, 91, 121, 137, 138, 155, 158, 199.
Duportal (Mlle Jeanne), 60, 119, 199.
Durieux (A.), 196.
Durrieu (comte Paul), 81.
Dussieux (Louis), XVI, 1, 2, 15, 52, 69, 111, 125, 159, 164.
Duvivier (A.), 1, 10, 141.

Écorcheville (J.), XXX, 47.
Egger (Max), 147.
Engerand (Fernand), 107, 187, 192.
Esmonin (Ed.), 20.
Espaulart (A. d'), 64.
Eude (Adolphe), 179.

Fanon, 182.
Faucon (Maurice), 77.
Faure, 182.
Félibien (André), XXII.
Fidière (Octave), XXIV, XXV, 2.
Fillon (Benjamin), 2, 5, 7, 8, 12, 13, 14, 16, 22, 23, 24, 29, 33, 34, 35, 45, 49, 50,, 51, 52, 54, 55, 59, 62, 70, 71, 72, 73, 79, 80, 83, 84, 88, 93, 96, 97, 105, 108, 111, 114, 118, 120, 121, 124, 132, 137, 154, 156, 157, 164, 166, 167, 168, 176, 182, 189, 190, 193, 195, 198, 201, 204.
Focillon (Henri), 189.
Fontaine (André), 2, 3, 22, 35, 36, 49, 78, 94, 106, 125, 126, 135, 161.
Fossa (lieutenant-colonel de), 178.
Fossé-Darcosse (Émilien), 156, 159, 198.

FOURNIER (Charles), 11, 41, 64, 65, 76, 118, 129, 137.
FOURNIER-SARLOVÈZE (Raymond), 6.
FRÉVILLE (Ernest DE), 8, 42, 48, 60, 69, 113, 129, 131, 154, 171, 174.
FRÉVILLE (Marcel DE), 67, 127.
FROMAGEOT (Paul), 40, 53, 179, 199.
FURCY-RAYNAUD (Marc), XIX, XX, 5, 17, 23, 32, 49, 53, 54, 68, 74, 76, 121, 130, 145, 146, 148, 149, 153, 168, 170, 192, 201.

GASTON (abbé Jean), 195.
GÉLIS (Édouard), 146.
GÉNÉRAT (Th.), 15.
GÉRARD (Henry), 56, 77, 82, 84.
GÉRARDIN (Alf.), 8, 62, 76.
GERSPACH (E.), 53, 80, 84, 136, 146.
GILLET (Louis), 205.
GINOUX (Charles), 15, 16, 23, 27, 34, 37, 38, 47, 51, 59, 60, 70, 72, 73, 94, 96, 97, 99, 100, 103, 104, 112, 121, 123, 126, 133, 137, 138, 153, 163, 164, 165, 166, 172, 181, 183, 190, 191, 195, 197, 198, 201, 203.
GIRARDOT (baron DE), 5, 19, 22, 28, 44, 52, 55, 76, 78, 79, 86, 87, 100, 109, 112, 119, 131, 156, 167, 179.
GIRAUD (Magloire), 29, 51.
GONSE (Louis), 52, 162.
GOUGENOT (Louis), 64, 76, 108, 136.
GRAND (A.-L.), 163.
GRANDIN (Georges), 44, 60, 101, 102, 103, 109, 114.
GRANDMAISON (Charles DE), 17, 27, 29, 37, 39, 54, 58, 59, 64, 67, 69, 74, 75, 90, 97, 98, 101, 111, 122, 124, 130, 136, 154, 169, 170, 171, 178, 192, 196, 202.
GRANGES DE SURGÈRES (marquis DE), voir : SURGÈRES.
GRASSOREILLE (G.), 118, 141, 181.
GRÉSY (Eugène), 108, 156, 170, 197.
GROSLEY (P.-J.), 78.
GROUCHY (vicomte DE), 9, 13, 14, 20, 21, 24, 27, 36, 50, 60, 72, 75, 79, 98, 104, 106, 112, 114, 117, 118, 123, 126, 134, 152, 155, 166, 170, 181, 183, 187, 194, 202, 204.
GUERLIN (Henri), 83.
GUEY (F.), 161.
GUIBERT (Joseph), XXV, 138.
GUIFFREY (Jean), XIX, XXI, 25, 164.
GUIFFREY (Jules), XVII, XX, XXIII, XXIV, XXV, XXVI, XXVII, XXVIII, XXIX, 2, 3, 5, 6, 8, 9, 10, 11, 12, 13, 15, 16, 17, 18, 19, 20, 21, 22, 23, 24, 26, 27, 28, 29, 30, 31, 32, 33, 34, 36,

40, 41, 42, 43, 44, 45, 46, 47, 48, 49, 50, 51, 52, 54, 55, 56, 57, 58, 60, 61, 62, 63, 64, 65, 66, 67, 68, 70, 71, 72, 73, 74, 75, 76, 77, 79, 80, 81, 82, 83, 84, 85, 86, 88, 90, 91, 92, 93, 94, 95, 96, 97, 98, 100, 101, 102, 103, 104, 105, 106, 107, 108, 109, 111, 113, 114, 116, 119, 121, 122, 123, 124, 125, 126, 127, 128, 129, 130, 132, 133, 134, 135, 136, 137, 138, 140, 141, 142, 143, 144, 145, 148, 149, 150, 151, 152, 153, 154, 155, 156, 157, 158, 160, 161, 165, 166, 167, 168, 169, 170, 172, 173, 174, 175, 176, 177, 179, 180, 181, 182, 183, 184, 185, 186, 187, 189, 190, 192, 195, 196, 197, 199, 200, 201, 202, 203, 204, 206.
GUIGUE (C.), 24, 67, 85, 95, 113, 129, 157, 182.
GUIGUE (Georges), 26, 116.
GUILLET DE SAINT-GEORGES, 6, 14, 17, 27, 28, 29, 31, 36, 57, 66, 84, 85, 100, 105, 107, 110, 111, 112, 113, 117, 122, 133, 154, 159, 163, 178, 188, 196, 202.

HAILLET DE COURONNE (J.-B.-G.), 37.
HARCOURT (comte Louis D'), XXI, 172.
HAURÉAU (B.), 123.
HAUTECŒUR (Louis), 6, 41, 83, 118, 122, 149, 160, 161, 206.
HAVARD (Henry), 3, 63, 158.
HÉDOU (Jules), XXVIII, XXIX, 13.
HÉDOUIN (P.), 111.
HENRY (Charles), XXIII, 35, 43, 105, 167.
HERBET (Félix), 71.
HERLUISON (H.), XXVII, 12, 13, 32, 34, 41, 48, 134, 135, 153, 203
HESME (A.), 48.
HOCHSCHILD (baron DE), 90, 104, 155, 195, 205.
HOURTICQ (Louis), 162.
HUARD (Georges), 28, 76.
HUILLARD-BRÉHOLLES (Alphonse), 152.
HULST (Henri), 61, 69, 128.
HUSTIN (L.-A.), 149.
HUYGHE (René), 129.

INGERSOLL-SMOUSE (Mlle Florence), 32, 89.

JACQUEMART (André), 169.
JACQUIN, 65.
JAL (Aug.), 111.
JALABERT (Mlle Denise), XXVI, 130.

JAMOT (Paul), 69, 92, 161, 162, 181.
JARRY (E.), 36.
JEAN (René), 94.
JEANNERAT (Carlo), 34, 63, 84, 172.
JOLIET, 163.
JOUANNY (Ch.), xx, 161.
JOUIN (Henry), 2, 3, 6, 9, 10, 12, 15, 16, 18, 19, 20, 21, 22,
    23, 24, 25, 26, 29, 30, 33, 35, 37, 38, 41, 43, 49, 50, 51,
    53, 54, 55, 56, 58, 63, 64, 66, 67, 68, 72, 73, 74, 76, 77, 78,
    82, 83, 86, 87, 88, 91, 95, 96, 98, 99, 105, 107, 108, 110,
    112, 114, 117, 118, 119, 120, 121, 124, 128, 132, 136, 137,
    139, 141, 149, 153, 158, 160, 164, 166, 167, 169, 170, 171,
    173, 174, 175, 178, 180, 181, 182, 184, 188, 193, 197, 198,
    202, 203.
JUSSELIN (Maurice), 36.

KŒCHLIN (Raymond), 93, 129.

LABORDE (comte Alexandre DE), 99.
LABORDE (marquis Léon DE), XXIII, 17, 77.
LABOUCHÈRE (P.-A.), 77, 93.
LACAZE (Louis), 79.
LACOMBE (Paul), 185.
LACORDAIRE (A.-L.), 7, 26, 52, 80.
LACROCQ (Louis), 100, 122, 131, 185.
LAFENESTRE (Georges), 9.
LAFFILLÉE (H.), 169.
LAGRANGE (Léon), 51, 74, 99, 111, 126, 164, 178, 179, 196,
    197, 198, 199.
LALANNE (Ludovic), 148, 175.
LAMBERT-LASSUS, 91, 201.
LAMBRON DE LIGNIM, 128.
LA MORINERIE (baron DE), 81, 99, 102, 113, 127, 160.
LANCE (Adolphe), 21, 39.
LAPERLIER, 32, 43, 52, 61, 83, 132, 170, 197, 199.
LARAN (Jean), 38, 62, 129, 144, 151, 154.
LA SALLE (DE), 28.
LA SICOTIÈRE (Léon DE), 101, 107.
LA TOUR (Maurice-Quentin DE), XXIX.
LAVALLÉE (Paul), 205.
LAVALLÉE (Pierre), 50, 78, 102, 141, 170.
LAVIGNE (Hubert), XXIV, 11, 49, 142, 172.
LEBEL (Gustave), 42, 66, 78, 90, 176.
LE BLANT (Edmond-Frédéric), 164.

Le Breton (Gaston), 198.
Lechevallier-Chevignard (G.), 32, 95, 161, 162, 182.
Lefuel (Hector), 90.
Legrand (Léon), 140.
Lemoisne (P.-A.), xxv, 79, 100.
Lemonnier (Henry), xxvi, 1, 11, 22, 23, 32, 34, 36, 37, 46, 53, 119, 120, 139, 142, 143, 144, 154, 161, 165, 170, 204.
Lepage (Henri), 38, 81.
Lepicié (Bernard), 39, 126, 128, 202.
Lépinois (E. de), 161.
Leprieur (Paul), 134.
Le Roux de Lincy (A.-J.-V.), 28, 30, 71, 85, 104, 172, 175, 184.
Lespinasse (Pierre), 51, 86, 104, 174, 185.
Leturcq (J.-F.), xxviii.
Levallet (Mlle G.), 40.
Lex, 26.
Lobet (J.), 20.
Locquin (Jean), 43, 110, 136, 154, 160, 173, 178.
Lot (H.), 75, 120, 137.
Lotte (Maurice), 89.
Lucas (Charles), 184.
Luck (Henri), 69.

Macon (Gustave), 44, 46, 57, 152, 179.
Malbois (Émile), 143.
Mâle (Émile), 199.
Mandach (Conrad de), 19, 75, 130.
Mantz (Paul), xvi, 2, 59, 82, 101, 106, 109, 125, 132, 156, 169, 197, 198.
Marcel (Henry), 30, 156, 167.
Marcel (Pierre), 106, 108.
Marchegay (Paul), 5, 121.
Marcheix (Lucien), 2, 173.
Mareuse (Edgar), 103, 118, 149, 172.
Margry (Pierre), 32, 164.
Mariette (Pierre), xvi, 120.
Marigny (marquis de), xix.
Marionneau (Charles), 11, 20, 22, 24, 52, 57, 65, 66, 85, 184, 202.
Marmottan (Paul), 6, 14, 39, 53, 54, 56, 93, 99, 101, 105, 106, 107, 108, 123, 129, 131, 149, 153, 164, 167, 179, 180, 184, 186, 195, 198, 205.
Marquet de Vasselot (J. J.), xxvi, 13, 37, 53, 54, 76, 78, 113, 115, 130, 133, 146, 149, 159, 171, 177, 178.

Marsy (Arthur de), 28.

Martin (Henry), 26, 145, 206.

Marty (André), 91.

Marx (Roger), 63.

Mathieu-Meusnier, 79.

Mathon, 136.

Mauban (G.), 18.

Maulde (R. de), 154.

Maumené (lieutenant-colonel Ch.), xxi, 19, 172.

Maurel (André), 205.

Mauricheau-Beaupré (Charles), 102, 200.

Mauroy (Albert de), 50.

Mazerolle (F.), 171.

Meaume (Édouard), xxviii, 33, 45, 106.

Mély (F. de), 37, 171.

Menegoz, 31.

Menu (Henri), 56, 92, 96, 135, 165.

Mercier (Ch.), 133.

Merlet (Lucien), 26, 38, 83, 103, 184.

Messal (commandant), 205.

Michel (André), xxxii, 32, 89.

Michel (Francisque), 148.

Michel (Robert), 14.

Migeon (Gaston), 65, 125.

Milanesi (Gaetano), xxviii.

Milet, 41.

Mirot (Léon), 143.

Monod (François), 83.

Montaiglon (Anatole de), xv, xvi, xxii, xxiv, xxv,
    xxviii, 1, 2, 4, 5, 8, 12, 13, 14, 15, 16, 17, 18, 19, 21, 22,
    23, 24, 25, 26, 27, 28, 29, 31, 32, 33, 34, 35, 36, 38, 39, 40,
    41, 44, 46, 47, 48, 49, 50, 52, 55, 56, 57, 59, 61, 62, 63, 65,
    66, 67, 70, 71, 72, 74, 75, 77, 78, 79, 80, 81, 83, 85, 86, 87,
    93, 94, 95, 97, 101, 103, 104, 105, 106, 108, 109, 110, 111,
    112, 113, 114, 116, 117, 118, 119, 120, 121, 122, 123, 125,
    126, 127, 128, 129, 130, 132, 136, 137, 138, 139, 140, 142,
    148, 151, 152, 154, 155, 156, 157, 158, 159, 160, 161, 162,
    163, 164, 166, 167, 170, 171, 172, 173, 175, 181, 182, 183,
    184, 186, 188, 189, 193, 195, 196, 197, 198, 201, 202, 203,
    204, 206.

Montlaur (comte E. de), 185.

Monval, 153.

Moreau-Nélaton (Étienne), 40, 61, 62.

Moselius (Carl David), 122.

Moulinneuf (de), 181.
Müntz (Eugène), 8, 21, 24, 46, 52, 57, 63, 68, 71, 73, 74, 83, 85, 94, 100, 105, 107, 130, 152, 170, 173, 183, 201.

Nicard (Pol), 91, 174.
Niel (J.), 59, 62, 93, 125, 169, 203.
Nolhac (Pierre de), 73, 132, 171, 199, 200.

Obser (Karl), 150.
Orlandi (le P.), iii, xvi.

Paraf (Louis), 144, 154.
Parrocel (Étienne), 29, 41, 43, 54, 152, 199.
Passy (Louis), 105, 126.
Pelée, 163.
Pélissier (Georges), 42, 56, 157.
Pereire, 53.
Perrault-Dabot (A.), 28.
Perrot, 80.
Petit (Élie), 80.
Petit-Delchet (Maxence), 164.
Picavet (Camille-Georges), 99.
Pichon (baron Jérôme), 27, 124.
Pinchart (Alexandre), 18.
Pirro (André), 64.
Pons (docteur), 103, 190.
Porée, 205.
Port (Célestin), xxix, 20, 186.
Portalis (baron), 43.
Poussin (Nicolas), xx, 161.
Pouy (Ferd.), 35, 188.
Préault (Auguste), 125.
Prunières (Henry), 106, 125, 172, 180.
Puiggari (P.), 154.

Ramé (A.), 50, 108.
Rathery, 16.
Ratouis de Limay (Paul), xxxii, 5, 57, 109, 143, 155, 165, 177.
Raugel (Félix), 135, 145.
Ravenel (J.), 132.
Read (Charles), 26, 103, 196.
Réau (Louis), 32, 45, 68, 69, 79, 83, 87, 89, 109, 125, 157, 171, 178, 185, 199.

REGNARD (Émile), 65.
REISET (Frédéric), 11, 97, 100, 166.
RENOUARD (Antoine-Augustin), 160.
RENOUVIER (Jules), 58.
REQUIN (abbé H.), 125, 129, 183.
REY (Auguste), 142.
REY (Robert), 77, 134, 168, 181.
RICHARD (Jules-Marie), 152.
RICHARD (Paulin), 26, 204.
RICHARD-DESAIX (Ulrich), 84.
RICHEMOND (DE), 95.
RICHER (Jean), 164.
RIOCREUX, 169.
RIS (Clément DE), 116.
ROBAUT (Alfred), 155.
ROBERT (Ulysse), 5, 12, 44, 127.
ROBIQUET (Jacques), 82, 200.
ROBOLLY, 15.
ROCHE (Denis), 189.
ROCHEBLAVE (Samuel), 35, 89, 157, 172.
ROLLE (F.), 116, 126, 136, 154, 178, 204.
ROMAN (Jules), 9, 17, 50, 52, 104, 110, 114, 127, 148, 149,
    170, 178, 189, 199.
RONDOT (Natalis), XXIX, 8, 40, 50, 72, 83, 95, 105, 116,
    156, 160, 162, 193, 194.
ROSENTHAL (Léon), 52, 53, 55, 75, 78, 130, 141.
ROSTAND (André), 201.
ROUART (Louis), 57, 115, 118, 161.
ROUCHÈS (Gabriel), XXXI, XXXII, 7, 19, 24, 26, 33, 55, 102,
    118, 129.
ROUSSELET (Albin), 153.
ROY (Maurice), XXXII, 5, 33, 174.
ROUX (Alphonse), 5, 13, 26, 56, 58, 177.

SAINT-PÈRE, 163.
SAINT-VINCENT-DUVIVIER, 198.
SAINTE-BEUVE (Mlle M.-E.), 50, 79, 116, 194.
SALMON (André), 27, 42, 47, 72, 192.
SAUNIER (Charles), 7, 14, 86, 154.
SAVIGNIES (Mlle DE), 54.
SCHEFFER (Gaston), 32, 176.
SCHNEIDER (René), 119, 133, 145, 146, 161.
SELLIER, 25.

Séné (Ch.), 134.
Serbat (Louis), 90.
Soulange-Bodin (Henri), 31, 185.
Soulié (Eudore), XVI, 2, 106, 152, 159, 204.
Soultrait (comte Georges de), 4, 133, 160.
Stein (Henri), 9, 15, 17, 23, 27, 28, 29, 33, 34, 42, 44, 45, 50, 56, 60, 71, 81, 87, 104, 122, 128, 137, 146, 152, 158, 159, 164, 166, 167, 186, 205.
Steyert (André), 27.
Stryienski (Casimir), 65, 186, 203.
Surgères (marquis de Granges de), XXV, 9, 131.

Taillandier (A.), 80, 151.
Tamizey de Larroque (Ph.), 21, 47, 153, 161, 175.
Tardieu (Alexandre), 188.
Terrasse (Charles), 119.
Tessier (André), 36, 116, 119, 131, 177.
Texier (abbé), 113.
Thomas (A.), 95.
Thomas (A.-J.-B.), 203.
Thomas (Jules-Gabriel), 179.
Tocqué (Mme), 132.
Tourneux (Maurice), XXIX, 43, 50, 52, 53, 58, 61, 64, 78, 96, 151, 160, 169.
Trébutien, 103, 192.
Tremblot (Jean), 81.
Tricotel (Édouard), 62.
Tripier le Franc (J.), 84, 201.
Tuetey (Alexandre), XIX, XXIX, 1, 25, 46, 88, 120, 146, 148, 150, 167, 173, 175, 201.

Vaesen, 28, 154.
Vaillant (V.-J.), 15, 27, 54, 68, 69, 99, 141, 142, 171, 177, 183, 189, 195, 206.
Vaillat (Léandre), 143, 154.
Valabrègue (Antony), 45, 68, 101, 169.
Valentini, 171.
Vallery-Radot (Jean), 54, 94, 110, 131, 162, 186, 200.
Vallet de Viriville, 27, 38, 41, 44.
Valory (chevalier de), 58, 74.
Varenne (Gaston), 101.
Vatel (Charles), 98.
Vauthier (Gabriel), 9, 17, 35, 39, 59, 61, 78, 90, 92, 100, 140, 142, 151, 171, 188, 201, 202.

Vernet (Mᵐᵉ Carle), 129.
Verrier (Jean), 22, 47.
Vèze (baron Charles de), 88, 156, 205.
Vielcastel (comte Horace de), 61, 124, 138.
Viennot (W.), xxxvi, 1.
Vigarani (G.-C. et L.), xxxi.
Villot (Frédéric), 43, 163.
Vitry (Paul), xxxii, 5, 21, 25, 31, 32, 33, 39, 40, 45, 47, 50,
    56, 62, 75, 81, 82, 83, 87, 88, 89, 122, 130, 131, 144, 147,
    158, 171, 175, 176, 178, 180, 195, 203.

Wildenstein (Georges), 78, 119, 157.
Wleughels (Nicolas), 206.

Nogent-le-Rotrou, imprimerie Daupeley-Gouverneur. — 1930.

www.ingramcontent.com/pod-product-compliance
Lightning Source LLC
LaVergne TN
LVHW010107070726
842525LV00017B/894